U0629309

书香中国看温岭

浙江省温岭市全民阅读采风录

樊国安 ◎ 著

天津出版传媒集团

天津科学技术出版社

天津出版传媒集团

天津科技翻译出版有限公司

图书在版编目(CIP)数据

书香中国看温岭：浙江省温岭市全民阅读采风录 /
樊国安著. -- 天津：天津科学技术出版社：天津科技
翻译出版有限公司, 2025. 1. -- ISBN 978-7-5742-2602-
9

Ⅰ. G252.17

中国国家版本馆 CIP 数据核字第 2024VR7300 号

书香中国看温岭：浙江省温岭市全民阅读采风录
SHUXIANG ZHONGGUO KAN WENLING :
ZHEJIANGSHENG WENLINGSHI QUANMIN YUEDU CAIFENGLU

责任编辑：杨 譞 马 悦 宋佳霖 刘 颖 王珺楠
责任印制：兰 毅 刘 彤 赵宇伦

出 版：	天津出版传媒集团 天津科学技术出版社	天津出版传媒集团 天津科技翻译出版有限公司
地 址：	天津市西康路 35 号	
邮 编：	300051	
电 话：	(022)23332490	
网 址：	www.tjkjcbs.com.cn	
发 行：	新华书店经销	
印 刷：	雅迪云印(天津)科技有限公司	

开本 710×1000   1/16   印张 20.25   字数 260 000
2025 年 1 月第 1 版 1 次印刷
定价：88.00 元

序言：让阅读之光照亮神州的每一寸土地

樊希安

知名阅读推广人樊国安先生，让我为他撰写的《书香中国看温岭——浙江省温岭市全民阅读采风录》一书作序。我欣然答应了。这不光因为我们认识，是同门，是同行，是战友，更重要的是，我们两人都对推广全民阅读感兴趣，都想为全民阅读做些实实在在的推进工作。

读书是中华民族的优良传统。"数百年旧家无非积德，第一等好事还是读书""劝君莫用油炒菜，留于子弟夜读书"等名联名言，都说明古人对读书的重视。读书可以提高公民素质，提高社会文明程度，增强国家竞争力，有助于中国梦实现。读书能够提升个人能力、眼界及综合素质，还能成就事业、改变命运，并使人拥有宁静致远的心境，以及奋发有为的情怀和锲而不舍的奋斗精神。党的十八大之后，党中央更加重视全民阅读活动的开展，政府工作报告连续十年写入"倡导开展全民阅读活动"，对全国全民阅读活动的开展，起到了指导和推进作用。2021年，《中华人民共和国国民经济和社会发展第十四个五年规划和2035年远景目标纲要》明确提出"深入推进全民阅读，建设'书香中国'"。2015年2月，我被聘为国务院参事后，和张抗抗、王京生参事，在全国各地致力推广开展读书活动。我写了《全民阅读歌》，在全国推动全民阅读。近十年来，我在全国各地做了近百场倡导读书的报告，从北京国子监的"中华文化大讲堂"到地处偏远的新疆哈密二中，都讲过。我去过城市、县城、企业、学校，也曾送书到军营，还到三沙市援建图书馆。所有这些努力，都旨在推进全民阅读，让越来越多的人爱上读书。樊国安先生和我志同道合，长期致力于全民阅读，做了大量实实在在的工作。我引他为同道，愿意为促进全民阅读共同效力。

将由天津出版传媒集团旗下的天津科学技术出版社和天津科技翻译出版有限公司共同出版的这本书，是樊国安先生的新作。这是全国第一本全面系统地介绍一个县级行政区域全民阅读风貌的图书，同时也是温岭市第一本记录书香文化发展历程的书籍，我愿意为之作序，是为书香中国建设在温岭这个美丽城市取得的丰硕成果点赞，为全民阅读活动中涌现的一个接地气的先进典型喝彩。

温岭不仅是我国浙东历史文化名城，而且还是改革开放以来全国民营经济最活跃的地区之一，是创造"温（州）台（州）经济发展模式"的核心区域。有人说，温岭市之所以能够成为全国民营经济最活跃的地区，成为一个藏富于民的重要地域，成为新时代社会主义新农村示范区的排头兵，正是因为温岭的书香文化底蕴深厚，实现了藏书于民、藏智于民，也就是说浓郁的书香文化底蕴为温岭的快速发展提供了强大的智力支撑。就像有人所说，温岭人"无论时代如何变迁，读书都是一种最基本、最重要的自我提升方式。"

温岭自古崇文重教，著书立说的大家迭出。出生在温岭的清末秀才王行健先生曾对"温峤八景诗"之一的《一市书声》进行续作，歌颂家乡温岭的书香氤氲氛围："鹅冠坐对峤山洋，学舍师生精美良。一市书声传外地，枝头红杏满街香"。据《温岭县志》载，自宋迄清，温岭中进士者97名、举人116名。真可谓"温峤文风古，南塘世泽长"。

更为令人惊叹的是从宋代徐似道到清末林丙恭为止，共有60多位温岭籍的文人学者著书立说达600卷、册之多。其中在中国文化史具有影响力的有徐似道的《竹隐文集》11卷，陈景沂的《全芳备祖》58卷，王叔英的《静学文集》1卷，谢铎的《赤城新志》23卷，叶良佩的《周易义丛》16卷等。

1949年后，温岭市取代各类书院、私塾的新式学校更加繁多，民间藏书数量大幅增长，崇文重教风气更加浓厚。从温岭大地走出的各类人才进入《温岭市志（1988—2007）》的就有965人，其中科技界109人、文化界109人、教育界153人、医药卫生界356人、其他领域238人，真是一幅"喜看稻菽千重浪，遍地英雄下夕烟"的威武壮观的生动画面。

今日书香温岭的丰厚文化底蕴正是来自历史深处温岭的脉脉书香。"耕读传家久，诗书继世长"的书香文化正是从千年温岭的时代变迁、久远历史中传承赓续而来的，而且今天以书香温岭为战略目标的全民阅读工作推动得更普及、更广泛、更深入、更有效，同时创造了许多新经验，发生了许多新故事，涌现了许多新典型。

温岭市委市政府站位高远，为推动全民阅读做了大量扎实的工作。书香温岭的建设工作坚持"政府推动、社会参与、全民共享"的原则，整合资源项目、创新形式载体、加强宣传推广，连续13年每年一主题举办全民读书月活动，推动阅读理念深入人心、书香氛围日益浓厚。为了构筑全民阅读矩阵，温岭市积极打造"市、镇、村、家庭"四级阅读服务体系，依托市图书馆的图书资源，建立了家庭、企业、民宿图书分馆，实现图书通借通还、资源共建共享。依托学校标准化图书馆、开放式图书角，以及城市阅读驿站和图书漂流柜等空间，成功将"15分钟阅读圈"的触角延伸至老百姓"家门口"。这些举措共同促进了书香温岭的建设，使得阅读成为温岭市民生活的一部分，形成了"人人爱读书、家家飘书香"的浓厚书香氛围，全民阅读逐渐成为温岭市城乡人民群众追崇的新风尚、新习俗。

书香中国看温岭
——浙江省温岭市全民阅读采风录

书香温岭是书香中国建设的一个成功范例；书香温岭的经验可圈可点，书香温岭的建设是书香中国建设的一道靓丽风景线，家庭图书分馆的创新之举更是书香温岭靓丽风景线中最耀眼的一道彩虹。

我完全同意樊国安先生在《书香中国看温岭——浙江省温岭市全民阅读采风录》中所说的："在全民阅读的时代大潮中，书香温岭就是一面熠熠闪光的镜子——书香温岭创造的新经验可资借鉴；书香温岭发生的新故事令人振奋；书香温岭涌现的新典型可歌可颂。""笔者认为，'书香温岭'的靓丽品牌是若干代温岭读书人薪火相传多年积累而成的。所以，温岭的读书人和阅读推广人非常了不起，是值得人们尊重的，书香温岭是值得礼赞和书写的，是必将名垂青史的"。同时我还要补充一句话：书香温岭建设的经验是必将全国各地认真学习和借鉴的。

温岭有独特的地理区位优势，在我国有"曙光初照地，东海好望角"之称。每天早上，第一缕阳光就初照在温岭大地上。温岭创造的全民阅读的"温岭经验"，已成为推动全民阅读的经典案例，势必在全国各地产生积极影响和推进作用。我们期盼包括温岭在内的各地创造的全民阅读经验在全国推广，让阅读之光照亮神州的每一寸土地，从而凝聚起更强大的力量，为实现中华民族伟大复兴做出更大的贡献。也期盼樊国安先生有更多新作问世，在读书、写书、推动全民阅读中，享受人生的乐趣，有更多的精神收获，产生更多的精神成果。

是为序。

2024 年 11 月 28 日晚写于北京首都宾馆写字楼

（作者系出版家、诗人、作家，原国务院参事、

生活·读书·新知三联书店原总经理）

自序：我和温岭结书缘

阅读推广界的许多朋友说我和闻名遐迩的"曙光初照地，东海好望角"——浙江省温岭市有着一段传奇般的书香缘分。

是的，我的确和温岭这座江南美丽海滨城市结下了一段很深的书香缘分，而且是一段颇具传奇色彩的书香缘分。

八年前的深秋季节，我第一次从三千里之外的北京首都机场乘机飞到台州路桥机场。当进入温岭市的地域后，我看到青山是那么秀丽、绿水是那么清澈，呼吸的空气是那么新鲜……我禁不住脱口而出："温岭真是一个山美水美的江南宜居城市！"

我为什么要到温岭来呢？这是一个十分有趣的故事。八年前初秋的一个周末晚上，浙江省文史馆资深馆员、我国著名"三农"学者童禅福先生从杭州给千里之外的我打了一个电话，说他历时三年走遍大江南北，深入农村千家万户调查并撰写的一部书稿——《走进新时代的乡村振兴道路——中国"三农"调查》已经完成。同时童禅福先生以老兄长的语气"命令"我立即联系人民出版社的朋友，希望这部书稿能够在"国家第一号出版社"予以出版。

童禅福先生和我相识于1989年秋天在北京举行的《中国新闻出版广

电报》全国记者工作会议。当时他是浙江记者站特约记者,我是天津记者站站长。我俩因为互相欣赏对方的文章和人品而结缘,诚挚的兄弟情谊一直持续到现在。

我在人民出版社见到了童禅福先生在电话中告诉我的"另一位好朋友"——来自浙江省温岭市的企业家黄正富先生,他曾经多次陪同童禅福先生在全国各地进行"三农"调查。我和黄正富先生因为一起帮助童禅福先生出版《走进新时代的乡村振兴道路——中国"三农"调查》这本书而结下了特殊的书香缘分。

童禅福先生对我说,温岭地处温州、台州的中间地带,是全国民营经济最活跃的地域,改革开放以来形成了"温州经济模式",准确的称谓应该是"温(州)台(州)经济模式"。他非常郑重地向我建议:"你今后应该到温岭这个地方走一走,看一看,关注一下温岭的发展变化。"

听从童禅福先生的建议,在黄正富先生的盛情邀请下,我从八年前第一次踏上温岭市这块神奇的地域开始,每年都会来到这里,渐渐地由喜欢温岭的山水、气候、环境到开始喜欢温岭的人——这里的人开放包容,开拓进取,似乎人人都那么朝气蓬勃,富有活力;几乎家家都有生产作坊,户户都在加工产品;在温岭这块神奇的地域上,市场经济活跃,产品丰富多样,百姓生活富足,社会发展迅速。

在温岭这块神奇的地域上,我十分欣喜地看到了社会主义新农村、新城市欣欣向荣发展的一片新气象。

在我的心目中,温岭就是中国新城市新农村未来发展的方向和蓝图。一个充满活力的温岭,一个欣欣向荣的温岭,一个朝气蓬勃的温岭,一个令人向往的温岭,这是温岭留给我最深刻、美好的印象。

随之而来的是我和黄正富先生在温岭携手播撒书香的传奇故事——我俩一起策划了向温岭市石桥头镇中心小学和革命老区的捐书活动;我俩一起策划了《我从老区旬邑来》《柔石与鲁迅——柔石在鲁迅身边的

900天》等红色主题书籍的撰写出版;我俩和温岭市委宣传部一起策划了"书香中国万里行·台州(温岭)站"活动……

八年来,我俩一起携手播撒书香的社会影响越来越大,黄正富先生的名气越来越响,他多年坚持播撒书香的故事被中宣部"学习强国"平台和中央媒体多次报道,被誉为"一位在全国乡村播撒书香的人"。

八年来,我和黄正富先生因为一起携手播撒书香而成为全国知名的阅读推广人。温岭不仅是我俩开展阅读推广公益事业的策源地,还是我俩播撒书香事业获得成功的福佑地。

八年来,我俩实地调查,文化采风,一个崇尚耕读文化的温岭、一个书香氤氲的温岭、一个书香温岭建设的美好印象深深镌刻在我的心灵深处。

我在百度搜索"书香温岭"的词条时,AI智能给出了这样一个令人信服的信息:"在温岭,书香不仅仅是一种学习的方式,更是一种精神的追求。它让我们明白,无论时代如何变迁,读书都是一种最基本、最重要的自我提升方式。通过读书,我们不仅能够获得知识上的积累,更能够在精神上得到升华,成为更好的自己。"

温岭市之所以能够成为全国民营经济最活跃的地域,成为一个藏富于民的地域,成为新时代共同富裕示范区的排头兵,正是因为温岭市的书香文化底蕴深厚,实现了藏书于民,藏智于民,也就是说浓郁的书香文化底蕴为温岭市的快速发展提供了强大雄厚的智力支撑。就像AI智能所说,"无论时代如何变迁,读书都是一种最基本、最重要的自我提升方式。"

我认为,"耕读传家久,诗书继世长"的书香文化正是从千年温岭的时代变迁、久远历史中传承赓续而来,而且今天温岭市以书香温岭为战略目标的全民阅读工作推动得更普及、更广泛、更深入、更有效,不仅创造了许多新经验,而且发生了许多新故事,涌现了许多新典型。

阅读文化是一种文化样态,不会自然形成,它需要培育和建设,需要加强宣传引导，加强教育指导，加强制度保障，使人人崇尚阅读、学会阅读、自觉阅读。阅读文化是推动全民阅读的氛围环境和制度保障，阅读文化建设是促使阅读成为人们的一种日常习惯、精神追求和生活方式的重要基础和推动全民阅读的重大举措。

综合来看，温岭市在阅读文化（书香文化）建设方面的积极探索在全国县级行政区域中走在了前列，书香温岭建设的经验是值得人们予以密切关注的。

多年来，身为中央媒体的资深记者，我的足迹遍及大江南北，曾经踏访过许多县市地域，温岭市作为一个县级城市，是我踏访次数最多的。而且为了和黄正富先生一起推动播撒书香事业，我对温岭的这种踏访和采风迄今仍在继续中……

三年前，温岭市委宣传部副部长龚平曾经问我："您为什么如此热爱温岭啊？"我热爱温岭，我与温岭的最大缘分就是《走进新时代的乡村振兴道路——中国"三农"调查》这本书的出版，就是"书香温岭"的巨大魅力对我产生了极大的吸引力！人世间什么缘分最大？我认为书的缘分最大。

正是因为有了《走进新时代的乡村振兴道路——中国"三农"调查》这本书的"大缘分"，我才结识了黄正富先生，才走进了温岭，才熟悉了温岭，并且爱上了温岭，或者说才走进了书香温岭，才熟悉了书香温岭，并且爱上了书香温岭。所以才发生了我和黄正富先生一起携手阅读推广，播撒书香的故事，才发生了我和黄正富先生策划撰写出版《书香中国看温岭——浙江省温岭市全民阅读采风录》这本书的故事。

2024年1月18日，"浙里阅享书香"——2023浙江省全民阅读月系列活动颁奖仪式在温岭举行。温岭市文化和广电旅游体育局党委书记、局长叶敏智在颁奖仪式上分享了"温岭'市、镇、村、家庭'四级阅读服务体系建设"的经验。

温岭市在"县有总馆、镇村有分馆"的基础上,创新打造了全国首个"市、镇、村、家庭"四级阅读服务体系,截至2023年年底已经建立了400余个家庭图书分馆,七成在农村,覆盖海岛、渔区和边远落后地区,还衍生出了旅游民宿图书分馆、企业图书分馆等多个类型,真正打通了"全民阅读"最后一公里。四级阅读服务体系建设的创举标志着书香温岭建设走在了全国的前列。

我认为,书香温岭建设是书香中国建设的一个成功范例,家庭图书分馆的创举是书香温岭靓丽风景线中一道最耀眼的彩虹。

在书香中国、全民阅读的时代大潮中,书香温岭就是一面熠熠闪光的镜子——书香温岭创造的新经验可资借鉴;书香温岭发生的新故事令人振奋;书香温岭涌现的新典型可歌可颂。

我们中华民族自古就有"耕读传家久,诗书继世长"的优良传统,崇文尚读是中华民族的精神底色,历史上"韦编三绝""悬梁刺股"等勤勉读书的故事,"立身以立学为先,立学以读书为本"等为学之道,都让我们从中得到重要的启迪与深刻的教益。

崇文尚读之风熏陶下的历代文人志士,勤学苦练,修齐治平,在书林中明志,在学海中致远,把读书作为立身之基和报效国家的主要途径。

今天,在党中央的亲切关怀下,"读书继世"已经由承继千百年流传下来的家风民俗,扩展到全民阅读,并且提升至国家发展战略的高度。2021年,《中华人民共和国国民经济和社会发展第十四个五年规划和2035年远景目标纲要》明确提出"深入推进全民阅读,建设'书香中国'"。

2024年是温岭历史上正式建立县制555年,撤县设市30周年,也是书香温岭建设正式启动13周年,这是一个温岭人值得纪念和引以为豪的特殊年份。

我们有理由相信，在温岭市委市政府的正确领导下，在百万城乡人民的积极参与下，书香温岭建设一定会更加静水流深，久久为功，百尺竿头，更进一步；书香温岭建设一定会更加书香致远，精神激扬；书香温岭建设一定会更加书声琅琅，"向新向实向未来"，让我国东南海滨的这颗璀璨明珠更加绚丽夺目，光彩熠熠！

目录

第1章:书香温岭古今谈

据2024年10月8日"温岭发布"提供的信息:2024年度中国中小城市高质量发展指数研究成果出炉,温岭市再次登上年度全国科技创新百强县市榜单,排名第15位,连续7年闯入15强。

从公布的数据来看,浙江省有16个县市入选全国科技创新百强县市名单,前20名中,浙江省占5席。温岭市科技创新评价成绩在全省县市中排名第三,在台州县市中排名第一。

此外温岭市还是浙江省高质量发展建设共同富裕示范区第二批试点地区之一;是全国农村综合实力百强县(市)、中国明星县(市)、全国农民收入先进县(市)、国家级可持续发展实验区、国家新型工业化产业示范基地、县城新型城镇化建设示范基地。

温岭是中国大陆新千年、新世纪第一缕曙光首照地。据《温岭市志(1988—2007)》介绍:温岭位居长三角之南翼,地处甬台温之要驿。华夏史迹绵邈,千古文脉昭彰:青铜蟠龙大盘拖曳着殷商文明的印迹,东瓯城址遗迹封存着秦汉风云的尘烟,明因讲寺已延续了一千四百多年的晨钟暮鼓,新河闸桥群定格着温黄平原八百多年的丰饶记忆……从明成化五年的首列县制,到改革开放后撤县设市,温岭,在历史的传承中跨步走来,在丰厚的底蕴上蓄势待发。[①]

温岭市历史悠久,早在新石器时期就有人类先祖繁衍生息。夏、商、周为东瓯地,秦属闽中郡,汉属会稽郡,三国时属临海郡;东晋时分属临海郡、永嘉郡。唐至明代为台州之黄岩、温州之乐清二县地。

明成化五年(1469年),划黄岩县南境太平、繁昌、方岩3乡及灵山乡一部建县,以境内有太平山称太平县,属台州府,治所设太平乡泉溪。

明成化十二年(1476年),温州府乐清县山门乡、玉环乡各3个都,划归太平县,属台州府。

清顺治三年(1646年),邑入清朝版图,沿明制。

民国元年(1912年)改县民事长为知事,成立县议事会。

民国三年(1914年),因与山西、四川、安徽等省的太平县同名,改以县西温峤之别称"温岭"为名,称温岭县。

民国十六年(1927年),县直属省,属浙江省。

1949年5月28日,温岭解放。6月29日成立温岭县人民政府。10月10日,划属台州专区。

1994年2月18日,国务院批准温岭撤县设市,始称温岭市,划属台州市。

温岭市下辖太平、城东、城西、城北、横峰5个街道,泽国、大溪、松门、箬横、新河、石塘、滨海、温峤、城南、石桥头、坞根11个镇,共90个社区(居)委会,579个行政村。

从大约600年前的古郡"太平"县到今天著名的"曙光"城——温岭市,这个地处我国东南沿海的美丽小城有着令人意想不到的特殊魅力。

---

①温岭市地方志编纂委员会编:《温岭市志(1988—2007)》(上册),中华书局,2018,序二,第3页。

"台温孔道连天汉;黄乐通衢到海滨"。①这是明代才子徐文长在温岭市大溪镇的盘山古道凉亭上提笔书写的一对著名楹联。

或许是地处浙闽交通之要冲和甬台温之要驿的地理缘故,宋代以来,无数文人墨客在温岭客居小住,流连忘返,留下了弥为珍贵的历史痕迹。

宋代景祐年间,诗人赵抃曾作一首七言绝句《过温岭驿》:"昨朝初泛临海舟,今暮已登温岭驿。秋风阁雨波不扬,风伯江神俱有力"。②

1999年11月17日,《人民日报》曾发布《中国2000年第一道阳光地点确定》的消息:中国科学院院士、中国2000年委员会主席王绥琯今天在京宣布了我国2000年第一道阳光地点……为得出中国2000年第一道阳光地点,中国2000年委员会成立了以天文工作者为主体的研究论证小组,利用天体球面坐标系,根据天文、地理有关数据计算出了我国几百个地点的日出时刻后,最后确定位于北纬10度43分,东经117度40分附近的南沙群岛的海马滩为我国版图第一道阳光地点,2000年1月1日的日出时刻为北京时间6时27分。浙江温岭市的石塘镇为祖国大陆的第一道阳光地理经纬点,时间为2000年1月1日的北京时间6时46分。

2000年1月2日《人民日报》发布消息:1月1日凌晨6时46分,中国大陆新千年首道阳光经纬点、浙江省温岭市石塘镇迎来了第一缕曙光,分布在6个观景点的数万名观众和200名来自55家中央和地方各新闻单位记者发出了热烈的欢呼! 特别是电视台直播现场的千丈崖,更是掌声雷动!

至此,温岭市石塘镇获得了"曙光初照地,东海好望角"的美誉。

朝阳涌出水云边,喜见金光万箭穿。

①温岭市地方志编纂委员会编:《温岭市志(1988—2007)》(下册),中华书局,2018,第1639页。

②温岭县志编纂委员会编:《温岭县志》,浙江人民出版社,1992,第929页。

天上星移才片刻，人间岁转已千年。

频番宿雨终消逝，无限新程快着鞭。

钟鼓声声传海角，犹催两岸早团圆。①

这是温岭当代诗人张岳抒写的《千年曙光节石塘登山观日》。

从2000年开始，每年的元旦，石塘镇都会有盛大的纪念活动，大家聚集在这里，一起倒数时间，迎接新一年的第一缕阳光。

勤劳智慧的温岭人在第一缕阳光照射的地方建起了千年曙光碑。

巍然屹立在山头的千年曙光碑连接两支石柱的九条不锈钢条，交叉成渔网状，在阳光下发出光芒……千年曙光碑整体造型犹如打开的门板，寓意新世纪的大门已经打开；又如同远洋的船帆，象征着温岭人民迎接旭日东升；中间的设计是一张硕大的渔网，寓意美好生活蒸蒸日上。

千年曙光碑左侧是石塘天文馆，这是国内首个县级的天文馆，是中国科学院国家天文台的科普教育基地，集参观游览、科普教育于一体。

石塘天文台船模展馆分为船模、历代渔民服饰、海上捕鱼情景再现和海生物标本四大系列。船模系列展出了老船模匠精心制作的曾流传于华东六省一市近百年的近100种船模，这些船模按一定比例照原样缩微制作，款式、构造、色泽、图案都和原样一致，工艺细致，形象逼真。

此外，更有古老的渔村风俗——大奏鼓、扛台阁、七月七日小人节表演风格独特；古老的闽南风俗为其增添了不少神韵，让人们切身感受到世俗生活的活力；欣赏渔港夕照，共沐海风滋润；纯朴的渔村民居和古老的渔村风俗，奏响了一曲曲东海渔家文化遗韵。

石塘镇的后山石屋，依山而建，屋咬着山，山抱着屋，石屋、石路、石墙

---

① 温岭市地方志编纂委员会编：《温岭市志（1988—2007）》（下册），中华书局，2018，第1635页。

随地升降,鳞次栉比,错落有致,色彩协调,形态千姿百态,带着一股阳刚和粗犷之气,构成风格独特的石雕群。

有人说,如果你来温岭旅游,一定要来石塘看一场最早的金光万道的日出盛典,届时你将成为一个非常幸运的人……

每当外地人走进到温岭市郊接合地带时,好奇的目光一定会被五龙山山巅矗立的一尊神似美丽妇人的巨大石像所深深吸引……

这尊美丽的妇人石像,正在引颈向远方眺望,仿佛在期待什么人的归来。她就是温岭的亘古历史"名人"——"石夫人"。

"晓织红霞暮播星,惯经风雨自娉婷。不因辛苦怨飘零。花木繁荣游目赏,莺歌婉转拨云听。何曾化石即忘情!"这是温岭当代诗人李学茂创作的《浣溪沙·咏石夫人峰》。①

从远处看,这尊石像似头挽发髻,延颈削肩俏丽俊美。楚楚风韵,绰绰之姿,美丽传说,四海扬名。

在悠悠岁月中,口口相传下,聪明智慧的温岭先人为千年万代陪伴他们"人间烟火",庇护国泰民安的这位"神女"——"石夫人"编撰了一个美丽的民间传说。

在《温岭市志(1988—2007)》"丛录"篇,载有周华春讲述,陈丹林采录的"石夫人"的故事:

> 在很久很久以前,有一位姓石的年轻妇女,在女儿一岁时就死了丈夫,母女俩相依为命,日子过得很是清苦。虽然如此,这位姓石的寡妇仍常常去帮助比她更为穷苦的人,因此被人尊称为石夫人。
>
> 时光飞逝,距离丈夫过世,转眼已有两年。有一天,石夫人背着

---

① 温岭市地方志编纂委员会编:《温岭市志(1988—2007)》(下册),中华书局,2018,第1635页。

女儿去赶集,路遇一位年轻人正在售卖橘子。女儿很想吃橘子,眼睛直勾勾地望着橘子。

年轻人见状,就拿起几个橘子递给石夫人,说送给她女儿。石夫人很不好意思,接过橘子后,不住称谢,还问起年轻人的姓名。原来,年轻人叫石陀人,是黄岩澄江人,常常挑着橘子来此售卖。石夫人谢过之后,就带着女儿赶集去了。

又过了一段时间,石夫人做了几匹布,拿到街上卖了之后,想换一斤米。谁料布匹不值钱,售卖后得到的钱居然换不到一斤米。

眼看着自己日夜忙碌织就的布匹这么不值钱,石夫人心中难受,走着走着就掉下泪来。突然,迎面走来一人,那人不是别人,正是很多天前送橘子给她女儿的石陀人。

见石夫人如此难受,石陀人问明缘由,就去街上买了一两斤米,送给了石夫人。

两次收受恩惠,石夫人心里愧疚,也非常感动。想来想去,无以为报,次日一早,就带着几匹布,赶到集市找到石陀人,将布匹送给了石陀人。

"我没什么钱,就只有这几匹布,送给你,可以做几件衣裳。"看着石陀人,石夫人有些难为情,兀自低下了头。

常年在外奔波,一直鲜有人这么关心自己,石陀人很是感动,就和石夫人成了好朋友。

岂料,这一切都被一位有钱有势的族长看在眼里。原来,这族长早就垂涎石夫人的美貌,曾多次想要纳石夫人为妾,并数次派出管家到石夫人家中好言相劝,但均被石夫人一口拒绝。

虽遭石夫人拒绝,但族长想反正无人敢和他争,也没怎么放在心上,只是日夜来骚扰,希望石夫人能答应他。然而,眼见着年轻小伙子和石夫人走得越来越近,族长再也坐不住了,立即喊来管家,到石夫人家走了一趟。

在石夫人家中,族长将意思说得非常明显,不管石夫人愿不愿意,同不同意,石夫人这小妾族长是纳定了。

族长的心思,石夫人早就猜到了,但想着能拖一日是一日,没承想族长竟上门来逼,这下子顿时走投无路了。

就在匆忙间,石夫人想到了石陀人,那个让她心生温暖的年轻人,此时应该还在黄岩澄江吧。

当夜,外面伸手不见五指,石夫人匆匆收拾好不多的家当,抱起女儿就往黄岩方向跑去。

然而,族长早已防着她逃跑,见石夫人家中无人,当即让管家喊来仆人,点起火把,一路来追石夫人。

于是乎,石夫人还没跑到横湖桥,就见到了漫天的火把将夜晚照得通亮。石夫人一见,心中已然明了,是族长带人追来了。从大路上走是不成了,石夫人心一横,带着女儿上了横湖山。

跑着跑着,前面突然现出一片悬崖,石夫人已无路可逃。正想后退,另择他路,管家已带着族人追了上来。

"嫁到族长家,你可以吃香的喝辣的穿好的,有什么想不开的,非得逃呢?"

"我不要什么荣华富贵。"石夫人已哭成了泪人。

"不嫁给族长,你知道这关你是过不了的。"族长的仆人越拥越多,管家见石夫人已无处可逃,又来相逼。

"我就是死,也不会嫁给族长。"石夫人声嘶力竭,猛地朝黄岩方向看了一眼,放下女儿,直直朝岩石撞去。顿时,周遭化出一团白雾,久久未能散去。

待次日一早白雾散尽,人们才发现,石夫人撞石之处,已经生出了一块巨石。

那巨石远远望去,眉目间,恍如石夫人远眺黄岩澄江处。于是,人们奔走相告,诉说着石夫人的故事。

不久,石夫人撞岩化成巨石之事,传到了石陀人耳中。石陀人伤心欲绝,又化解不了相思之情,只得日日站在澄江旁望向夫人峰。

就这样日日夜夜望着,一天,石陀人身旁突然也生出一阵白烟,没过多久,石陀人已然消失,在他原来站立的地方,生出了一座山峰,形如石陀人,远远望向夫人峰。

到如今,他们还在遥遥相望着……

大约四年前的一天早晨,我沿虎山公园至梅花山麓再至藤岭,一直爬到五龙山顶石夫人像下面,近距离观看这位亘古"神女"的真容实貌。

当地一位正在遛弯健身的长者告诉我,随着太阳的升起,由于光照时段的不同,石夫人的相貌会发生不同的变化。于是,我选择了一个朝阳的地段,面向石夫人像,同时举起了手机,十分耐心地"蹲守"起来,果然拍摄下了这位"神女"随着阳光照射的变化而变换的种种美丽容姿,令人感到大自然的无比神奇,心灵也受到了一次净化……

此时此刻,笔者想起了宋代温岭的大学者徐似道写的那首千古名诗《石夫人》:"消山偃塞消湖碧,夫人此恨消未得。海上人归会有时,怪尔鬓云非旧色"。[1]

温岭不仅以其深厚的书香文脉取胜,还以一件独一无二的国宝级文物闻名遐迩。

由梁思成建筑奖获得者程泰宁先生主创设计,以温岭"石文化"为载体,以非线性造型描摹"顽石"形态的温岭博物馆,以其多维度、特色化、沉浸式的公共文化空间,给人们带来一种非常舒适的"最佳体验"。

---

[1]温岭县志编纂委员会编:《温岭县志》,浙江人民出版社,1992,第931页。

在温岭博物馆收藏的诸多珍奇宝物中，唯一一件国宝级文物是青铜夔纹蟠龙盘。它被誉为全世界现存青铜盘中的"盘王"。

青铜夔纹蟠龙盘不仅因为它口径达到61.5厘米，重达22.5公斤，有着实实在在的"重量"；更因为它无论是做工、结构，还是纹饰、造型等都十分精美，具有丰富的历史、艺术和科学价值，它见证了中原文化对温岭文化的深远影响，有着重要的历史文化意义。

这件青铜盘是1984年温岭当地村民无意间发现的。1984年3月17日，温岭琛山乡的村民在附近下望头山西侧半山腰，为刚病故不久的父亲挖掘墓穴，就在挖了四五十厘米时发现了这只青铜盘。县文管会得知消息后立刻赶到，将青铜盘交由国家相关部门收藏。

经专家鉴定，这件青铜盘属于商代。细细审视这件青铜盘，我们可以看到大盘的外侧腹部和圈足都铸有精美的纹饰。所有的纹饰被腹部和圈足上的突棱分成了六组。腹部每组纹饰以双鸟为主，鸟身上还装饰着云纹，鸟身四周刻画了云雷纹，活脱脱是两只飞翔在云端的神鸟。而圈足上的每组纹饰，则是以一条夔龙为主要纹样，周围也遍布了云雷纹，可以想象，这里描绘的是一条盘旋于天际的神龙。

通体来看，这件青铜盘上作为辅助性图案的云雷纹刻画得纤细密集；而作为主体部分的纹样，比如鸟和夔龙，它们的线条则较粗，而且明显突出；特别值得注意的是，鸟和夔龙的眼睛还以浮雕手法格外突出，使所有纹饰看上去凹凸有致，疏密得当，富有空间的层次感与变化的美感。

青铜盘中心有一条用浮雕手法铸出的蟠龙盘旋在大盘的正中央，这是这件青铜盘最精彩最特别的地方。蟠龙形象源远流长，在盘底装饰蟠龙纹，早在距今四五千年的出土于山西襄汾陶寺遗址的彩陶盘上就已出现。历年出土的商代蟠龙盘，都是图案形花纹，是一种平面装饰。而在温岭出土的青铜夔纹蟠龙盘是目前唯一一件在盘心以高浮雕的技法铸造出一条立体蟠龙的商代铜盘。可以看到，这条蟠龙的龙头略呈方形，凸出盘心近10厘米,特别醒目。巨大的龙嘴里还露着牙齿,耳朵的形状和牛耳相似。龙头上有两只粗壮的龙角,这样的造型,可能是为了显示龙的神力。龙眼睛的形状就像汉字中"大臣"的"臣"字,是商周青铜器上常见造型。龙身则按顺时针方向,环形盘曲,身上还装饰着鳞纹,表现了龙身上的鳞片。整条蟠龙,形象细腻生动,活灵活现。这样的造型能极大地帮助我们更形象、更直观地了解商代时期人们想象中的龙的形象,非常难得。

专家分析,在铜盘内装饰蟠龙,应该是与它的功能有着密切关系。盘是一种水器,商周时期宴饮祭祀时要用水洗手,行沃盥之礼。当时洗手,是用盘配合匜组合使用的。用匜浇水洗手,这时匜的作用相当于后世的瓢;而盘是在下方承接废水用的。

龙在古时被视为水神,是水的象征。盘作为水器,就自然而然地用龙的形象作为装饰。但考虑到这件青铜夔纹蟠龙盘体形如此巨大,可能已经不是实用器了,而是用以祭祀的礼器。

"这件铜盘形制巨大,在出土的同类物中极其罕见。商周时期的铜盘上,蟠龙往往以线条铸出形体,而此盘却用浮雕铸出,特别是龙首用立体塑出,目前在我国至今还没有发现过。"时任浙江省文物局博物馆与社会文物处处长杨新平如是评价。

在杨新平先生看来,青铜夔纹蟠龙盘作为温岭博物馆的镇馆之宝,不仅能体现温岭早期文化的发展情况,也能提高博物馆的知名度。

铜盘出土时,并没有其他文物共同出土。而温岭在商代晚期,青铜工艺水平并不高,不大可能铸出如此高超精美的青铜大器。那么,它究竟是从何而来?又有什么用途?

时任台州地区文管会办公室主任金祖明将蟠龙大盘与传说中的徐偃王城联系起来,他认为,根据地方志记载和近年来田野考古出土文物资料,证明徐偃王在台州活动的文化遗迹还是比较丰富的。

董楚平先生在《吴越文化新探》中介绍了青铜夔纹蟠龙盘:"有一种传

说它出土于江淮地区,正是徐国与群舒的活动地带。西周时期浙江的铜文化水平不高,偏处东南海滨的温岭一带,不可能铸出蟠龙铜盘。因此有人猜测,温岭出土的浮雕蟠龙铜盘可能是江淮出土的六鸟蟠龙纹盘的姊妹器,都属徐、舒的传国宝器。徐国灭亡后,一支公族子弟可能带着传国宝器逃到浙江'海隅'的温岭唐岭脚安家。"不过,董楚平先生没有言之凿凿地说青铜夔纹蟠龙盘就是徐器,他的结论还是留有余地。"盘王"依然成谜。

2006年的一天,在温岭发生了一件足以改写历史的考古大事件——专家在大溪镇发现了一座贵族墓葬"塘山大墓"。这座古墓的出现,让专家确定了一公里外的大溪古城就是东瓯国的城址。

在学术界,"东瓯国"一直是个神秘的话题。它仅存在了54年,却是拨动历史转盘的关键点。汉惠帝三年(公元前192年),勾践后代驺摇被封为东瓯王。这正是浙江省台州、温州和丽水三地最早的行政建制。

由于多方面的原因,东瓯国文化的考古发掘与研究很少,东瓯国的确切位置在哪里,它的都城又在什么地方,谁也不知道。若不是考古发掘,谁也不会把温岭大溪古城和东瓯国联系在一起。

遗憾的是墓地在古代已经被盗,留下的陪葬品并不多,只残留了34件玉器和陶器。

根据出土文物,考古人员推断出了塘山大墓的基本年代,并通过对比考证,得出一个判断:塘山大墓的主人属于一个神秘古国——东瓯国。

"古城附近必有古墓",塘山大墓一公里外的大溪古城遗址原来就是东瓯国古城。

当时参与考古的浙江省考古研究所原副所长陈元甫先生撰文指出:"大溪古城作为一座西汉初期的城址已可定论。古城的地理位置处在当时东瓯国的地域范围之内,城址的年代也正与东瓯国存续时间相吻合,因此,不论是地理位置,还是城址年代,大溪古城都不可能是传说中的所谓徐偃王城,而应该是一座西汉东瓯国的城址。"

2013年5月,大溪东瓯古城遗址被国务院核定公布为第七批全国重点文物保护单位。

2016年12月12日晚,中央电视台中文国际频道《国宝档案》播出"赤城寻珍"系列第一集《消失的东瓯国》就提到了青铜夔纹蟠龙盘的出土和东瓯国的兴亡故事。

历史上,东瓯国仅仅存在了54年就突然消失了,史书中对它的记载也非常少,所以它一直被认为是中国东南沿海地区最神秘的古国之一。

东瓯国为什么会突然消亡?当时的臣民都去了哪里?青铜夔纹蟠龙盘的身世如何?依然是一个未解之"谜"。

对于外乡人而言,历史遗存是追寻当地文化足迹的场所,而对于土生土长的温岭人而言,历史遗存正是寻根之地。

温岭地方史爱好者舒宁晖先生曾在撰写的文章中充满深情地写道:在昨天的土地上,所有的记忆都被昨天唤醒。

大溪塘岭古城遗址上,这片并不肥沃的土地已被开垦成菜畦。自然侵蚀和社会变革几乎抹平了历史痕迹。纵然有断垣残瓦和零星文献的佐证,"东瓯古国的考证"始终无法绕出历史的迷雾,这段两千年前的历史留给了后人更多的疑惑与神秘感。

历史痕迹是祖先留给后辈寻踪溯源的密码,这是我们跨越时空与祖先对话的唯一媒介。历史痕迹在时光的流逝中渐渐远去并不见怪,这个星球上持续不断地发生着此类情形,更有甚者,湮灭得痕迹不留。所幸,大溪塘岭古城还是为我们留下了一些断垣残瓦。残长200余米的东、南、北城墙和青瓷瓶、壶、罐、碗、盘、陶水管等遗物,足以让文管部门振奋。

但凡执迷于一地文化的探究者,都对这种振奋感同身受。史学界认为,温岭古为瓯越地。《山海经·海内南经》载:"瓯居海中",描述了温岭当时所处的地理环境,后人也有较为充分的理由推断这是一块游离于农耕文明之外的化外之地。

当十万多平方米的大溪塘岭古城遗址在这片化外之地蓦然出现时，所有的存疑被存疑，所有的否定被否定！惊讶！惊喜！兴奋！或许都有。

从此，这片土地上的一切蓦然似乎都显得理所当然。1984年3月，距离大溪塘岭古城遗址十公里处的温岭琛山乡，村民在为亡人寻找安身之地时，意外挖出了一个商代晚期的宝器——青铜夔纹蟠龙盘。这片山乡海隅，再次震惊了国内。

历史从来不是草率了事，乱世的帷幕终会落下。温岭的远古历史也借助负山滨海的地理屏障，从游离农耕文明之外，最终发展并延续其地缘文明。

温岭一地，秦时归郡治，属闽中郡，汉属会稽郡，三国属临海郡，东晋分属临海郡、永嘉郡。唐至明代为台州之黄岩、温州之乐清二县，明成化五年置太平县。民国三年（1914年）改以县西温峤之别称"温岭"为名，称温岭县。温岭老街之"温岭"，历经千年后，终于成为这座百万人口城市之名。

温岭博物馆对温岭老街进行了图像复原，"老街三里，店铺千家"再现了这个山乡海隅集镇在手工业时代的繁华景象。

作为明清时期县境西部唯一能连通海陆，并市集繁荣的商业中心，温岭老街的历史影响力不断提升。李白《送王屋山人魏万还王屋》一诗中对温岭街的诗意抒写，是臆测？是史实？不管如何，这片土地为此增添了一件鲜丽的外衣。

人文的延续往往源自传承或某种暗示。《温岭县志》载，自宋迄清，温岭中进士者97名、举人116名。可谓文风鼎盛，名人辈出。一镇之地，人文蔚起。

文明的延续，是何等之幸！今天，我们站在这片昨天的土地上，可曾记得"瓯居海中"？

第2章：书香温岭文脉传

在温岭这片土地上，弥漫着一片书香氤氲之气。它不仅仅是一种读书的氛围，更是一种书香文脉的赓续传承。温岭和鲁迅先生的故乡绍兴同处浙东地域——汉代时的会稽郡。这个地域一直保留崇尚书香的文化习俗——大年除夕祭拜书神。

少年时期的鲁迅先生就曾经在庚子年除夕和他的弟弟周作人一起祭拜了书神，并且抒写了一篇充满深情的《祭书神文》。

鲁迅先生这篇祭文是一首骚体诗，文中含有许多书籍文墨的典故，行文庄严潇洒，彰显出一派"真读书种子"的浓郁气息。

《祭书神文》大意是：庚子年的除夕，贾岛用一年的诗篇守岁的晚上，绍兴人士周树人等，谨以一瓢清泉、一束鲜花，敬献给书神，叩谢"常恩"，并伴以通俗的诗歌吟唱：

除夕夜香烟弥漫摇曳烛光，

财神醉醺醺钱奴忙得够呛。

冷冷清清的书神我的至爱，

守一堆旧纸残书能不心慌？

……

书神书神你不要姗姗来迟,

笔墨朋友们已在迎宾欢唱。

你就朝文笔之海高歌引吭,

或带领书虫大军遨游八方。

《祭书神文》的结尾部分写得更是淋漓酣畅,充分表达了中国读书人对书神"常恩"那种无限的敬仰和尊崇之情:

宁可呼唤书呆子诗歌囚徒,

守在你我的身边其乐无疆。

待来年我跃上龙门成气候,

一定买来珍本书恭祝寿康。

《读鲁迅》的作者李乔先生说:鲁迅祭书神与商贾祭财神大有区别。祭财神有铜臭味,祭书神则透出清寒和一缕书香。以珍奇的书籍来酬谢书神,飘逸着浓郁书香,充分体现出鲁迅先生的书生本色。

由此可见,一股重视读书、崇尚书香的文脉在浙东地域有着悠久的文化传统和世代的因袭。

所以说和鲁迅先生故乡绍兴同处浙东地域的温岭自古以来就是一个耕读文化浓郁、书香浓郁的人文荟萃之地。

《全芳备祖》是宋代花谱类著作集大成之作,著者陈景沂(宋代人,生卒年未详),名咏,号愚一子、肥遁。

民国《台州府志》介绍陈景沂是温岭泾岙(今温岭市晋岙村)人。著名学者吴德铎先生赞誉《全芳备祖》为"世界最早的植物学辞典"。

《全芳备祖》专门辑收植物(特别是栽培植物)资料,故称"芳"。据自序:"独于花、果、卉、木,尤全且备","所集凡四百余门",故称"全芳";涉及有关每一植物的"事实、赋咏、乐府,必稽其始",故称"备祖"。从中可知全书内容轮廓和命名大意。

全书共分前后两集58卷。前集27卷,为花部,分记各种花卉。如卷一为"梅花",卷二为"牡丹",卷三为"芍药"等120种左右。后集31卷,分为7个部分,计9卷记果,3卷记卉,1卷记草,6卷记木,3卷记农桑,5卷记蔬,4卷记药。共收花果草木等植物近300种。

各种植物之下又分三大部分,一是"事实祖",下分碎录、纪要、杂著三目,记载古今图书中所见的各种文献资料;二是"赋咏祖",下分五言散句、七言散句、五言散联、七言散联、五言古诗、七言古诗、五言八句、七言八句、五言绝句、七言绝句等10个子目,收集文人墨客有关的诗、词、歌、赋。三是"乐赋祖",收录有关的词,分别以词牌标目。

《全芳备祖》是一部大型植物专题类书,被农学界誉为第一部植物学辞典,并视为农书。全书分类收集花卉植物资料,因其规模较大而成为同类著作中的集大成之作。尤其是保存了大量宋人的作品,堪称宋人文学的渊薮,其中多有别集和总集失收的,因而又有鲜明的文献学价值。

根据韩境序和辑者自序,陈景沂早年即着手纂集《全芳备祖》,几经努力,估计脱稿在宋理宗继位(1224年)前后。进献朝廷,请人作序,谋求出版。

陈景沂自幼家贫,刻苦自学。综观其一生行迹,属于当时的江湖游士,没有科举、仕宦方面的任何信息,布衣终身,一生大部分时间都在江淮、湘赣、浙闽等地漫游、客居。现存著作唯有《全芳备祖》一种,其中收有一些自己的诗词和短文。其刊印期约在宋代宝祐癸丑至丙辰间(1253—1256年)。

《全芳备祖》宋刻本流传极少,国内早已难觅踪影,目前所能见的仅有各种抄本。但此书宋刻本曾东传日本,有残本藏于宫内厅书陵部。中日邦交正常化后,在两国学者共同努力下,特别是得益于日本学者天野元之助的鼎力斡旋和日本国际交流基金的赞助,1979年10月,《全芳备祖》影印件运抵北京。

1982年,农业出版社(现中国农业出版社)以此为底本,配以国内抄藏本(积学斋转抄本),第一次影印出版全书,列为"中国农学珍本丛刊"第一种。这部湮没七百多年的植物学巨著,得以再传于世。

2014年11月,浙江古籍出版社出版程杰、王三毛点校排印本。此本仍以宋刻残本为底本,而将农业出版社影印所用不佳配补本替换为更接近宋刻本的丁丙跋八千卷楼藏抄本,更为可靠,方便阅读。

陈景沂先祖在《全芳备祖》自序中写道:

古今类书,不胜汗牛而充栋矣。录此遗彼,不可谓全,取末弃本,不可谓备,皆纂集之病也。试以生植一类言之,史传杂记之所编摩,骚人墨客之所讽咏,自非家藏万卷,目阅群书,只是其择焉不精,语焉不详耳,余束发习雕虫,弱冠游方外,初馆西浙,继寓京庠、姑苏、金陵、两淮诸乡校,晨窗夜灯,不倦披阅。记事而提其要,纂言而钩其玄,独于花果草木尤全且备。所集凡四百余门,非全芳乎?凡事实、赋咏、乐府,必稽其始,非备祖乎?尝谓天地生物,岂无所自。拘目睫而不究其本原,则与朝菌为何异。竹何以虚,木何以实,或春发而秋凋,或贯四时而不改柯易叶,此理所难知也。且桃李产于玉衡之宿,杏为东方岁星之精,凡有花可赏,有实可食者,固当录之而不容后也。至于洁白之可取,节操之可嘉,英华之迥出,香色之俱全者,是皆禀天地之英,暾然殊异,尤不可不列之于先也。梅先孤芳,松柏后凋,兰有国香,菊有晚节,紫薇虽粗而独贵于所托,黄葵无知而不昧于所向。草伤柳别,紫笑萱忘,韭薤最幽于所遇,藜藿甘贫而自得,苜蓿蕙苡可食可饲,茯苓黄精通神通灵,凡若是者,遽数之不能终其物也。或曰:琼花玉蕊,胡为而躐处其上?答曰:此尊之也。或曰:牡丹芍药海棠之无实无香,胡为而亦处其上?答曰:此贵之也。是皆奇葩异卉特立迥出,胡可以一说拘也。或曰:子之说则信辨而美矣,子之书则信全而备矣,不几于玩物丧志乎?答曰:余之所纂,盖昔人所谓寓意于物而不留滞于物者也,恶得以玩物为讥乎?且《大学》立教,格物为先,而多识于鸟兽草木之名,亦学者之当务也。(下略)宋宝祐丙辰孟秋江淮肥遁愚一子陈景沂谨识。[1]

由作者的这篇"自序"可以看出陈景沂先祖为撰写《全芳备祖》这部全世界最早的"植物百科全书",早年间"余束发习雕虫,弱冠游方外",对各种花草树木、各种植物进行野外调查辨识,采集标本,后来又"晨窗夜灯,不倦披阅。记事而提其要,纂言而钩其玄,独于花果草木尤全且备"。书写成了,时人又讥讽其为"玩物丧志",老人家无奈只得举出《大学》"格物为先"的祖训为自己辩护说:"多识于鸟兽草木之名,亦学者之当务也。"由此可见,这位先祖当年撰写《全芳备祖》亦是一件颇为不容易的事情。

笔者在拙著《柔石与鲁迅——柔石在鲁迅身边的900天》第一章《柔石的"台州式硬气"》中的一段文字曾经提到:

> 方孝孺等人的873条生命鲜血染红了宁海大地,映红了大江南北,溅红了1402年中国这张历史沉重的扉页。它不仅成为中国历史上一道血染的风采,而且将一颗沉甸甸的读书种子深深地埋下中华大地,让"台州式硬气"的文化基因深远地影响滋润了一代又一代的宁海人,极大地震撼和激励了一代又一代的读书人。

> 靖难之役后和方孝孺一起殉身的还有一位台州志士王叔英先祖。

> 据《二十五史》《明史卷》一百四十三列传第三十一记载:王叔英字原采,号静学,黄岩亭岭(今温岭市太平街道小河头村)人。

> 洪武初(1368年),王叔英在台州的南麓草堂就学,师从名儒陈

---

①陈景沂:《全芳备祖》自序(节录),载温岭县志编纂委员会编:《温岭县志》,浙江人民出版社,1992,第942页。

南斋,"尤与方正学(孝孺)道义相切磋,往来多规过之言"。方孝孺说,在浙东交往才俊之士,"最善者,如王叔英原采,日夕相与议论,倡酬往来。"他们以道义相交,终生不渝。方孝孺对临海张廷璧说,王叔英对他"有箴教之益,切中吾病。"收到书信,"有一二语见教,殊喜之不忘。"王叔英上门拜访,他称之为"久旱逢甘霖"。

后来,方孝孺升任翰林侍讲,立即举荐王叔英入朝为翰林编撰。王叔英当翰林官很尽责,论"行限田"数千言,建文帝予以采纳。他否定宋仁宗"进用宰相,人主(皇帝)之任,臣下不宜有所指陈"的言论。他告诉建文帝,任命宰相须吸取众人的意见,不可由皇帝一个人决定,并指出举荐的方法。

当获悉方孝孺要恢复井田制时,王叔英立即写信给方孝孺:认为凡人有才固难,能用其才尤难。子房于汉高能用其才者也。贾谊于汉文不能用其才者也。子房查汉高帝可行而言,故高帝用之,一时受其利。虽亲如樊郦,信如平勃,任如萧曹,莫得问焉。贾生不查而易言,且言至太过,故绛灌之属,得以短之。方今,明良相值千载一时,但事有行於古亦可行於今者,夏时周冕之类是也;有行于古不可行於今者,井田封建之类是也。可行者行,则人之从之也。易而行民乐其利;难行而行则从之也难,民受其患。时井田虽不行,然孝孺卒用周官更易制度无济实事,为燕王籍口论者,服叔英之识而惜孝孺不能用其言也。由此可见,王叔英治国理政的雄韬大略之一斑。

燕王朱棣发起靖难之役,借口"清君侧",兵逼南京。王叔英受命赴广德募兵勤王。六月,南京城陷,朱棣杀方孝孺等灭族。此前一日,王叔英自缢于祠山玄妙观的一棵银杏树下,道士盛希年把他葬于祠山之麓。王叔英尽忠之前留下遗书:"生既已矣,未有补於当时;死亦徒然,庶无惭於后世。"王叔英的妻子金氏受牵连死于狱中,二女投井。二女井就在温岭市小河头村不远的亭岭。王叔英的弟弟元默潜匿,因同乡金宽告发而被捕杀。外甥陈泰被流放卢龙(今秦皇岛)。明末,朝廷追赠王叔英为礼部侍郎,谥号文忠。历史证明,王叔英和方孝孺志同道合、同气相连,一起彰显了"台州式的硬气"。

2023年早春二月初的一天,我专程造访了温岭市太平街道小河头村。在村委会的农家书屋里悬挂着一幅王叔英先祖的全身画像,同时悬挂着当地书法家书写的一副楹联:蒙学养正;知书尚礼。村委会走廊墙上的"村史篇"依次排列着"村名由来""历史典故"和"寂寞忠节二女井"等历史故事;"励志廊"分别介绍了王叔英和方孝孺两位先祖的生平和业绩。我在"励志廊"关于孝孺先祖生平介绍里看到这样一段文字:"方孝孺妻郑氏与子方中宪、方中愈上吊自杀,两个女儿亦跳入秦淮河自尽,有遗孤德宗曾孙肇祥为温岭峡山头(方氏)始祖。"这个历史细节说明,不仅宁海方孝孺与温岭王叔英生前交往甚密,志同道合,而且方孝孺的后人也有一支脉定居在温岭。

方孝孺和王叔英,宁海和温岭,不仅山水相连,而且还有着如此的历史文化渊源。①

一个时代、一个地域同时涌现了两位显示"台州式硬气"的千古风流人物,不能不令人惊叹浙东这块地域的神奇和神秘! 不能不令人惊叹温岭这块神奇地域的书香文化底蕴的丰厚和浓郁!

有明一代,在王叔英以矢志不移、威武不屈的崇高气节显示了"台州式硬气"之后,温岭还出现了一位青史留名的大学者谢铎。

谢铎(1435—1510年),字鸣治,号方山,又号方石,浙江温岭桃溪(今温岭市大溪镇)人。

---

① 樊国安:《柔石与鲁迅:柔石在鲁迅身边的900天》,百花文艺出版社,2023,第5-7页。

天顺八年(1464年)，谢铎考中进士，入翰林院为庶吉士，次年授编修。七十二岁告老还乡。卒赠礼部尚书，谥文肃。

谢铎博通经史，尤精理学，文学造诣极深。当时诗坛盛行台阁体，堆砌辞藻，粉饰太平。谢铎与湖南茶陵人李东阳等主张诗歌革新，诗宗杜甫，成为茶陵诗派代表诗人之一，写有不少揭露现实、关心民生疾苦诗作。

为百姓的生存痛苦而呼号，是谢铎的作品最鲜明的主题。其中的代表作《田家叹》这样写道："叹息复叹息，一口力耕十口食。十口衣食恒有余，一口苦为私情逼。县吏昨日重到门，十年产去租仍存。年年止办一身计，此身卖尽兼卖孙。呜呼！吾民之命天所属，阡陌一开不可复，卓锥有地吾亦足。"①

此外还有一首《偶为六绝句》凄然写道："城中米价贵无比，见说官家一倍轻。几日荒荒卖儿女，绣衣门下未通名。"②类似这样感叹民生维艰的诗篇多多。

此外，谢铎还写有许多关心国家命运，盼望为国出力以及题画诗、写景诗，都写得十分清新可读。《谢铎集》的点校者林家骊先生说得好："实际上，读了谢铎的诗歌，我们可以看到另一番天地，我们可以据此重新评价'茶陵诗派'。"③

谢铎曾经三入仕途。

第一次是明天顺八年(1464年)，谢铎中了进士，与李东阳一起被选入翰林院为庶吉士。成化三年(1467年)，参修《英宗实录》，此后授编修，升侍讲。成化九年(1473年)校勘《通鉴纲目》，时值边警，上疏《论西北备边事宜状》，指陈边防弊端，主张整饬边务。成化十六年(1480年)以家艰离职回乡丁忧，十八年闰八月服除，按例应当起复，但是谢铎托病家居，屡

①林家骊点校：《谢铎集》(上)，浙江大学出版社，2016，第15页。
②同上书，第16页。
③同上书，第19页。

召不起。

第二次是弘治元年(1488年),在李东阳、黄孔昭的劝说下,谢铎应召复任侍讲。弘治三年(1490年)擢升为南京国子监祭酒。弘治四年(1491年),因次子卒,谢铎以"先祀无托"和身体有病为由致仕回家。

第三次是弘治十二年(1499年),因国子监缺祭酒,朝廷众多言官推荐谢铎,八月提升为礼部右侍郎,掌国子监祭酒。据《明史·章懋传》记载:"众议两京国学当用名儒,起谢铎于北监"。然而谢铎并不领情,多次推托。

孝宗派人就其家起之,弘治十三年(1500年)四月,谢铎只得启程赴京。五月中途病卧绍兴官舍——蓬莱馆。谢铎以病为由,托绍兴太守向朝廷申报辞呈。病稍好后离开绍兴,由金华、丽水、温州绕道回乡。皇帝不准辞呈,再下圣旨。谢铎回家未有几天,又重新上路,于十一月到京。这最后一次入仕之途,可谓艰难。

在复杂的官场环境中,谢铎想到了退隐,在《急流退一首奉答西涯先生》诗中感叹充满变数的宦海生活:"流正急,风正颠。进亦难,退亦难。失势一落万丈滩,何如稳卧严陵山。长笑一生天地宽,天地宽,云台事业浮云看。"①

回归故乡温岭后,谢铎应台州知府陈相之邀,纂修《赤城新志》。著有《桃溪集》、《续真西山读书记》、《伊洛渊源续录》、《尊乡录》、《赤城论谏录》(与黄孔昭合编)、《桃溪净稿》等书卷。

谢铎家富藏书。成化四年(1468年),其父建"贞则堂",他又于"贞则堂"之东建藏书阁为"朝阳阁"。成化十六年(1480年)其父病故,他辞官回乡守丧,遂以中秘书②以及四方所购置于阁中。有的书如《尚书》《西汉

---

①林家骊点校:《谢铎集》(上),浙江大学出版社,2016,第17~18页。
②指古代皇宫内收藏的珍贵书籍和文史资料。

书》《韩柳李杜集》残缺不全,又多方鸠集,与其他书按类收藏。藏书达数万卷。编有《朝阳阁书目》,已佚。

其实,谢铎不仅诗歌写得好,他的史论也写得入木三分,别有风采。《桃溪净稿》卷六十七载有短篇史论《司马光》,今天读来,依然有趣。谢铎写道:

> 以司马光为尚书左仆射,辽人闻之,敕其边吏曰:'中国相司马矣,慎无生事、开边隙。'自昔中国之动静,夷狄未尝不知之,则宰相之贤否进退,彼得以为轻重也,无惑矣。安石为相,既取熙河湖北,复取泸夷,无不遂意,若可喜者,而交址小丑得以露布青苗助役之非于天下曰:'中国穷困生民,欲以相拯'。温公尝劝宣仁弃兰州五砦以复于夏而已,初未闻其能取夷狄尺地以自益,然而契丹君臣动色相戒,曰:'中国相司马矣,慎无生事、开边隙。'噫!何以得此于彼哉?夫人必自侮而后人侮之,安石设法尽利以自弱其民,交址虽小,如之何其弗侮?温公易暴驰利以自固其民,契丹虽强,如之何其弗畏?相臣之为国重轻也,盖如此。然则为国者,其亦知所先务哉。[1]

谢铎晚年归隐家乡后,除了著书立说,怡情于诗情山水之外,唯一关注的就是兴教办学,建立了浙东第一学府——方岩书院。

林家骊先生撰写的《重建方岩书院记》写道:

> 邑之鸿儒,首推谢铎。铎号方石,明礼部右侍郎兼国子监祭酒、弘治帝特命辅教皇太子者是也。其人也,居庙堂之高,则正道直言,欲致君于尧舜;处江湖之远,则兴教办学,建此浙东第一学府;述进退

---

[1]林家骊点校:《谢铎集》(下),浙江大学出版社,2016,第607页。

忧乐,成《桃溪集》等,总百万之言传世。立德立功立言,修身齐家治平,五百年后,犹然令人仰止。

考铎生平,凡三出仕,三退居。荣辱浮沉,过眼浮云;唯不能忘者,方岩书院也。曾有诗述怀曰:'生为方岩师,死作方岩主'。可见半生精力,殷殷之情,拳拳之心,尽在方岩廊檐书声之间。书院既成,铎与族亲诸友讲学游艺乎其间,传道授业,诗文唱和,其乐融融。并邀同榜进士、终身挚友、当朝首辅、文坛领袖李东阳作《方岩书院记》,备述其盛。由谢氏私塾而学教重镇,由乡族子弟而天下学子,斯愿之弘深,斯义之广大,非德才兼备者不能毕其功也。达者兼济,统揽天下之教;穷岂独善,致力造福桑梓。是以先生之退,虽似不若子陶渊明;先生之举,或曰未跻岳白嵩应;先生之名,人云难于李杜伯仲,然浙东儒学,在此宏扬,乡人感戴,至今不磨。君登方山,不见谢祭酒之像乎?当是百姓仰瞻,俨然羽化登仙矣。噫!山有双绝,则五岳亦须羡吾奇;人树一善,则生民敬奉若神灵。后来之人,能不悟耶?[1]

林家骊先生在《谢铎集》"点校说明"里提到:

明代教育可以分为民间教育和官方教育两个不同层次。民间教育为私塾、家馆、义学、族学等,是官方教育的基础。官方教育则是民间教育的准则。在这两个不同层次的教育体制之外,还有一种特殊的教育形式就是书院。书院与学校教育不同。它虽然属于民间教育范畴,却必须经官方的认可。它不是一种低层次的教育,而是一种高层次、属于学术传播探讨性质的教育。因此,民间教育、官方教育和

---

①温岭市地方志编纂委员会编:《温岭市志(1988—2007)》(下册),中华书局,2018,第1702页。

书院教育构成了明代多层次相关联的教育体系。明代的多种文化现象，几乎都与这种教育体系有着不可分割的关系。谢铎在其父和族叔创办的会缌庵的基础上，创办了方岩书院，从招收本族子弟入学到开办高层次的书院，为国家培养人才，这一功绩是不可抹杀的。①

2023年6月，由台州市社科联、市教育局、市政协文化文史和学习委员会、市新闻传媒中心（集团）联合主办的"探访台州书院文存"系列采访行动中，推送的第十篇采访就是记者林立撰写的访问记《石龙书院：心如石龙，隐在水中》。

文章写道，明正德十二年（1517年），一位从福建来的读书人抱病登上了黄岩紫霄山，他叫郑善夫。黄岩连日大雪，天气很不适合登山，郑善夫的病体，让这次上山更加艰难。这次登山，不仅对他来说是人生大事，也为后人留下了珍贵的文字资料。黄绾，以及黄绾建在紫霄山上的石龙书院，是郑善夫此次旅行踏访的目的所在。

黄绾（1480—1554年），台州黄岩人，字宗贤，号久庵、石龙，明朝著名思想家、哲学家、政治家。这三个头衔中，政治家无疑是黄绾极为突出的身份，也让他承担了不少骂名。而在郑善夫看来，黄绾是一个好老师。确切地说，是一个熟谙"阳明心学"的好老师。郑善夫登上紫霄山，就是来和亦师亦友的黄绾探讨"阳明心学"的。什么是阳明心学？这个明朝大儒王守仁（又称王阳明）创立的学派，从创立至今都是一个名气极大而颇为神秘的名词。

身为"闽南十才子"之一的郑善夫，成了黄绾的小迷弟。在他看来，黄绾这位好大哥就是阳明心学的代名词。因为黄绾将"知行合一""致良知"践行得无可挑剔，又具备深厚的学术素养，郑善夫也因此成了坚定的阳明

---

①林家骊点校：《谢铎集》（上），浙江大学出版社，2016，第13页。

学者。

黄绾从小就气场很大，敢于坦露心声、宣扬主张，在名声显赫的黄家，拥有这份自信相当难得。

黄家是少有的"一门三进士"。黄绾的曾祖黄彦俊、祖父黄孔昭、父亲黄俌三人皆中进士。黄绾祖父黄孔昭早在考中秀才不久后，就从太平县洞黄村(今属温岭市城南镇照谷村)携家移居至黄岩县西城司后街。黄绾出生于黄岩，读书成长也在黄岩。黄绾的父亲黄俌共有五子，黄绾排行老三。一般而言，排行居中，总会没有存在感，何况是在如此优秀的家族中。但黄绾却成了最耀眼的那个孩子。

弘治十五年(1502年)，台州学者夏鍭受邀登上了黄俌所建的藏书楼——业书楼，这是黄俌为鼓励子孙读书所造。应黄俌之请，夏鍭写下了《业书楼记》，文章中，夏鍭对黄绾寄予厚望："(黄俌)五子俱贤，皆能读其父祖书，绍、绎、绾、约、纷，而绾独为可畏。"这一年的黄绾才23岁，远没有后来的名声。但前辈夏鍭慧眼识人，对黄绾"志于世用"的情怀大为赞赏。

黄绾让人难忘，因为他是一个敢于说"不"的人。13岁时，黄绾承祖父黄孔昭荫，入国子监学习。不出意外的话，往后好好考试，他将走上为官之路。然而小伙子毅然决然，大声说"不"。他选择放弃科举，苦读圣贤书，立志"明绝学以扶世教"，成为一个教书育人、著书言志的学者。他甚至有了清流读书人那样的精神洁癖，觉得"得一官若负秽"(《别甘泉子序》)。

成年后的黄绾自我评价，"幼负不羁之气，中屹昌大之志"(《寄方石先生书》)。从他主动放弃科举的行为可见，其确实与众不同。不随波逐流，必定心有砥柱，学识就是黄绾的人生砥柱。

黄绾自幼好学，先后追随多人为师，其中就有台州理学名家谢铎。然而他很快发现，程朱理学没法解决现实问题。终于，追求真知的黄绾遇到影响了他一生的那个人——王守仁。

正德元年（1506年），黄绾父亲黄俌去世。黄绾依礼制，为父守丧三年。守丧期间，在母亲的再三要求下，黄绾慢慢想通，他决定承荫祖上的功绩直接进入官场。因为决定出仕，黄绾给吏部尚书李东阳写了万余字的《上西涯先生论时务》的雄文，阐述了自己14条为政之策，同时给担任都察院右佥都御史的好友储巏写信，希望他多提拔。正德五年（1510年），黄绾有了第一个官职——后军都督府事，和这个没有实权的虚衔相比，这一年他最大的收获，就是结识了"阳明先生"王守仁和"心学大师"湛若水。说来也巧，王守仁的父亲王华和黄绾父亲黄俌是同榜进士。更特别的是，当黄绾在家为父守丧并决定守丧结束后前往官场大干一番时，王守仁正在贵州龙场这个无人知晓的边陲角落潜心做学问。在此期间，王守仁得出了"圣人之道，吾性自足，向之求理于事物者误也"的感叹，是为大名鼎鼎的"龙场悟道"。

特别的缘分，让王守仁和黄绾一见如故，相谈甚欢。"心学大师"湛若水也和黄绾极为投缘。王、湛两人就像两股清泉，为官场新人黄绾源源不断注入思想之流。黄绾发现，在自己所追求的学术、做人、为官、治世大道上，两位前辈早已等候多时了。他与王、湛二人成了铁三角，彼此推心置腹。三年之后，因为湛若水要去安南（今越南）公干，而王守仁也升任南京鸿胪卿，黄绾才依依不舍地与两位兄长分别。这一年，不仅改变了黄绾，甚至可以说，也改变了嘉靖皇帝的后半生，暂且按下不表。

说回黄绾，因为对第一份差事不满意，黄绾以养病为由回到了故乡黄岩。正德十一年（1516年），36岁的黄绾"结茅紫霄"，在紫霄山上居住。一年之后，他在紫霄山建成了石龙书院。来自福建的郑善夫就在这一年光临紫霄山，于石龙书院小住。托这位才子的福，早已没有踪影的石龙书院才能在郑善夫所写的《石龙书院记》中以文字的方式留下轮廓："书院凡五间，中为凝道堂，东曰幽赏，西曰寓远，其窝曰虚白，东轩曰天风，西曰空翠。"吸收了心学知识的黄绾，在石龙书院教书育人，同时随时准备再次出仕。机会来了！昏庸的正德皇帝驾崩，明朝迎来了新主人——嘉靖皇帝朱厚熜。嘉靖元年（1522年），黄绾积极进取，在山东监察御史朱节的举荐下，担任了南京都察院御史。这次当官，他有信心能有所作为。就在任职前不久，他前往宁波拜谒在家休养的王守仁。这次拜访，让他感叹王守仁的学说"所论格致之说，明白的实，于道方有下手，真圣学密传也"（《与郑善夫》）。他也正式拜师王守仁，不再以朋友的身份与之相处。黄绾没有想到，很快他就有了实践阳明心学的机会。嘉靖皇帝登基之后一直在生闷气。首辅杨廷和等一帮旧臣，和新皇帝因为一件事前后拉扯了三年半，史称"大礼议之争"。用大白话解释，确实让人难以接受：嘉靖帝不能叫自己的亲爹一声"爸爸"。杨廷和的理由很充足，因为嘉靖帝朱厚熜，是正德帝朱厚照的堂弟而非亲弟，而朱厚照又是他父亲明孝宗朱祐樘的独子，死时并无子嗣。后宫与群臣们从朱厚照众多堂弟中挑选了朱厚熜继位，那朱厚熜就不能再管自己的亲爹兴献王朱祐杬叫爸爸，他的亲生父亲要改成伯父朱祐樘。嘉靖帝不肯，但以程朱理学"存天理，灭人欲"武装自己的杨廷和群体无懈可击。面对实力强大的当权派，在群臣队伍中，向来敢于喊"不"的黄绾，喊出了他人生中最响亮的一声"不"。对理学与礼学均有深厚研究，同时已是"阳明心学"学者的黄绾非常愤怒。他先后接连三次独自上疏，积极参与论辩。又与张璁、桂萼、黄宗明三人联合上疏，支持嘉靖帝称呼亲生父亲为"皇考"。

黄绾以心学理论为底气，一声声"圣人缘人情以制礼"，"人情无外乎天理"，释放了嘉靖帝的情绪，也提升了"议礼派"的士气。最终嘉靖帝和"议礼派"获得了胜利，朱厚熜终于可以"认回"亲生父亲朱祐杬，让兴献王成为兴献帝，配享庙号睿宗。因为在"大礼议之争"中的重大贡献，黄绾成为嘉靖帝器重之臣，提拔他任光禄寺少卿。此后黄绾还参与编修肯定"议礼"的《明伦大典》，编纂完成后，黄绾被擢升为三品詹事府詹事。后世对黄绾非议中，认定他是政治投机者不少。然而黄绾对于站在嘉靖帝一队力挺"议礼"一事,认为自己是在以"心学"的理论维护道学。同样是嘉靖帝的家事,当后来嘉靖帝想把父亲陵墓迁徙到帝王陵寝时,黄绾又一次说了"不",他认为这件事不合理。可是嘉靖帝已无需他的意见,朱厚熜虽在"大礼议之争"中获胜,但这段憋屈的日子也导致他从此不再信任大臣,成为一个独断专行、玩弄权术的君主。然而黄绾不会因别人的好恶而改变。

人贵在有心,这一颗心,黄绾始终紧密保护,时时修正。护心路上,不正确的人和事,黄绾都会一一反对,哪怕对方是良师益友。

黄绾对挚友的爱,是炙热的,甚至有种孩童的天真。闽南才子郑善夫在紫霄山上有自己的专属空间,是黄绾为他所建的亭子,取名"少谷亭"(郑善夫号少谷)。紫霄山上还有两个亭子——"阳明公亭""甘泉公亭",是黄绾于正德九年(1514年)为亦师亦友的王守仁、湛若水所建。未曾想,这两个亭子后来没再迎来这两个朋友。

嘉靖十六年(1537年),王守仁平定宁王朱宸濠的叛乱,擒获宁王押解入京,却受到谗言诽谤。黄绾毅然写了《议江西军功疏》,为王守仁辩护。

嘉靖十七年(1538年),王守仁平息广西田州八寨少数民族起义后,在归途中病逝,又遭首辅杨一清、吏部尚书桂萼等构陷。黄绾两次上疏强谏,为此不惜与20多年好友桂萼决裂。黄绾知道王守仁有着超越时代的优秀,他矢志不渝地支持他、保全他。王守仁去世之后,家族成员出现了争产的丑事,黄绾与王门弟子妥善处理王家后事,并将王守仁3岁的亲生儿子王正亿带在身边抚养。待王正亿16岁后,黄绾将女儿黄姆许配给他,成为一家人。

黄绾推崇王守仁,但在学术上,他仍旧敢于说"不"。晚年在台州闲居时,目睹王学子弟们越走越偏,将"心学"逐渐扭曲成了"禅学",黄绾对"阳明心学"展开了系统的批评、修正。他认为自己早年心仪的"王学",其主旨"实失圣人之旨,必将为害,不可不辨",写出了著名的《明道编》。一个

"阳明心学"追随者,成了自觉批判己方学说的先驱者。

对自己不羁的一生,黄绾留下了自我评价,至今仍刻在岩石上。这篇《生圹自铭》的摩崖石刻,今天还在路桥区桐屿街道凉溪村东盘山上,清晰可见。"……后千百载,过者兴嗟。曰谁之藏,或否或嘉。是非得失,孰可掩遮。路碑日远,青史世遐……穷非有损,达非有加。一朝屈伸,千载端邪……"读罢几句,黄绾的形象就在眼前。对真理,他有原则。对功过,他无所谓。在石龙书院,黄绾具体教了多少学生,他们有何成就,我们不得而知。然而通过他这笔直通透的一生,我们完全可以想象他所倡导的"心学"是怎样实际的学问。黄绾为什么号石龙?连书院也取了这个名呢?还是郑善夫为我们说清了缘由:"曰石龙云者,黄子之先在洞黄,山下有湖,有石如龙生湖底,水枯辄见,故云。"(《石龙书院记》)

在黄绾的原籍温岭市洞黄村,有这么一个湖,湖中有一块像龙一样的石头,水枯时才显现真容,而平时,这条石龙隐于水中。好一个黄绾,好一条石龙!

2024年8月上旬,笔者在友人陪同下探访洞黄村,追寻黄绾故里的文化遗存。时值盛暑,阳光灿烂,群山碧绿,凉风习习,仿佛到了世外桃源。爬上村南头一座小山,发现确有一泓湖水,水波荡漾,水绿山青,放眼望去,一片氤氲之气,或许这就是当年黄绾先祖所说家乡那条"石龙"的潜藏之处吧。

因为年代久远,这个古村落已经不见当年黄绾先祖留存的文化遗迹,当我们向一位村民提到黄绾的名字时,这位村民立即说:"你们是黄家的后人吗?是要找黄天官的遗址吗?再往山里面走一段路,那里有他的祭祀处。"我们继续前行,在山坳里面一个茂林修竹绿荫处,果然发现了一个小小的焚香坛,这里应该就是黄天官祭祀处。望着焚香坛缭绕的香烟,笔者想到,虽然岁月悠悠,已过数百年,依然可见这里的人们对石龙书院创办人黄绾先祖当年在家乡播撒书香,恩泽后人功德的敬重和祭祀。

在温岭市石桥头镇人民政府前面的文化公园里，一尊高大的汉白玉人物塑像非常惹人注目：一位白发老者手捧书卷，仰望蓝色苍穹，正气凛然，他曾吟诵出"气华腹有五车书，平生低首吾无几"的诗句。这位老者就是被誉为清代"台州第一诗人"的黄壶舟先贤。

有清一代，温岭市一共出了两位进士，黄壶舟位列其一。这位先贤的故乡就在石桥头镇下黄村。他在道光二年（1822年）中榜二甲进士，曾在江西萍乡、雩都、临川等六县为官。清廉为公，振兴文教，颇得人心。后因秉公行事遭人陷害，谪戍新疆，与贬谪新疆的林则徐结识，成为好友。林则徐高度评价他的诗，"窥其意境，若长江之放乎渤澥；竹木艑舻不遗巨细，而无乎不达。"黄壶舟先贤回故乡后主讲于黄岩萃华书院、太平宗文书院、鹤鸣书院。他一生写诗3000多首，著有《夏小正注》1卷、《萍乡县志》16卷、《衍仪》1卷、《壶舟诗存》15卷、《壶舟文存》2卷、《梅初录》1卷、《东还纪程》2卷等书籍。

顾俊彦先生在《林则徐黄壶舟的闽浙情》这篇文章中提到，黄壶舟年长林则徐6岁。官江西彭泽知县，因彭泽客舟遭风灾失银，被诬为打劫，落职后又遭陷害而被流放，道光十九年（1839年）夏才到达新疆迪化（今乌鲁木齐），道光二十五年（1845年）结束流放。

在迪化期间，黄壶舟对红山情有独钟，所以将游历见闻"聚叶为薪，积叶成屋"，荟萃成集，冠名为《红山碎叶》。

道光二十二年（1842年）十月十三日，赴戍伊犁的林则徐到达迪化时，在迎接他的人群中就有黄壶舟。从此，两人常有书信往来，酬唱歌吟。

黄壶舟赠诗盛赞林则徐，"戍到相逢皆骨肉，诗才无敌有云泥"。道光二十三年（1843年）四月，林则徐在收到赠诗后回赠《金镂曲·寄黄壶舟》，其上阕为："沦落谁知己？记相逢，一鞭风雪，题襟乌垒。同作羁臣犹间隔，斜月魂销千里。爱尺素，传来双鲤。为道玉壶春买尽，任狂歌，醉卧红山觜。风劲吹，酒鳞起（来诗有'风劲红山起酒鳞'之句，仆极赏之）。"两人就这样互赠诗词，彼此鼓励，结为知己。

黄壶舟在《红山碎叶》中记载，道光二十二年（1842年）五月初三巴里坤地震，"城宇塌坏，毙人无算，闻信侧然"。次年，黄壶舟奉命督修巴里坤地震后之重建工程，并于道光二十四年（1844年）十月完工。

道光二十五年（1845年）正月初六，林则徐为南疆勘地抵达迪化，除当地官员迎接外，还有黄壶舟、黄冕、高步月等林则徐的好友相迎。友人们除热情款待林则徐外，纷纷向林则徐求书纸幅留念，还赋诗以赠。他们"相逢戍所，辄剪烛论文，连宵不息，各出其丛残相评骘"。

在黄壶舟赠诗四首后，林则徐和诗两首回赠。这两首诗比较集中地反映林则徐关心社会政局和迫切希望出山的心情，同时对战败赔款，朝廷经费拮据，"时有以僧道度牒来筹画经费计者"，尤感愤慨。当时，黄壶舟已获赐还，林则徐原本"约与同行，盖一居浙一居闽，虽终歧路分驰，尚可联镳同鹢至章门也"。因林则徐受命勘地阿克苏城，黄壶舟只好先行入关，少住西安，以待林则徐返辔。正月底林则徐住吐鲁番，因在迪化时很多友人求字（书法）不下五十余纸，虽允诺而一时难以满足，趁此小停之机以践前诺。为黄壶舟写的是，"宦味尝来同栗里，吟身归去伴花山"。

黄壶舟后来将谪戍迪化期间吟诵的诗章汇集成《壶舟诗存》一书，林则徐为其作序。二人因人品、才学、命运相近而结为知己，虽短聚长离，却心驰神往，惺惺相惜。

如今，在乌鲁木齐的红山公园的红山顶上，矗立着一尊汉白玉的林则徐雕像。基座镌刻着"任狂歌，醉卧红山嘴，风劲处，酒鳞起"。红山顶上的林则徐雕像于1989年落成，由浙江温岭即黄壶舟故乡的古建队承建。不知道这是不是业主特意找温岭古建队承建的，但林则徐所代表的民族精神之强大感召力是可以肯定的，闽浙人民的情谊足以令人慰藉。

林则徐原本想与黄壶舟"约与同行，盖一居浙一居闽"，虽最后未能如愿，但乌鲁木齐红山顶上的林则徐雕像，却使林则徐与黄壶舟的闽浙友谊长留人间并为人们所津津乐道。

宋代理学大师朱熹当年曾经为他的好友——温岭东屿书院的创办人丁世雄专门题诗一首《东屿书院》:"书房在东屿,编简乱抽寻。曙色千山晓,寒灯午夜深。江湖勤会面,坐卧独观心。秋浦瓜期近,何当寄此吟"。[①]

由朱熹题诗温岭东屿书院,笔者进而发现,宋元明清以来,特别是明代成化年间和清代乾隆年间,温岭的书院文化非常兴盛。先后建立了名闻遐迩的方岩书院、龙山书屋、龙鸣书屋、石龙书院、龙山书院、鹤鸣书院以及鸿文书院、凤山书院、珠山书院等21所书院,堪称全国县域书院之最。

温岭书院的发展充满诸多令人唏嘘的曲折故事。

据《温岭县志》介绍,在新河城北隅山下的龙山书院是明代的五龙书院,到了清朝初年,该书院地域被三官堂寺僧占据,温岭绅士沈时为此诉官。乾隆二十年(1755年),沈时之子敬简与李文藻等共请温岭知县左士吉耕地重建。

丹崖书院前身是文炳书院。道光二十七年(1847年),温岭乡绅阮辑轩就丹崖寺一侧筑舍10余楹,捐田50余亩为修金、膏火之费。光绪四年(1878年),当地贡生阮梓笙募捐扩建,改名丹崖书院。

地处高浦岙文昌阁的望云书院原名登云书院,清朝同治年间由乡绅陈万清捐建。光绪年间为飓风损毁,陈万清之子陈寿椿以其祖望云祀产盈余款重建,并捐田50亩为延师之费,改名望云。[②]

据《温岭县志》统计,清末民初,温岭的私塾和初等小学堂并存。1935年,国民政府对私塾进行改良,把国语、常识、算术列为私塾主要课程,当

---

①温岭县志编纂委员会编:《温岭县志》,浙江人民出版社,1992,第930页。
②同上书,第686页。

年全县改良私塾64所,占私塾总数181所的35%以上。随着新办小学的发展,私塾逐渐减少。至全国解放前夕,尚有称为"书院""书室""补习社"的少数私塾存在。①

由于温岭自古崇文重教,著书立说的学者大家迭出。

据《温岭县志》载,自宋迄清,温岭中进士者97名、举人116名。真可谓"温峤文风古,南塘世泽长"。

更为令人惊叹的是从宋代徐似道到清末林丙恭为止,共有60多位温岭籍的文人学者著书立说达600卷、册之多。其中在中国文化史具有影响力的有徐似道的《竹隐文集》11卷,陈景沂的《全芳备祖》58卷,王叔英的《静学文集》1卷,谢铎的《赤城新志》23卷,叶良佩的《周易义丛》16卷等。

除了著书立说者外,温岭古代的藏书人家也不容小觑。

据《嘉靖太平县志》记载,南宋白山蔡瑞与孙蔡镐藏书五千卷。明成化四年(1468年),桃溪谢铎与父世衍辟"朝阳阁"收藏列圣训诰、经、史、子、集计数千卷。洞黄(今峤环镇照谷村)黄孔昭"访求遗帙数万卷",时有台州"聚书必曰黄氏"之誉。

明万历太平知县陈龙光建"尊经阁",藏五经、四书、《性理大全》等书。清代所建的鹤鸣书院、宗文书院均有藏书室。清代陈襄臣家辟"枕经阁",藏书甚多,仅"二十四史"就有三部,尤以地方志收藏最多,全省72个县中仅缺一个县的县志。清末赵兰丞家藏书8000册。琛山金嗣献辟"鸿远楼"藏书,"于书尽心搜罗,坚持数十年而不懈",仅台州书籍即聚至400多种,后毁于火。及至民国时期,仍有私立平泉图书馆,藏书6670册。泽国启文社成员集资创办私立青年图书馆。私人藏书室有城区林丙恭的"海沧阁"和泽国潘德宁的藏书室,均聚书数千卷。

---

① 温岭县志编纂委员会编:《温岭县志》,浙江人民出版社,1992,第688页。

温岭市融媒体中心记者叶瑾轩采写的《温岭这家人居然三代藏书》文章中讲述道：

温峤琛山有一户金姓人家，祖孙三代都热衷于收集乡邦文献。他们的藏书楼收藏了大量珍贵的书籍，成为当地的文化瑰宝。这些珍贵的藏书和金家三代人的故事，到底有什么奇特之处？让我们一起走进那段尘封的历史。

温峤镇琛山村，古称深山或莘山，是一个拥有悠久历史和丰厚文化底蕴的古村落，环山依水，背靠楼旗尖。据记载，约在清嘉庆年间，太平水洋金氏的四房和八房自邻村楼旗迁入，因此村民主要姓金。金氏一族几百年来秉承传统文化，以耕读起家，崇尚义理，不仅以富裕而著称，更以礼仪文明广为人知，曾在浙东南一带享有盛誉。尤其是金嗣献，以其卓越的藏书家身份，将这一传统文化延续和发扬光大。

金嗣献（1885—1920年），出生于耕读世家，知书达理。在《水洋金氏宗谱》中，对金嗣献的高祖金汝澄有着详细的记载："兴启公长子，一名雅奏（1788—1856年），字延清，号莲溪。清嘉庆戊寅年进入邑庠，道光壬寅年贡太学，丙午科乡试荐卷，咸丰壬子年任归安县训导，加三品衔诰，赠荣禄大夫。质直豪爽，内公而外故，受人雅敬爱戴。他热爱读书，直至老年也仍然不停地阅读，虽然生活富足，从未触及政治权力，但在讨论经史时，他的见解深刻精微，能够生动地剖析其中的要义，言之有物。他著有《琛辉堂文艺》，不幸在岁次为癸丑年时，被火焚毁。"

金嗣献热爱藏书，是受祖父金寿祺的影响。据称，金寿祺是一位难得的读书种子，从小就对读书入迷，特别喜欢收藏乡土哲学家和前贤的著作。《台州名人书札墨迹选》中金嗣献行书信札，信笺为"方城金氏鸿远楼用笺"。令人遗憾的是，在金寿祺去世十年后（1891年），金氏家中不幸失火,所有珍藏的书籍都化为灰烬。然而,在金寿祺的影响下,长子金懋焘继承了父志,继续购书并扩展家族的藏书。

金懋焘,一名焘,字国颖,一字绳瑛,号阆生,同知衔,候补州同知,诰赠朝议大夫。金懋焘是金家三代藏书世家承上启下的人物,他对金嗣献的影响是不可忽略的。金嗣献出生时,他的祖父已经去世多年,但在他年幼时,经常听父亲讲述祖父的藏书故事。尽管金懋焘去世时金嗣献只有16岁,但祖父和父亲两代人的藏书传统在他心中留下了深远的影响。金嗣献并没有辜负父亲的期望。他生活在清末民初时期,正值新学思潮兴起,传统学术尚未消失。光绪末年,清政府废除科举制度,新式学堂兴起,然而金嗣献"不随波逐流,钟情于古",始终专注于旧学的研究和乡土文献的收集。

在今天看来,这种坚持和专注是非常难得的。清末民初,随着改朝换代,传统的读书人面临着新时代的挑战与选择。在这样的历史背景下,金嗣献受到先辈的影响,做出了自己的独特选择。他敏锐地意识到,尽管过去的时代已经逝去,但乡邦文献和先哲著作仍然具有深厚的价值。他深知,随着新学的兴起,这些珍贵的文献可能会逐渐流失,甚至将来可能无法再找到。正值家境富足,并且祖父留下遗愿希望子孙继续研读和收藏书籍,因此他特别留心乡邦文献的搜集和保存。金嗣献不惜重金购买或抄录那些珍稀的书籍,即使是断编残简,也一一收藏不遗漏。年复一年,他倾注心血,苦心搜寻,最终积累了400余种书籍,收藏于自家的鸿远楼中。同时,他精心记录每一本书的作者、序跋者以及版本等详细信息,编撰成《鸿远楼所藏台州书目》4卷,为后人留下了宝贵的书籍清单和文献信息。

金嗣献对于藏书的态度与古代一些秘密藏书的做法截然不同。他并非仅仅为了收藏而收藏,而是出于学术兴趣和文化传播的目的。

据台州市立医院胡平法先生对台州藏书史的研究,金嗣献的藏书行为是为了研究和传播文化。他特别指出："金嗣献并非为了藏书而藏书,他通过丰富的藏书辑刊出版了《赤城遗书汇刊》,共收录了16种、57卷的文献资料,主要涵盖宋、元、明、清时期台州府和郡人的几部著作。"这一出版物于民国四年(1915年)问世,对于台州地区的历史文献研究具有重要意义,展示了金嗣献对于地方文化和历史的关注与贡献。

在旧时,对于藏书家来说,最大的噩梦莫过于水火兵虫的侵害。金嗣献用尽心力搜集的珍贵藏书,在民国五年(1916年)十一月初八遭遇火灾,全部化为灰烬。金嗣献的叔父金雨梧曾在记述中写道："去年因疏忽而失火,家中藏书尽毁。今年春天重新建造新居,心情沮丧,身心俱疲。"这次火灾对于视书如命的金嗣献来说,无疑是沉重的打击。然而,金嗣献并没有因此丧失对藏书事业的热情和信念。在重建家园后,他在新居东边兴建了一座名为冬青草堂(或称冬青书屋、耽书草堂或丹素堂)的新藏书楼。冬青草堂成为金嗣献重新投入藏书事业的象征,他在这里继续收集、整理和保存文献,致力于恢复和扩展他的收藏。但是,命运对酷爱藏书的金嗣献实在是残酷。他家中再次遭遇火灾,这一次的灾难对他造成了巨大的打击。不久之后,金嗣献不幸早逝,终年不到40岁。

如今金嗣献去世已超百年,当地人对于藏书家的记忆渐渐模糊,尤其是年轻一代对他的姓名、鸿远楼和冬青草堂的了解甚少。金嗣献的珍贵藏书已经毁于火灾,但他的历史功绩却永存人间。他的家族三代人都致力于藏书事业,尽管藏书三次遭遇火灾,但他们对于文化传承的贡献却是不可磨灭的。我们应当学习金嗣献那种不畏艰难、不辞劳苦的精神,特别是他对乡邦文献的珍视和收集,不仅是对历史文化的尊重,也是对知识和智慧的传承。

　　1949年后,温岭市取代各类书院、私塾的新式学校更加繁多,民间藏书数量大幅增长,崇文重教风气更加浓厚。从温岭大地走出的各类人才进入《温岭市志(1988—2007)》的就有965人,其中科技界109人、文化界109人、教育界153人、医药卫生界356人,以及其他领域238人,真是一幅"喜看稻菽千重浪,遍地英雄下夕烟"的威武壮观的生动画面。

　　讲述温岭书院的历史发展和温岭著书人、藏书人的点滴故事,笔者往往都被温岭先贤崇文重教,读书育人、播撒书香的善行义举感激涕零、唏嘘不已。同时,笔者深刻地感悟到:今日书香温岭的丰厚文化底蕴正是来自历史深处温岭的脉脉书香源头。

　　诸多学者认为,翻阅中国文化史,"浙东,是一个沉甸甸的主题词,使研究者无法躲避,就因为它是周氏兄弟和他们麾下一群激进青年的故乡,那种深苍厚重的土性具有令人不可思议的黏合力"。浙东文人身上具有一种"浓的抹不去的'硬气'和'土气'——浙东区域文化中高贵的棱角。"

　　著名学者陈越先生说:

　　　　考察越文化中的'硬'与'韧'的形成,显然应该追溯到越族的史前时期,在与自然界的搏斗中,以十分低下的生产手段而创造了如此发达的河姆渡文化,没有不畏艰难、勇于拼搏的硬劲与韧劲,是不能想象的。越族的发展中,几经大起大伏,但他们始终以坚韧不屈、百折不挠的韧劲,渡过劫难,重创辉煌。今天的人实在很难想象,越人从发达的河姆渡平原文化,退回到会稽山区'刀耕火种'度过的是整整三千年!在漫长的历史进程中,禹的神话实际上成了越文化中的'原型',以不同形式重复着代代相传,而且构成了一种良性循环,因而从精神气质上滋润着后代,造就了中国区域文化中的一个非常突出的灿烂的文化现象。

笔者认为，浙东文化除了阳刚的"硬气"和独特的"土气"之外，还有一种浓郁的"书香气"。

雷小庆先生在由温岭市风景旅游管理局主办的《在温岭》（2019年5月）发表的《温峤街古风再现〈清明上河图〉街市》这篇文章中写道：

> 温峤老街之所以能够如此昌盛，离不开代代温岭人的苦心经营，除了经商，温岭还重视教育。这样先进的理念，培育出了一批又一批优秀的温峤人。……明代戴通曾有"温峤八景诗"：《一市书声》《峤山晚翠》《洪亭早春》《双溪渔唱》等。描绘的就是温峤老街。
>
> 每天清晨和傍晚，最嘹亮的、最热闹的不是吆喝声、叫卖声、嘈杂声，而是街道旁，民居里家家户户传来的读书声。
>
> "两耳不闻窗外事，一心只读圣贤书"莫过于此。至今，温峤人民依旧牢记着祖先的遗训，家中子女最要紧事便是读好书，上好学。

由此可见，温岭当年作为会稽郡所辖地域之内读书崇教，耕读传家书香浓厚氛围可见一斑。

"万民乡风，旦暮利之。"温岭市通过挖掘、弘扬戴复古、王居安、陈景沂、王叔英、谢铎、张元勋、赵大佑、戚学标、蒲华、黄绾、黄壶舟等文化先贤兴办书院，教书育人，播撒书香的历史文化资源，激励人们崇文重教，引导人们关注书香文化，倡导鼓励人们读书成才，最终的目的就是让人们对拥有千百年历史积淀的"浙东区域文化中高贵的棱角"之一的重要部分——温岭的书香文化耳濡目染，老孺皆知，让一缕书香文脉赓续到今天，并且传承到久远。

第3章:《书香温岭》歌嘹亮(上)

2022年4月19日,为了迎接第27个"世界读书日",温岭市在九龙湖畔启动全民读书月活动,并发布了《书香温岭》主题曲,动员温岭市上下多读书、读好书,让阅读的星星之火在温岭形成燎原之势。

> 阳光的方向,温岭我的家。
> 开卷有益泛起心中的浪花,
> 满满的气息透出温馨如画。
> 一撇一捺约定着书香挥洒,
> 最美的地方,温岭我的家。
> 绿水青山守候光与爱的家,
> 全民阅读香飘万家耀华夏。
> 一笔一画写下心愿再出发,
> 我是温岭人,爱我的温岭,
> 更爱我书香相伴的勤为径,
> 唐诗宋词约定大海的憧憬。
> 书中自有黄金屋点亮生命,

我是温岭人,爱我的温岭,

更爱我山海石文化的深情。

学无止境努力奋斗向前行,

年年岁岁书香温岭的笃定,

年年岁岁书香温岭的笃定。

欣赏着由温岭籍青年歌手戴峰冰写词作曲并用独特嗓音演唱的歌曲《书香温岭》,抄录着作者饱含对家乡一片深情创作的歌词,笔者抑制不住眼角噙出了感动的泪花,脑海里顿时迸出一个来自心灵深处的词汇——书香温岭就是书香中国主旋律中一个十分动听的音符;书香温岭就是书香中国一支嘹亮的歌……笔者尤为欣赏《书香温岭》歌词中结尾重复的两句话:"年年岁岁书香温岭的笃定,年年岁岁书香温岭的笃定。"

2018 年 11 月 29 日,浙江在线发布通讯员毛海挺采写的消息《温岭:全民阅读结硕果》:"目前,该市共有 401 家公共图书馆服务平台,文献总量达 153 万册,人均藏书量 1.12 册。今年,温岭新增 2 家自助图书分馆、30 家文化礼堂图书分馆、100 家家庭图书分馆,新增藏书 11.4 万册……"这是记者从温岭市全民阅读新闻发布会上获得的一组数据。全民阅读这颗种子已在温岭这方水土扎根。

笔者认为,对"全民阅读这颗种子已在温岭这方水土扎根"这句话三个最有说服力的诠释就是《书香温岭》歌词结尾所说的那两句话:"年年岁岁书香温岭的笃定,年年岁岁书香温岭的笃定";就是从 2011 年 4 月开始连续 13 年举办每年一个主题的全民读书月活动;就是温岭人对书香文化赓续和传承的"笃定"精神。

"全民阅读这颗种子已在温岭这方水土扎根",这种"年年岁岁书香温岭的笃定",是温岭市坚定文化自信、坚持书香温岭建设,实施文化赋能,全面提升文化软实力的一个重大战略决策,也是书香温岭建设的一贯的坚持。

13年来,温岭市紧紧围绕书香温岭建设这个重大战略决策,大力完善公共文化服务体系,深入实施文化惠民工程,扎实开展全民阅读进农村、进社区、进家庭、进学校、进机关、进企业、进军营等"七进"活动,真正打通了送书服务的"最后一公里",建成了一大批家庭图书分馆、童阅驿站、农村儿童健康基地等阅读阵地,持续打造"书香温岭""东海诗歌节""童阅计划"等阅读品牌,"人人爱读书、家家飘书香"已经逐渐成为全民追崇的新风尚、新习俗。

尤其是近年来,温岭市全民阅读活动开展得更加深入,书香温岭建设内容不断充实,经验不断创新,全民阅读出现了前所未有的新突破、新变化、新气象。

2021年4月23日,为迎接第26个"世界读书日",温岭市委宣传部、市卫健局、市文化广电旅体局、市计生协会等单位联合开展的"护苗·全民读书月活动暨农村儿童早期发展健康阅读活动"在泽国月湖书院正式启动。

活动以高品质图画书为媒介,引导家长关注儿童阅读、参与亲子阅读。同时,也鼓励让图书"漂流"起来,让孩子把书院的图书带回家和家长共读,改善亲子关系,护助青少年茁壮成长。

泽国镇开展"护苗2021"绿书签专项宣传活动。组织学生和家长观看"扫黄打非"公益宣传片,并通过设置宣传摊位,展示宣传标语,向群众派发绿书签、宣传册、小礼品等多种方式进行广泛宣传,引导群众自觉抵制淫秽色情、封建迷信及侵权盗版等内容的非法出版物,共同营造浓厚的绿色"护苗"氛围。

2022年4月19日,为迎接第27个"世界读书日",温岭市在九龙湖畔启动了主题为"书香温岭·阅向未来"全民读书月活动和"遇见书香温岭——让阅读点亮未来"网络阅读活动,同时发布了《书香温岭》主题歌曲。

活动宣布从2022年4月19日起到10月份,陆续推出近百项群众文化活动和近千场全民阅读推广活动,并在掌上温岭App上线"书香温岭"频道,每月推出不同主题的网络阅读活动。各镇(街道)、各部门以全民读书月活动为契机,结合"书香温岭"频道的推广和《书香温岭》主题曲首发上线,持续推进分级分类阅读推广体系建设,组织开展覆盖线上线下、涵盖不同年龄、广受群众喜爱的各类阅读推广活动,不断夯实共同富裕先行市建设的精神根基。

启动仪式上,市领导分别为2021年温岭市"十佳阅读领航人""十佳基层图书分馆""十佳家庭图书分馆"颁奖,并为市家庭图书分馆志愿服务队授旗。

2023年4月25日,"垦读台州"全民阅读活动启动仪式暨"书香中国万里行·台州站"活动在温岭市新城开发区九龙湖畔举行。

启动仪式上,浙江久旺麻世纪科技股份有限公司等4家爱心企业向温岭市慈善总会定向捐赠100万元,阅享公益基金项目正式启动,同时向温岭市8所学校赠送了星火种子阅读盒。台州市全民阅读品牌书店矩阵地图被点亮,品牌书店矩阵公众号"阅品荟"正式上线。

温岭市委副书记、市长马厉财表示,阅读使人愉悦,阅读使人优雅,让温岭每个市民成为"阅读之星",倡导全民阅读、终身阅读和精品阅读;阅读使城市更多彩,阅读使城市更亮丽,把温岭打造成"阅读之城",要致力于阅读空间更多触目可及、阅读特色更具文化辨识和阅读氛围更感书香尚学,让阅读成为奋进新征程、开创新事业的强大精神动力。

2024年4月22日,在温岭市全民读书月活动启动仪式上,2024年的温岭市"阅读推广大使"——方城小学学生张右之讲的一句话:"在阅读中见世界,见自己。"成为媒体报道的流行语。

"在阅读中见世界,见自己。"这句话也是2023年度温岭市"借书达人"吴沛若的内心所想。一年时间550本书,吴沛若借阅图书的数量,远远超出她自己的预估。她说:"日积月累地看,没想到有这么多。"阅读,已经成为吴沛若和女儿日常生活的必需,"就像一日三餐一样"。

让阅读成为生活习惯,吴沛若母女是温岭市热爱读书的民众的一个缩影。

2024年温岭市全民读书月活动精彩纷呈——首个"书香温岭"阅读矩阵成立。该矩阵由温岭市委组织部、市委宣传部、市委直属机关工委、市教育局等9家市级部门,交旅集团、城发集团、新华书店等多家国有企业和16个镇(街道)组成,矩阵成员单位将共同致力于"书香温岭"建设。矩阵部分成员单位代表们上台发起阅读倡议后,2024年温岭市精选阅读推广活动清单和"书香温岭"矩阵的品牌logo同时发布。

在现场,吴沛若等5位2023年度温岭市"借书达人"上台领奖。2023年,他们每一个人的图书借阅量都达到了450本以上。何荣富家庭图书分馆、成果家庭图书分馆、林辉家庭图书分馆等6家家庭图书分馆获得"2023年度温岭市优秀家庭图书分馆"荣誉。

围绕"书香传递,阅在温岭"这一主题,全市上下联动,推出千余场阅读推广活动,引领更多市民群众尽享读书之乐、品味书香之美。

书香温岭建设久久为功,硕果累累,引起了新闻媒体的密切关注和及时报道。2023年11月14日,《中国报道》记者黄勇采写的报道《"书香之气"满温岭》这样写道:温岭市长期以来高度重视书香温岭建设工作,并秉持政府推动、社会参与、全民共享的原则,推动书香温岭建设向持久纵深发展。

在推动全民阅读方面,温岭市通过整合资源项目、创新形式载体以及加强宣传推广等举措,连续13年每年一个主题举办全民读书月活动。

为构筑全民阅读矩阵,温岭市图书馆积极打造了"市、镇、村、家庭"四级阅读服务体系,实现了图书通借通还、资源共建共享的目标。

同时,温岭市还深化数字文化改革,致力于重塑数字阅读场景,成为台州市首家拥有有声数字图书馆的区域,并在铁路S1线站点引入了24小时智能微型图书共享服务终端。

为了营造书香满城乡的社会环境,温岭市优化了内容服务供给,注重培育书香品牌。通过"掌上温岭"客户端,打造了"书香温岭"线上阅读推广平台,实现了线上线下广泛发动和精准推送。

同时,温岭市还实施了"微光如炬"计划,组建了金牌阅读推广联盟,成立了"阅享公益基金",并推进了"荐书"活动、经典诵读比赛等,使书香氛围弥漫校园。

这就是全民阅读造就的书香温岭的喜人风貌,这就是春风化雨,以文化人,书香温岭建设取得的骄人硕果。

第4章:《书香温岭》歌嘹亮(中)

在今天的温岭,外地来的朋友可以深切感受到弥漫在这个美丽海滨城市的浓郁书卷气氛。

书香机关、书香企业、书香校园、书香社区、书香家庭、书香个人……从全国面积最大的县级市图书馆到石塘海岛的民宿图书馆,从城市的社区图书馆分馆到乡村的家庭图书馆分馆,整个温岭的城乡,到处都洋溢着一片浓郁的书香氛围,到处可以听到悦耳的书声琅琅。

《人民日报海外版》记者张鹏禹这样描述说:"不论是翩翩白衣少年,还是为生活打拼的上班族,不论是生于斯长于斯的原住民,还是外来务工人员,在温岭,记者惊叹于书籍在他们生活中触手可及。人人爱书、人人读书的良好氛围,让书香在这座小城芬芳四溢。"

(一)书香机关在政协

2022年4月24日,温岭"崇学'岭'读·书香政协"读书活动正式启幕。

温岭市政协向全市政协委员发出倡议:同心"崇学'岭'读"、共建"书香政协"。倡议提出,开卷有益,学无止境。让我们传承弘扬人民政协重视学习、崇尚学习的优良传统,立刻行动起来,勤读书、强本领、勇担当、善履职、见成效……

温岭市政协主席江金永要求,"委员读书,要读出高度,读出特色,读出效果"。要把委员读书工作与服务中心大局、提升能力水平、体现责任担当相结合,注重内化于心、外化于行,结出更多的思想成果、实践成果,营造温岭政协"崇学'岭'读"新风尚。

为进一步推动学习型政协建设,温岭市政协委员将读书工作作为加强自身建设的重要工程来抓,研究制定实施方案,策划开展"崇学'岭'读·书香政协"系列活动,推动委员读书活动走深走实。

在市政协机关,陆续推出了"书香驿站""全员悦读"等平台和活动;依托台州网络学习城、"温岭政协·掌上履职"、数智政协系统、"掌上温岭"APP开设的"书香政协"频道、微信群等载体,建设线上读书平台;通过"崇学'岭'读"书房、图书漂流站、文化走廊建设等,发挥实体阵地作用,开展"每天读书一小时、每月阅读一本书、每季分享一本书"的全员读书活动。

为了进一步塑造书香政协委员、营造书香政协文化,温岭市政协积极创建市文史研究馆,温岭书城"政协书房"、"民生议事堂"、界别活动站和委员会客厅(室)的"委员书屋"等新兴学习阵地,积极拓展委员读书空间。

同时,温岭市政协着力以界别为单位建立委员读书交流群,线上线下举行各类读书活动。开展"书香界别""书香委员"评选活动。主席会议每年荐书,委员结合"助百村、帮百企、联千户"等系列活动,开展赠书、读书、讲书活动,营造"好读书,读好书"的全民学习氛围。

"读一本好书,就如同和许多高尚的人谈话。读好书,启智明理;读好书,心明眼亮!"温岭市政协社科界别组长、崇学"岭"读人黄军勇深有感触地说。

温岭市政协文史和学习委主任吴良颢用"点""线""面"三个层面介绍温岭市政协开展的读书活动。

首先是点上发动,让读书工作有滋有味;其次是线上联动,让读书工作有条有理;最后是面上带动,让读书工作有血有肉。

这个"点"就是每一名政协委员。在吴良颢看来,读书是每一名政协委员的必修课和基本功。政协委员的读书工作,是把读书定位为政协委员的工作内容之一。其具体做法如下:一是荐书,每年由市政协主席、副主席以及每个专委会、界别组推荐必读、选读书目,每个季度提供一批学习资料,每天都会在读书群里推荐一篇文章。二是读书,倡导开展"每天读书一小时、每月阅读一本书、每季分享一本书"的"三个一"委员读书活动。三是评书。通过开展"读书心得""经典诵读"比赛,通过开展"书香委员""书香界别"评选,推动读书工作走深走实,促进委员增长"懂政协"的知识、增加"会协商"的智慧、增强"善议政"的本领。

"线"就是政协界别。每个界别活动站实现"委员书屋"全覆盖,就有了读书活动根据地。各界别开展读书活动"规定动作"有重点,"自选动作"有亮点。坚持学用贯通、知行合一,努力把读书活动中的"头脑风暴""智慧火花",变成资政的"金点子"、建言的"金句子"、履职的"金钥匙",转化为高质量的提案、大会发言、调研报告、社情民意信息。

最后是从面上展开,温岭市政协着力打造的政协委员读书工作品牌是"崇学'岭'读·书香政协",用这个"岭"字体现温岭元素,同时希望一语双关体现为"引领"的"领"。政协委员往往是各行各业的人才精英,社会示范效应和带动作用不容忽视。温岭市政协委员们立足委员读书"内循环",打通社会"外循环"。比如开展政协委员"助百村、帮百企、联千户""六送下乡"等主题系列活动;在"掌上温岭"APP开设"书香政协"频道,在温岭政协网站、微信公众号、数智政协系统等平台开设读书工作专栏;面向社会每月定期举办"文史讲堂",在听众中开展"图书漂流";在新落成的温岭书城建设开放式的"政协书房";积极鼓励政协委员踊跃参与全民读书月、科普日、家庭图书分馆建设等活动,带动本界别群众、本单位人员开展读书活动,引领崇文善学风尚。

吴良颢认为:"读书可以激发更大的生命能量,可以提升素养、照亮人生。热爱读书的政协委员是最好的阅读推广人，不仅为参政议政提供智慧支撑，而且对于推动全民阅读、建设书香社会具有率先垂范意义。"

（二）职工读书有特色

温岭市目前有全国总工会命名职工书屋4家，省级工会职工书屋31家，每个书屋藏书量达2000册以上，均配备可上网电脑，并有同级工会调配的专（兼）职工作人员从事日常管理工作，每年采购新书并更新书屋书目。职工书屋每月开展固定的阅读活动，分享并推荐职工近期阅读的书目。

温岭市总工会高度重视职工阅读工作，每年落实经费15万余元用于开展各类职工阅读活动，并采购职工书屋示范点书籍。连续3年开展职工全民阅读活动，参与举办温岭市全民阅读启动仪式、书香温岭等活动，指导和组织下级工会举办面向职工及职工亲子的系列阅读活动。

2024年重点开展"悦读不能停·我为职工荐好书"活动，已连续在市总工会公众号推出15期相关内容，积极推动了全市广大职工的读书活动深入开展。

2024年10月26日下午，温岭市总工会在温岭书城举办了一场别开生面的"玫瑰书香"读书分享会。

温岭市作家协会主席、著名作家李虹和来自全市各企事业单位的女职工代表一起分享了《始于极限》《蛤蟆先生去看心理医生》《柳林风声》等文学和心理学名著的阅读心得与生活智慧。大家围绕"我的生活"，联系书中的某一段话或某一章节，结合实际生活，畅谈了疑虑与收获。

李虹说：在这个纷繁复杂的世界中，每一位女性都是一本独特的书，都在以各自的方式书写着属于自己的精彩篇章。而阅读，则是那把钥匙，能够打开心灵的窗户，让我们看见更广阔的世界，遇见更丰富的自己。我们相信，每一本好书都藏着一段故事、一份智慧、一种力量，能够激发女性的内在潜能，提升自我认知，让我们在忙碌的生活中找到一片宁静与充实。

"玫瑰书香"读书分享会还包括嘉宾和读者互动、赠送书籍、手工制作桂花香囊等丰富有趣的活动。

温岭市总工会的负责人说:以女性生活为主题举办"玫瑰书香"读书分享会,就是为了在广大女职工中营造一种爱读书、读好书、善读书的良好氛围,让热爱阅读的你我能够相遇,分享彼此的阅读感悟,希望参与者在轻松愉悦的氛围中汲取新的能量,碰撞出崭新的思想火花,从而进一步促进女职工素质的提升。

"玫瑰书香"读书分享会的主题语非常鼓舞人心:"让我们一同翻开书页,让文字成为连接心灵的桥梁,让阅读成为我们共同的语言。我们期待与你一起阅读好书!"

(三)青年读书活动多

2023年以来,温岭团市委以书香社会建设为目标,依托新华书店"红领巾 e 站 1013"阵地和全市青年之家积极开展"书香"系列活动,以形式多样、特色鲜明、内涵丰富的活动,建设学习型团组织,大力营造和形成重视学习、崇尚学习、坚持学习的青年读书氛围,进一步增强了团员青年的凝聚力、向心力和创造力,积极推动了全民阅读活动常态化,促使广大青年做到"爱读书、读好书、善读书",并且总结概括了"三个一"的读书经验。

一是组建"一个小组"。成立青年理论学习"悦读"小组,结伴阅读,互相交流、互相监督,养成良好阅读习惯。利用"温岭共青团""共青团大课堂""青年大学习"等团属平台,组织开展"读书荐书"活动,以"好书伴我行,每天'悦读'一小时"为方式,在各级团组织内形成"爱读书、读好书、善读书"的良好风尚。温岭市人民检察院团支部组织青年干警开展"共享悦读书香检察"、五四青年节读书会,引导检察干警在读书中获得新知,在读书中发现自我,在读书中实现价值,通过不断学习,提升执法办案综合能力,为法治中国建设贡献更强大的青年检察力量。

二是打造"一个阵地"。充分利用"红领巾e站1013"少先队校外活动阵地,扩大书香文化的传播,引领阅读时尚,开展"读习爷爷读过的书·争当新时代好队员"等主题分享活动,并定期举办主题阅读、亲子阅读、小小志愿者等各类少先队品牌活动。联动"红领巾e站1013"青少年宫站,大力举办"青少年书画展览"、读书交流分享会、"诵读经典"等"悦读"活动,与温岭青少年宫系列品牌活动相结合,有序、有效、有机地开展系列读书活动。

三是推行"一个计划"。大力推行"青阅计划",通过"2+4"模式,组建一支志愿团队、完成一次阅读服务,开展必读书目导读、经典篇目诵读、学习辅导研读、数字分享"悦读"等形式多样的阅读活动。依托流动少年宫进校园、进社区、进文化礼堂等活动,以幸福快车的形式,将少年宫优质的资源送进学校、社区、乡村,开展科普、宣讲以及演出等活动。联合中国光华科技基金会在温岭市特殊教育学校举办"爱心公益书香传递"书籍捐赠仪式,向特殊教育学校、箬横镇第四小学各捐赠了价值15万元的图书,为广大青少年学生送上了精神食粮。

(四)亲子"悦读"显魅力

一个男孩想要一只小狗作为伙伴,可他的爸爸妈妈还有亲朋好友不愿意,他们想给他的是金丝雀或者乌龟……一只小狗想要一个小男孩作为伙伴,可它找到的主人都不如意,要么冷漠,要么懒惰,要么爱得过火……一个从这边,一个从那边,小男孩和小狗开始了他们的寻找之旅。

小男孩和小狗最后遇见了吗? 是否成为彼此陪伴的最佳拍档? 走进温岭市妇联举办的周末"童阅会"课堂,也许你就能找到正确的答案。

在每个周日的下午,总有一批热爱阅读的老师,带领着一批小至咿呀学语的幼儿,大至扑闪智慧双眼的小学生,在周末的"童阅会"开启了一场又一场奇妙的绘本阅读之旅。

孩子们在前面跟随着老师或手舞足蹈,或抑扬顿挫,或若有所思;家长们在后面静静地倾听陪伴。每一个这样的下午都异常温馨又收获满满。伴随着一批又一批孩子的成长和离开,一批又一批孩子的走近和接纳,"童阅会"在温岭市妇女儿童活动中心竟已走过了近8个年头。

2017年,随着温岭市妇女儿童活动中心的落成,一个设计感超前、占地1000平方米的温岭市图书馆分馆也同时投入使用。年均7万余册的藏书,各种绘本就占了半数以上;6个配套齐全的阅读室,其中3个是供亲子阅读的绘本室。温柔的马卡龙色,童趣的小火车,高低错落、造型别致的书架,简直成了孩童的阅读乐园,也成为浙江省亲子阅读体验基地之一。

一批志同道合、热爱阅读的志愿者推广讲师经温岭市委宣传部的引荐,在这里觅得了"童阅"推广的"桃花源"。因为同怀一颗为了孩子读书的公益心,大家一拍即合,从此和温岭市妇联、和阅读推广结下了不解之缘。

犹记当年,温岭市委宣传部联动市妇联、市融媒体中心等单位在每年的4月23日"世界读书日"联合发起了"童阅包"公益发放行动。

这是一项面向温岭全市0—6周岁儿童家庭的公益阅读行动。每个"童阅包"都由"曙光狮"形象阅读书包、阅读成长记录本、亲子阅读公益课程表、儿童早期教育阅读指导手册、中外优秀绘本和儿童健康教育指南等6部分组成。

依托温岭市妇女儿童活动中心、镇(街道)妇联、市图书馆、新华书店等阵地设立了30个领取点,通过网上活动预约和向贫困儿童家庭、农村地区儿童家庭定向赠送两条途径发放。仅当年就吸引7000多户符合申领条件的家庭参与线上注册,200多万人次参与阅读助力。多年来,温岭市妇联已累计发放"童阅包"2万余份。

到如今,"童阅包"中的曙光狮书包的颜色不仅有橙黄色,还有大红色、桃红色、金黄色及天蓝色等,缤纷的色彩犹如七彩的阳光,孩子们把曙光狮书包背在身上别提有多自豪了,被阅读滋养的生命也别样生动。

从发放"童阅包"开始,温岭市妇联于同年启动了"亲子童阅计划",开始系统地推广亲子阅读活动,不断深化家庭教育。

如果说市级的周末"童阅会"是启明星,那分散在全市各地的童阅基地就是朵朵白云,它们通过一朵云推动另一朵云,让"童阅"理念浸润到每一个社区、每一个市级示范性儿童之家、每一处妇女儿童服务驿站,让有儿童的地方就有书香,有亲子的地方就有阅读指引。

端午节来临,小朋友们围坐一起品粽子,读《粽子里的故事》;父亲节到了,小朋友们一起讲述《爸爸,我爱你》;闹小脾气了,《我的情绪小怪兽》会告诉小朋友解决的方法;要睡觉了,小朋友会看见《打瞌睡的房子》;还有《老石塘》《大鱼》《日出》《如果你住在这里》《有巢筑巢而居》等富有温岭特色的绘本,一期一期,一本一本,阅读推广的百余位志愿者老师娓娓道来,不知不觉间,年均600余场次的绘本阅读推广活动在温岭大地上,如春风细雨般滋润着孩子们的心田。

随着孩子们不断地成长,被第一批绘本滋养的孩子,回来黏着志愿者老师们继续讲,讲什么呢? 于是,2023年起,"童阅会"在"喜阅吧"的基础上,衍生了"畅读吧"系列,一批热爱阅读、喜欢诵读的老师们开始带着孩子们高声畅读、深情朗诵,读经典诗歌、诵唐诗宋词,孩子们坐着读、站起来读、伴着肢体语言去读,一期绘本、一期畅读,从人文到科学,从生命到启迪,从中文到双语,不同年龄段的孩子们轮流享受着经典的滋养。

另一边,人文讲堂、名家讲座接踵而来。著名儿童文学作家、绘本课专家保冬妮来温岭开展《儿童阅读的关键问题》大型讲座;儿童文学作家梁英携新书《如何陪孩子读绘本》与温岭的家长们分享培养孩子阅读习惯的经验;浙江省优秀阅读推广人、台州市"图书馆之友"获得者王晓剑做了《阅读是最浪漫的教养》主题演讲等。同时,每月推出亲子书单、名家阅读指南。设立图书漂流驿站,供市民凭借身份证和手机号码登记入册,免费借阅图书。

随着亲子阅读的不断推广和深入,女性阅读也开始紧随其后。每年世界读书日期间，温岭市政协妇联界委员会启动"共读一本书"阅读接力活动，以委员领读、书目推荐等方式，以身示范厚植全民读书文化。各级妇联组织积极打造"潮前""如花的客厅""啃读坊""读书会""阅读集市"等女性阅读品牌，围绕党的方针政策、习近平总书记关于妇女儿童和妇联工作的重要论述、民法典、勤廉家风、党的二十大、家庭教育等主题开展形式多样的领读、共读、评读、赏读。女企业家协会也定期举办阅读活动，邀请专家讲座、举办沙龙会谈，从企业发展的角度选书、荐书、评书，争当学习型女企业家。

温岭市妇联还长期开展寻找"书香家庭"活动，积极推举各级"书香家庭"走入寻常百姓家，以讲好身边人的书香故事，引领家庭阅读的书香之风。即便是疫情期间，也邀请全市家庭开展阅读"云接力"，让家长和孩子共读一本书，录下音频，上传至云平台，进行云交流，实现云共享。

"闻一闻书香的味道"家庭亲子阅读活动在太平街道方城社区悄然盛开，最美家庭、公益家庭率先示范，引导广大家庭每天关掉电视、放下手机一小时，择一处温馨安静的环境，由书香少年和家长一起推荐好书、阅读经典。"浙风十里阅读与你"系列活动在城西街道拉开帷幕，一小时阅读打卡，亲子共沐书香微视频征集，引导家庭终身学习。

在温岭，无论是亲子阅读、女性荐读，还是家庭共读，都是书香滋养的智慧，让岁月更具张力，让生命更为饱满。

近年来，温岭市教育系统积极开展师生阅读活动，深入实施中华经典诵读工程，大力传承中华优秀传统文化，每年均举办小学生汉字听写大会、初中生成语大赛、高中诗词大赛、中华经典诵写讲大赛及读书征文、演讲、朗诵等系列活动。语言文字类活动形式多样，内容丰富，充分挖掘汉字及中华经典诗词中所蕴含的民族正气、爱国情怀、道德品质和艺术魅力，引领社会大众亲近中华传统文化，增强爱党爱国情怀，弘扬中国精神。

为助力书香温岭建设，温岭市青少年宫结合全民读书月活动，连续8

年举办"书香伴童年智慧享一生"青少年阅读挑战21天活动,要求家长每天拍孩子读书的照片发朋友圈并配文字,挑战成功者将获取购书券及"红领巾小书虫"印章。共有3万多名青少年参与此项活动,活动深受家长、老师、学生的支持,助推全市公众养成良好的阅读习惯。

温岭是中国大陆新千年曙光首照地,也是20世纪80年代"东海诗群"的诞生地。为延续这一诗歌创作传统,打造富有地域特色的文化活动品牌,自2013年开始,温岭市文联与市委宣传部一起,通过和《诗刊》《江南诗》《上海文学》等文学期刊合作,先后邀请舒婷、霍俊明等著名诗人,连续九年举办了东海诗歌节。

在诗歌节上全国各地知名诗人、学者、专家,一起研讨新时代中国海洋诗歌发展方向,一起筹划文化润富之路,一起诗话共同富裕美好愿景。

温岭城发集团聚力打造新型阅读空间,推广全民阅读有特色。

近年来,温岭城发集团在引导企业干部职工提升阅读兴趣、养成阅读习惯、提高阅读能力的同时,还在努力为社会打造新型阅读空间、提供高水平阅读服务供给方面不断探索创新,聚力推广全民阅读,探索总结出了一套独具特色的成功经验。

一是匠心建设。集团坚持"以用为主、以人为本"的理念,高标准、高质量、高效率推进温岭市图书馆新馆建设。在传统图书馆模式基础上实施全面革新,精心规划设计,创新场馆功能设置、空间布局和展陈方式,拓展服务功能,满足群众多样化、品质化、个性化的文化需求。同时,充分发挥国企资源优势,推动项目管理精细化、安全生产管控常态化,确保建设任务如期完成。

温岭市图书馆新馆共7层,建筑面积约1.79万平方米,分别设置了报告厅、图书推广中心、亲子绘本室、各类专题阅览室、特藏书库等,满足了不同年龄层、不同阅读偏好的读者需求,藏书量大于100万册,涵盖自然科学、社会科学、文学及少儿阅读等多个领域,意在为读者提供一个丰富多元的知识宝库。

温岭市图书馆新馆开放后，集团立足服务读者本位，优化完善便民设施，全力抓好安保秩序、环境卫生服务及设备维护等工作，打造有特色、高品质的公共阅读空间，吸引更多市民走进图书馆。

2024年5月10日，温岭市文化中心正式启动，图书馆新馆也在这一天投入运营，让温岭144万市民有了一个阅读新天地。

二是数字赋能。集团坚持以数字化、智慧化服务提高文化传播效能，引进信息化管理系统，购置"瀑布流"电子图书借阅机等智能化设备，主动融合大数据、人工智能等技术，完善智慧书架、智能检索、智慧导读等新型阅读手段，进一步改善图书馆智慧阅读空间，更加便捷、高效地服务广大读者，满足读者日益增长的精神文化需求。

三是氛围营造。在集团内部陆续开展"企业核心价值观大家谈"、"抒心"读书会等多项活动，引导企业干部职工提升阅读兴趣、养成阅读习惯、提高阅读能力，营造"爱读书、读好书、善读书"的浓厚氛围，为高质量发展提供更多技术支撑和人文精神力量。

除了以上阅读推广的成功经验外，温岭城发集团为市图书馆新馆提供的物业服务也成为助力阅读推广的一个新亮点。

为温岭市图书馆新馆提供物业服务的众诚物业公司是温岭城发集团的子公司，2024年春天，该公司28名年轻的图书管理员迈着坚定自信的步伐走进1.7万平方米的温岭市图书馆新馆舍，开始了科学系统的藏书布局。

绘本室——为学龄前儿童服务，提供了色彩鲜艳安全考究的桌椅，配以趣味性和知识性更强的主题图书，亲子共读世界名著，吸引更多家庭共同参考。

少儿室——以科学知识、名家名著、天文地理知识普及为主，满足青少年对各类读物的阅读需求。

社科文学室——为成年人阅读提供全面的、规范的各类综合图书,提供集阅读、查询、检索于一体的知识宝库。

报刊室——收藏全国各地报纸杂志600多种,国家级报纸及时报道当天的国家大事、时事政治、国际形势;地方性报纸介绍当地的文化发展、政治经济政策及民生生活;还有一部分特别时报,对专业发展、养老等生活百态做了较多的科学解读。时事期刊为当下老百姓了解国家发展、民生经济作了一季、一年的最详细的统计;文学期刊增添了人们生活阅读的乐趣。

1000多个阅览座位分设于四层,各阅览区块对应不同的读者,极大地满足了不同年龄读者的自修阅读习惯。馆中旋转楼梯的设置,似一座书山路径直达顶层的天幕,天人合一尽显书海中漫漫长途的拼搏。落地大屏玻璃旁放着文雅的阅读座椅,窗外郁郁葱葱的花木衬托着安静舒适的阅读环境。

在短短两个月内,为了让市民能赶在暑假前进馆借阅图书,众诚物业公司的年轻人在极其酷热的高温下搬运图书,整理分类,来回奔波在老馆和新馆的路上。

绘本室读者对开放借阅的呼声最为强烈,于是在志愿者李玉芬老师的带领下,大家齐心协力仅用6天时间就把8万册绘本图书全部整理上书架。员工们跪在地上拆包、分类、汗流浃背,保障了暑假到来之前新馆的及时开放,赢得了温岭市领导和广大读者的好评,也创造了图书馆图书上架速度的新纪录。

温岭市图书馆陈冰馆长称赞:"这群年轻人很了不起,20天业务急培训,30天跟着经验丰富的图书馆老师边整理边分类边图书上架,由原来的拿着一本书停留半小时找不到书架的'小白丁'到现在拉着满满200册图书穿梭在22个书架中间,半小时找到图书上架准确位置,完成排架工作。在做好基础工作的同时,他们的读者服务工作也有了很大提升,精准的图书查找,帮助读者推荐优秀读物,及时了解少儿读者的阅读趣向,有条理地介绍家庭阅读丛书,就像个熟练业务的老员工,大大减少了读者在馆内找书的时间。从数字图书到用"瀑布流"电子图书借阅机查找内容不同的书籍,借阅机的使用赢得了读者的一致好评。在做好分内工作同时,他们又化身读者的贴心小管家,一把伞、一个水杯都能为读者保管好,真是操碎了心。"

众诚物业公司的员工不仅为读者的图书借阅提供了周到细致的优质服务,同时还积极参与温岭市图书馆开展的阅读推广活动,其中由沈栋杰、钟音龙策划编排,李玉芬老师一家三代上台表演的《中国童谣》获得浙江省图书馆"书说浙里"讲书大赛活动台州地区读者组决赛优秀奖。这次活动激发了众诚物业公司的年轻人参与各项读者活动来提高读者阅读素质的兴趣,丰富了读者的阅读内容,让读者体验了阅读的快乐。

为了打造一流的借阅环境,众城物业公司科学、精准安排保安、保洁和消控室的工作人员,24小时人员值班、巡查,不间断开展对各阅览区地面、阅览桌椅、书架、卫生间、走廊等重点区域的卫生清洁,随时组织、疏导读者进出图书馆,保证平稳、有序地度过暑假读者入馆高峰期。

截止到2024年8月底,三个月时间内,温岭市图书馆共接待读者20多万人次,平均每天接待2500人次,读者借还图书279027册次,最多日借还图书30000册次。最多日接待读者4000多人次,创造了建馆以来的历史新纪录。

温岭市图书馆由原来仅有2450平方米的老图书馆变身为17290平方米的新型大馆舍,这是一个翻天覆地的大变化!

在这里,人们发现温岭144万市民有了一个宽阔舒适的阅读新天地;在这里,人们可以看到书香温岭建设取得的新成果、新亮点。

"阅读成常态,书香满交旅",这是温岭交通旅游集团有限公司开展职工读书活动给笔者留下的深刻印象。

2024年4月28日,温岭交旅集团"YUE动"系列活动之"悦享春光书香致远"春芽悦读会在温岭市宪法主题公园举行,在领诵员的带领下,温岭交旅集团各部室、子公司、支部党员代表,新入职员工、青年代表,统战成员代表等共40余人,以饱满的热情、响亮的音调,倾情共读《青春中国》这首诗。

"哦,中国,我要为你写一首诗,用太阳金色的语言,用心海浩瀚的蔚蓝! 哦,中国,我要为你画一幅画,用春天百花的色彩,用五星红旗的光芒!"在"悦读"会上,5位"春芽荐书大使"依次登台交流,分别推荐了《习近平著作选读》《活着》《人生何处不欢喜》《你的格局决定你的结局》《浮生六记》等书籍,并分享各自的阅读体验。

温岭交旅集团青年小组负责人、党建办副主任陈金妮说:"在每年的四月——全民读书月,我们都会系统性地策划读书活动,在丰富员工的文化生活的同时,进一步浓厚凝心聚力的干事氛围。"

2024年4月以来,温岭交旅集团所属6个部室、13家子公司共同开展了春芽悦读系列活动,通过征集书单、开放党群活动中心悦读角,开展悦读打卡、图书流动、午间观影等活动,使集团的阅读氛围日渐浓厚,比如,旅游实业公司联合风景旅游公司举办了"山海劲旅"读书活动;交投公司在客运中心开展捐书赠书活动;市民卡公司则开展了悦读分享会;化建公司举行了廉洁教育故事分享会等,以此激发员工的阅读热情,加强新时代企业文化建设。

温岭交旅集团将书香文化建设作为集团企业文化建设的重要载体,纵深推进学习型集团建设,持续开展读书系列活动,把读书活动与推动工作紧密结合,通过读书分享会、诗歌朗诵、头脑风暴会等方式,激发员工学习热情,鼓励广大职工以书为友,使阅读成为职工的良好习惯和进步阶梯,让"书香交旅"真正成为集团高质量发展的助推器。

一是积极引导,确保职工全员共读书。结合实际情况,制定集团全年读书活动方案,以各党支部、各部室、各子公司为单位,有序开展读书系列活动。充分发挥领导干部带头读书学习的重要示范作用,在微信公众号开设"书香交旅"荐书栏目,每周推荐一本好书。确定"每月一主题"的学习计划,通过"学习强国"APP、集中围读、个人自学等线上线下相结合的方式,引导全体党员职工养成多读书、读好书、善读书的良好习惯,掀起"阅读成常态,书香满交旅"的读书风尚。

二是丰富形式,打造读书宣传新阵地。充分发挥方山廉政教育基地、畅达修身书吧、红色驿站等场所学习教育、宣传培训的阵地功能,不定期组织开展党员荐书、经典朗读等多种活动。集团本部组织党员职工举办"红色交旅与书同行"读书分享会活动,通过朗诵红色诗歌、推荐经典书籍、分享读书感悟,传承红色基因。前往方山廉政教育基地,开展"清雅方山,读史思廉"主题活动,通过集体阅读廉政书籍,分享个人感悟、廉政故事,聆听廉政党课,进一步营造"以廉为镜,读书修身,敬廉崇洁"的良好氛围。联合共建单位锦园社区开展"共读红色经典联建书香情浓"读书分享会活动,营造联建平台浓厚书香氛围。深化"三级联学机制",抓子公司跟学,指导下属子公司开展读书会6场,累计参与人数300余人次,营造崇学尚读、共享交换、热爱阅读的良好氛围。

三是营造氛围,提升全员文化素养。集团所属各单位通过旅游景区、客运中心等LED显示屏,滚动播放读书活动宣传标语,提升读书活动宣传覆盖面和影响力。以"有理论、有实操、有讨论、有交流"的深度融合方式,持续为"书香交旅"注入新鲜"活水"。

四是创建"青阅交旅·展芳华"青年学习小组品牌,构建"纵横一体"青年学习体系,多举措提升交旅青年理论学习能力,努力打造一支信念坚、政治强、本领高、作风硬的青年人才队伍。

"青阅交旅·展芳华"品牌中的"青"即指温岭交旅的青年们;"阅"则有多重含义:一则为阅览群书之意;二则有"总聚、汇集"的含义,如陆机《叹逝赋》中"川阅水以成川"；三则有"察看、考察"的含义，如《管子》中"常以秋、岁末之时阅其民"。"青阅交旅·展芳华"品牌意喻温岭交旅青年将秉持学无止境的精神，学以致用，开拓进取，发奋图强，彰显了青年与交旅共同发展、共同成长的历程，彰显青年与交旅同呼吸共命运的情感。

纵向构建学习体系建设。深化"青阅交旅·展芳华"青年学习品牌，打造"踏Qing去"系列，依托集团坞根红色教育基地、方山清廉教育基地、曙光园党建馆等阵地，组织开展"踏Qing去，恰遇初心使命"五色行、"踏Qing去，沿着总书记足迹"等读书活动。

线上线下结合学。依托集团党建文化电子期刊内刊《标杆》，定期推送党的创新理论、时事政治、创新做法等内容；创设"书香交旅"微信专栏，定期推荐精品书籍，提高青年学习参与度。

师徒结对辅导学。实施"青蓝计划"，同6个部室负责人签订"师徒结对协议书"，采取培训讲座、现场指导等方式，对青年进行业务技巧传授、知识讲解，发挥"老骨干"余热，加速"新力量"成长。

横向搭建教育平台。在集团党建中心展示厅设立青年研学室，集书籍阅读、多媒体互动体验、研讨学习交流等功能于一体，开展"庆祝二十大，青春著华章"演讲比赛、"守根铸魂，明德守法"专题学习会、研讨会、微党课、红色观影等各类活动。

丰富培训内容。依托集团红色研学项目，与各大高校、青年服务中心等单位的青年教育人才合作，举办红色研学课程设计大赛，邀请台州科技职业学院马列学院开展"地校合作"，开发"红色青春学院"系列课程，通过邀请台州市青年精英讲师等加强师资力量从而深化课程内容。

培育师资队伍。设立"交旅学谷"国企党校分校，邀请集团领导、中高级职称技术人员、专家组成导师团，专门开设青年学习班，按照"一月一主题"，制定青年理论学习年度学习计划。

一体开拓实练"新领地"。选拔6名优秀青年组建"青阅交旅"青年宣讲团,积极参加全市"'理润青年'·'八八战略'在身边"主题宣讲大赛暨"八八战略在指引·我们的新时代"主题微型党课大赛,组织赴曙光村为村民作"八八战略"、党的二十大、惠民政策等主题宣讲。

用作风答题。依托集团"阳光城·廉同行"项目,通过参观学习、文化手作、互动情景等形式开展观看清廉主题演出、制作清廉主题风筝、体验青年主题剧本杀等活动,组织青年赴市档案馆开展思想道德和纪法教育培训,引导青年扣好人生"第一粒扣子"。

用口碑验题。围绕集团项目发展,成立"青年攻坚队",活跃在项目一线,选派青年骨干在助力"城村两改"建设、温岭市拼争项目攻坚行动等重点项目中实践建功。组建青年志愿服务队,开展"微心愿"、"暖心助残"、助力文明城市创建等志愿服务,到2024年9月累计开展志愿服务200余次。

温岭水务集团"书香国企"建设成效初显。在2023年世界读书日来临之际,温岭水务集团积极响应习近平总书记写给首届全民阅读大会贺信的号召:"希望全社会都参与到阅读中来,形成爱读书、读好书、善读书的浓厚氛围。"集团于同年4月中旬成立了"洗砚"读书会,以"清水涤砚·碧波润心"为主题开展了系列读书活动,旨在培养企业全体员工读书爱书的习惯,营造"书香水务"的良好氛围,"书香国企"建设初显成效,并且总结出了颇具特色的三条基本经验。

软硬齐抓,"书香国企"蔚然成风。温岭水务集团将读书会活动的顺利开展作为书香温岭、创建"书香国企"、打造企业文化品牌的重要举措,积极动员和组织广大干部职工读好书、用好书,从书籍中汲取营养,从而转换为提高自身综合素质、为集团的发展与稳定贡献力量的强大精神动力。

一方面,联合温岭市图书馆在集团党群服务中心打造"先锋书吧""党史阅读角"等读书平台。读书角藏书300余册,涉及文化、政治、历史、专技等多个领域，为广大职工提供良好的阅读环境，提升集团阅享的"硬实力"。

另一方面，结合集团工作实际，广泛订阅各类供水技术、污水处理、金融财经、党建工作等专业性高、针对性强的报刊，满足不同岗位、不同员工求知启智的多样化学习需求，努力使读书成为开启员工智慧、激发员工创新活力、丰富员工业余生活的全民行动，进一步培育国企阅读"软实力"。

形式多元，活动开展有声有色。

一是"洗砚"读书会，开启进步阶梯。2023年4月15日，"洗砚"读书会以"悦读润心，不负春光"为主题，举行读书会第一期活动暨开幕仪式，仪式还邀请了葛洲坝水务温岭公司共同参与。活动以读书倡议拉开了序幕，并围绕荐书、品书、感书等环节进一步深化读书会活动意义，使全体员工体会到，古有"读书不觉春已深"的感叹，有"旧书不厌百回读"的深刻，更有"腹有诗书气自华"的豁达。好书，是智者，谆谆教诲；似导师，循循善诱；如挚友，款款情深。

"洗砚"读书会在丰富集团干部员工精神生活的同时，使集团干部员工开阔视野、提高阅读热情与文化素养，激励员工在阅读中汲取奋进力量，凝聚干事创业合力。

二是进厂座谈，实践检验真理。读书不能只停留在书本上，更应体现在行动上、贯彻在理念中。读书会以集团各工作专班为平台，进一步深化阅读在工作中的重要性，从专技知识分享，到走进治水车间，理论联系实际，生动、形象地诠释了学习与工作紧密结合的理想状态。同时，培养发展年轻人才队伍一直是集团人事工作的重心。集团以读书会学习交流为契机，组织集团年轻员工开展工作学习座谈，畅所欲言，为集团发展建言献策。

三是学礼习典，温故不止知新。围绕"浙风十礼代言有你"主题宣传活动，读书会根据"学有礼，全民学礼仪、知书又达理"的工作内涵，邀请礼仪讲师开展礼仪培训,并全程参与集团"学有礼"视频拍摄,营造浓厚学礼氛围。同时,在"七一"来临之际,组织员工在九龙湖上泛舟诵典,通过时间和空间的连线,学习党史、共话初心,进一步提高集团员工学习革命精神的积极性和自身党性修养,从经典中汲取力量,从阅读中自我革命。

四是品书悟道,师徒携手共进。结合集团"青蓝工程"师徒结对人才队伍建设项目,"洗砚"读书会以"师徒+读书+廉洁"模式,围绕结对仪式、共话廉洁、共植净心树等环节,引导团员和青年在工作中坚守做人底线,勇当创业先锋。在活动现场,22对师徒开展了结对仪式,其中5对师徒受邀为大家推荐党员干部廉政廉洁、红色经典、传统文化等各类书籍,青年团员根据阅读的书籍畅谈学习体会和成长收获。

五是亲子共读,同享书中妙趣。集团联合兄弟单位举办了亲子清"莲"共读活动,12组家庭30余人参加活动。活动现场,集团邀请到温岭市图书馆志愿者指导孩子们进行彩泥塑"莲"活动,在老师的指导下,孩子们充分发挥自己的想象力和动手能力,塑造出一个个寓意廉洁的莲花彩泥作品,表达了孩子们对清廉的理解。随后家长们以书籍为媒介,以阅读为纽带,将家风家训、廉洁教育融合在分享阅读过程中,树立良好家风。

常态开展,深化放大活动效果。温岭水务集团负责人表示,今后"洗砚"读书会将认真总结以往的活动经验,不断推进和深化企业的读书活动,使集团员工的读书习惯和理念落实落深。一是结合集团"青蓝工程"师徒结对工作,每月开展不少于一次的读书活动,形式多样,包括但不限于读书座谈、推书品书、参观浏览、征文征稿等;二是继续发动更多干部职工参与读书活动,由上及下、由点及面,营造良好读书氛围;三是联合兄弟单位共同开展读书活动,以交流促发展、同读书共进步。

"文化润心,书香致远","书香民泰"打响品牌。多年来,浙江民泰商业银行厚植企业文化,通过搭建阅读平台,定期组织开展读书活动,充分发挥阅读的启智、立德、育人、修身作用,逐渐在全行形成了爱读书、读好书的良好氛围,为打造独具地方特色、员工认可、影响深远的"书香民泰"品牌奠定了坚实的基础。

合理引导,搭建读书活动平台。一是制定方案。该行通过开展读书会、阅读征文活动等多种形式,把读书活动与感恩教育、清廉教育、业务培训、服务管理等工作有机结合,使读书变成内部中心工作的一部分,潜移默化地推动经营管理。2023年,义乌分行开展了《朗读者》诵读比赛,2024年,杭州分行举办了以红色经典为主题的"书香民泰·阅见未来"读书节。2024年,舟山分行荣获舟山市总工会"青年职工集体诵读比赛"三等奖。

二是创造环境。为引导职工养成"爱读书、读好书"的良好习惯,该行积极搭建功能齐全、藏书丰富的图书阅览室。目前,温岭总行大楼党建文化中心设立图书室,杭州汉嘉国际大楼建有图书阅览室,200多家分支行网点普遍设立"金融红色书吧",藏书达2万余册,种类涵盖金融、法律、历史、哲学、文学等。该行投入大量资金用于购买新图书,以满足职工读书需求,为员工提供良好的学习和阅读环境。

三是精选书目。今年上半年,该行领导班子向全行员工推荐《史记》《奋斗者为本》《苦难辉煌》等多部书籍。各支行班子成员也甄选书籍送给支行员工,如为员工购买《中国精神读本》《梁家河》《金融道》《我的阿勒泰》等书籍。民泰网络学院组织启动全行职工"两个月读一本书"活动,并定期开展读书心得交流,以此提升员工阅读水平,培养员工阅读思考的好习惯。

加强激励,提升读书、写作热情。一是领导支持。民泰银行江建法董事长认为,一个企业如果没有文化支撑作为软实力,就相当于没有精气神,就会行之不远。

在江建法董事长的倡导下,早在2002年该行就成立了读书、书画、摄影和时尚与健康四大协会。读书协会作为会员人数最多的一个协会,无疑对队伍建设、企业文化乃至业务经营等方面都起到了良好的促进作用。近年来该行相继举办了"精读一本书"活动、全行职工诗书画比赛、"我为民泰做贡献"大讨论征文比赛、"民泰之光感动故事"征文活动等。

二是推出奖励措施。截至2024年9月,全行员工在本行《民泰报》、《民泰家》杂志和各类媒体上发表新闻稿件1000余篇,并获得了稿费奖励。这些举措进一步激发和鼓励了员工将工作中的点点滴滴化成文字并进行发表。这些稿件不仅提高了员工的信息通讯稿件写作水平,也为实时反映企业的稳健发展、宣传企业的良好社会形象发挥了巨大作用。

三是加强培训。为提高信息员写作水平,提升工作效能,该行还邀请网站、杂志社的资深编辑对员工开展信息专题培训讲座,并组织通讯员到分支行、客户场所实地采访,总行及各分支行的200余名信息员纷纷报名踊跃参加。通过培训,学员们不仅掌握了许多新闻写作的新方法,也激发了他们对信息工作的热情,为今后推进信息工作再上新台阶打下了坚实基础。

丰富内涵,打造服务群众温暖港湾。浙江民泰商业银行各机构网点设立"金融红色书吧""清廉书吧",不定期举办防范电信诈骗、投资理财、亲子阅读、小小银行家、家风助廉、清廉书画比赛等小课堂。并进一步拓宽服务内容,推出"7+N"便民服务项目,即"一个书架、一杯水、一把伞、一只急救药箱、一张服务卡、一个充电器、一张心愿收集箱"。推出了其他特色服务项目,如每周理发、免费量血压、"夏日电影""爱心冰箱"等特色服务,积极主动邀请客户和户外劳动者到书吧体验配套服务。真正将"书香银行"的优势全方位融入业务发展,带动主营业务加快发展。

创新形式,以公益提升社会影响力。浙江民泰银行党委引导各机构将"红色金融书吧"与志愿公益、金融扶贫相结合,传播正能量、发出好声音。成立民泰红百合志愿服务队,常态化开展民生服务咨询、应急救护、爱心众筹等服务,通过"心愿收集箱",定期发布微心愿,党员干部带头认领。支行网点与当地多家幼儿园举办"小小银行家、书香看世界"亲子读书活动,活动设置亲子共读、畅读绘本、银行体验等环节,让孩子养成读书习惯;与当地街道、社区进行党建共建,举办读书朗读会,吟诵古文诗词,弘扬中华优秀传统文化。2024年已举办读书分享会、亲子阅读、亲子观影、知识讲座、诵读会等活动200余场。

笔者认为,浙江民泰银行通过建设"书香银行",引导员工树立积极向上的事业观、工作观、业绩观,为该行的转型发展提供了坚强的思想保证、人才保障和文化支撑,有力促进了党的建设、队伍建设和企业文化建设。同时也巩固了该行的基础客户群体,提升了社会形象。浙江民泰银行建设"书香银行"的经验十分值得全国银行业学习借鉴。

第5章:《书香温岭》歌嘹亮(下)

笔者在采访中发现,书香温岭建设的一个显著特点是注重向街道、乡镇延伸推进,积极推动建设学习型街道、学习型乡镇、学习型社区,将阅读推广到基层,深入到群众。

温岭市城东街道以"书香城东"为导向,立足农家书屋,借助阵地氛围吸引各个年龄阶层的读者,将喜爱阅读、热爱生活的读者群体汇聚到"城东书友汇"。大力举办交流分享会、"家庭读书日"、"诵读经典"等"悦读"活动,让阅读融入生活,培育了群众阅读习惯。

城东街道阳光社区青少年读书活动有特色。2024年8月上旬的一天,笔者在全国著名阅读推广人黄正富先生的陪同下走进了温岭市城东街道阳光社区。

在社区办公楼,你很容易看到这样的场景:前来办事的社区居民在等待中随手拿起"红色阅读角"中的红色主题书籍,若有所思地进行翻阅;"青年追光吧"里,青年学子挑选着感兴趣的青年题材图书,自由而沉浸地阅览;一家人围坐在"邻里图书馆"中,年轻父母满脸喜悦地陪伴着正在阅读童话书的孩子……

一个城市社区能够建立起三种面向不同读者群体的公共阅读场所,

这种情形在全国城市各区来讲都并不多见,但阳光社区却能在"建起来"的基础上还做到了"建得好"。

阳光社区党委书记梅海林介绍,阳光社区地处温岭市城东中心地带,辖区个体工商户多、青年人口多、流动人口多,文化需求也因人群差异趋向于多样化。基于社区的现实情况和群众诉求,依托"红色阅读角""青年追光吧"和"邻里图书馆",阳光社区开展了一系列形式多样的全民读书活动,走出了一条现代社区书香建设的道路,深受广大社区居民的欢迎与肯定。

阳光社区在多种多样的系列读书活动中,特色最为鲜明、亮点最为突出的是青少年读书活动。

梅海林书记说:"党和国家对青少年寄予厚望。我们社区围绕'书香阳光'这一主题开展各种读书活动,重点抓好青少年的读书活动,就是想鼓励广大青少年多读书,读好书,树立正确的人生观,培养青少年的向心力,增强青少年的凝聚力,为建设伟大祖国贡献青春力量。"

阳光社区在 2023 年 9 月举办的首届"风雅颂古今"主题诗词大会是推广青少年读书活动的一次生动实践。这场大会以 6 至 12 岁的居民小朋友为主体,涵盖文学常识、诗词填字、诗词接句和飞花令等比赛方式。小选手们才思敏捷,抢答迅速,口齿清晰;各参赛队伍热情高昂,全神贯注,配合默契,为社区居民们带来了一场精彩纷呈的诗词盛宴。

阳光社区党委副书记、诗词大会活动策划人李巧鹏认为,组织社区居民特别是孩子们参加诗词大会,目的就是引导民众特别是青少年通过阅读朗诵中国古典诗词,加深对中华优秀传统文化的认同和理解,激发和激励民众特别是青少年读书的兴趣和爱好。

2024 年 4 月,阳光社区为迎接"世界读书日"的来临而举办的"'益'路同行·书香筑梦"主题捐书活动,创新性地将书香建设与公益服务和社区福利紧密结合,在走出一条有社区特色的书香建设路子上进行了有益的探索。

在活动中,阳光社区联合民泰银行九龙支行组织志愿服务队一起走进温岭市社会福利中心。阳光社区党委副书记李巧鹏与社会福利中心负责人深入交流,详细了解了孩子们的阅读需求和兴趣爱好。随后双方举行了简单的赠书仪式,捐赠包括幼儿绘本、童话故事、文学作品等在内的书籍300余册,为全市1200多名困境儿童送去了温暖关怀和书香的力量。值得一提的是,所有捐赠书籍都来源于阳光社区在2024年3月12日"植树节"时举办的"以书换蔬·点亮童心"活动——在活动中,人们每捐出两本书就可以换取到新鲜蔬菜和绿植。通过这样的方式将阅读、公益与社区服务联结在一起,很大程度上丰富了社区居民的精神文化需求。

2022年4月,在第二十七个"世界读书日"到来之际,阳光社区举办了"阅享新时代·传播正能量"暨阳光社区首届青年论坛活动。在活动中,十余名青年骨干以学习2022年台州市两会精神为先导,围绕自己近期读过的好书,深入交流心得,分享感悟。与会人员积极分享,侃侃而谈,引起在座众人强烈的共鸣,使大家沉浸在浓浓的书香氛围之中。与会青年分别获得了由城东街道团工委赠送的《乡土中国》一书。

大家一致认为,社区是城市健康肌体中最活跃的"细胞",社区治理关乎城市发展和群众幸福感,而青年则是社区治理的中坚力量。"青春社区"的应有之义,是充分发挥好共青团的桥梁纽带作用,让青年在深度参与基层社会治理中大有可为、大有作为、大有能为。这场青年论坛以书香为引,在推动青年从社区治理的旁观者变为参与者上发挥了不小的作用。

梅海林书记说,阳光社区下一步将以"阳光同行,携手你我,情暖万家"为宗旨,持续擦亮"和煦阳光"社区品牌,积极发挥示范带头作用,紧紧围绕书香温岭建设,继续深入开展各种读书活动,继续巩固青少年读书活动取得的成果,将阳光社区打造成一个书声琅琅、书香四溢的书香社区。

城西街道开展多项阅读活动,活动覆盖上千人,形式新颖、覆盖面广。

依托文化礼堂图书室、新时代文明实践站等阵地,城西街道开展形式多样的阅读活动,如讲座、展览、故事会、朗诵比赛、文化交流、惠民活动等,受益人群从幼儿、青少年、青年到中老年人,全民阅读日益走深走实。

横峰街道多举措推进全民阅读,积极开展"红色文化"阅读、青少年读书会、"绿书签行动"、"文明阅读"主题讲座等各类特色阅读和品牌阅读活动,唱响主旋律、传播正能量,全力培育广大市民"爱读书、读好书、善读书"的良好习惯,共建书香社会。在横峰图书馆的支持下,街道各个工业园区志愿服务站还设置了读书俱乐部、红色书吧等,以便于长期向市民提供公益阅读服务。

城北街道以"书香城北"建设为目标,着眼于机关、村居、社会三个梯度全力推进全民阅读活动。

一是在机关打造机关书香"履途",构建长效阅读机制。以"书香履途,遇见城北,遇见更好的自己"为主题成立机关"履途"读书会,不定期邀请班子领导、专家学者、机关干部、学校部门等共同参与读书荐书活动,通过领导领读、专家启读、机关交流读的形式开展机关阅读分享活动。截至2024年9月,已开展活动5期,覆盖机关干部和员工100余人次。其中温岭市人大常委会城北街道工作委员会副主任应海广带领大家阅读《毛泽东选集》,分享的"读书要跳出舒适圈"的阅读感悟,以及台州学院陈樵阳老师分享的《新质生产力》《理性乐观派》和《超级版图》三本经济类图书的比较阅读都大大激发了机关干部的阅读热情。

在机关读书会中推出"我想要的一本书""我想给你讲一本书"系列活动,设置读书会专用书柜。参与读书会的成员可得到自己当前最想阅读的一本书,等到书读完他们就可以在下一次的读书会中尽情分享读书感悟和收获。

二是提高村民阅读兴趣,助力乡村文化振兴。为推进村居读书会建设,城北街道14个村居根据自己的特色建立读书会,通过书记领读、党员荐读,文化礼堂管理员组织阅读带动群众愿读,群众爱读。山马村针对产业工人开展的"心悦书海·沐浴书香"、南山村针对儿童开展的"悠然南山"、万昌村根据自己的电商产业开展的"共富读书会"等阅读活动受到村民好评。2024年上半年各村共开展各类阅读活动150余场,覆盖群众2000余人次;同时重点提升了石粘村、万昌村、南山村等村的书屋建设,加快图书更新,加强与温岭图书馆城北分馆互动,大大增强了阅读对村民的吸引力。

三是建设大众阅读空间,提升社会阅读氛围。城北街道主要以鞋业为主,外来人口众多,为进一步提升产业工人综合素质,满足产业工人文化需求,城北街道邀请了在城北具有较高知名度的浙江好人杨芳芳为"阅读推广大使";同时在企业集中的方家路口打造休闲阅读街区,在街角小屋外部设置"全民阅读"宣传语,摆放桌椅、遮阳伞等,满足周边居民、企业职工午休、纳凉时候的休闲阅读需求。

太平街道组织尚书坊社区开展以"尚书讲堂·七彩悦读"为主题的读书月系列活动,通过"七彩悦读"等形式多样的阅读活动,引导居民关注阅读、热爱阅读,把阅读作为一种生活方式,推动阅读活动全民化、常态化。

近年来,泽国镇以"书香润乡土,文化育人心"为主题,深入推进全民阅读工作,努力营造全民"爱读书、读好书、会读书、善用书"的良好氛围,从四个方面全面提升群众文明素质和城镇文明程度。

一是加强队伍建设,打造阅读品牌。做强"一镇一品",由镇党建办牵头,联合团委、妇联、工会等部门,以"书润泽畔"为阅读品牌,同步设置主题月或主题周,每年4月统筹发布全年工作计划及实施方案,定期组织开展各类阅读推广、读书分享等活动,进一步完善"1+N"全民阅读品牌矩阵。

坚持以"政府主导、社会参与、群众受益"的原则,发挥党员干部带头读书的示范作用,在镇域范围内成立了4个读书会辐射周边群众,分别为

"澎湃泽里"青年读书会、"喜阅泽里"机关工委读书会、"悦读沁心"职工读书会和"巾帼润泽"妇女读书会,并结合各自成员实际开展相关读书活动。联动周边小学、中学,将书香社会建设与教育行业深度融合,打造"教师啃读、孩子勤读、家长共读"的"三读"品牌。

二是完善设施保障,拓宽阅读空间。建设乡村"图书室"。选取基础条件较好的桥伍村、水澄村、双峰村等作为示范点,对其硬件设施进行改造提升,搭建与新华书店、温岭市图书馆的合作渠道,配备自主借阅机以及适合群众阅读的书籍、期刊,打通村民阅读的"最后一公里"。打造城镇阅读角。在街头巷尾、文化广场、党群服务中心等公共场所设置阅读角,增设阅读相关标识元素,配置休闲座椅和书架,同时,持续做好月湖书院、综合文化站、农家书屋等公共文化阵地的免费开放工作,为群众提供"小而美"的阅读空间。充盈资金"蓄水池",将全民读书月专项经费列入每年财政预算收支之中,每年保障提供经费3万元,同时广泛发动企业家等爱心人士支持书香社会建设工作。

三是培育书香文化,营造阅读氛围。2024年以来,泽国镇以世界读书日为重点,在全镇范围内广泛推动全民阅读活动,共组织开展作家见面会、非遗书签制作、以书换蔬、阅读盲盒、读书沙龙、诗词飞花令等阅读相关活动14场次,总计参与人数约3000人次。评选阅读推广人并发挥其示范引领作用,广泛宣传阅读的重要性和书香社会建设的丰硕成果,引导群众养成良好的阅读习惯。

泽国镇接下来将重点抓好两方面工作:一是加大投入力度,引进集美食、阅读于一体的"乡愁书店",深入挖掘泽国文化底蕴积累,传承保护历史文脉,打造具有泽国古城特色的最美阅读空间,让阅读成为触手可及、有滋有味的流行趋势;二是持续创新活动形式,邀请名家作者签名赠书,举办首届乡镇读书节,开展"乡村故事会"等活动,激发全民阅读热情,最大程度地丰富人民群众的阅读体验和精神文化生活。

大溪镇推出了"全民阅读·书香大溪"读书会、"品一缕书香·享七彩童年"校园读书节、"青春听我讲——学百年党史讲大溪故事"宣讲会、"阅读之星"评选、"朗诵国学·传承经典"诵读等项目,营造了全民学习的良好氛围,取得了较好的社会效果。

松门镇按照"全民关注、全民参与、全民受益"的原则,结合自身实际,多方并举深入贯彻落实全民阅读活动。线上打卡领潮流,通过微信朋友圈、小程序等新媒体打卡形式,倡导大家培养阅读习惯;线下交流品书香,在成立"巾帼学院"读书会的同时,推动亲子阅读,联合各学校开展红色书籍亲子阅读活动,让学生和家长们在相伴阅读中一同了解历史、铭记历史、传承红色精神。

箬横镇阅读推广凸显"四个特色"。近年来,箬横镇深入贯彻习近平总书记"建设书香社会"指示要求,全力推进全镇书香社会建设,呈现出"四个"特色:

一是建立健全长效体制。联合各村居、团委、关工委共建立98个读书会,读书会每年开展知识竞答、读书荐书会等活动不少于两次。不断加强基金机制建设,设立专人专岗监督、分配,发动爱心企业家黄正富等人支持书香社会建设工作,近年来共资助镇中心小学各种书籍2000多本。

二是营造浓郁书香氛围。打造"文乐书香公园""中兴读书角"等阅读长期阵地。在横滨大道、文乐路沿线共悬挂与阅读活动有关的道旗120面、横幅25条、海报56张。结合世界读书日,在全镇各学校掀起读书热潮,如在箬横小学、贯庄小学、箬横中学等校开展"阅读·悦美"校园读书节汇报演出、知识竞赛、阅读打卡100天等活动。箬横三小、箬横四小等六家学校组织开展学生阅读交流会、老师读书推荐会、家长伴读分享会、阅读教育公开课共240余次。

三是开展特色阅读活动。以点带面,针对不同群体,谋划开展了别具一格的特色读书活动,共开展女职工读书会、亲子动漫阅读等活动110余次,开展的"你选书,我买单"活动,共有 400 余人次参与。

镇机关党委联合团委、妇联、宣传办启动"时令箬横"暨"全民'悦'读宋韵"活动,现场邀请青年干部、辖区群众开展手绘团扇、制作诗意书签、体验宋"潮"等多项"悦"读体验,让大家在浓郁的宋韵文化氛围中增强阅读兴趣、争做书香达人;在浙江久旺麻世纪科技股份有限公司"职工之家·'阅'领成长"基地内,企业各民族女职工齐聚一堂,在该镇阅读推广志愿者的带领下一起看书读书。

四是利用历史书香资源。地处箬横镇西部前九份村的高龙书院建于民国初,是一座仿欧式江南四合院建筑。1933 年,当地乡贤张濬甫在此建高龙书院,此后培养出一批教育、科学界人才,被誉为箬横版的"清华北大"。如今,这张"文旅金名片"修缮后以村级图书分馆的形式开门迎客,内设文史展览馆、国学讲堂、文联创作室、农村文化礼堂农家书屋等,成为附近村民和学生了解国学和传统文化的好去处。

箬横镇第三幼儿园高龙园区结合属地文化阵地资源,组织 20 多名大班孩子开展"书香浸润童心,书院引领成长"为主题的研学活动,让孩子们身着汉服进书院,在感受古礼启蒙中增强阅读兴趣,养成阅读习惯,从小扎根扎牢阅读种子,使阅读成为他们成长路上的良师益友。箬横镇宣传办联合团委组织"箬有所思·横有作为"青年学习小组走进黄亚洲文学馆,通过参观体验、座谈交流的方式学习黄亚洲先生著作里的红船精神,在走、读、谈中汲取智慧营养,并转化为实际工作动力。

箬横镇"童阅吧"成立于 2018 年 5 月 5 日,是温岭市首个镇级亲子阅读驿站。由温岭市乡村七巧板爱心服务社公益团队负责运行,通过周末、节假日等课余时间,常态化开展亲子阅读推广活动,传递家庭亲子阅读理念,共享亲子阅读时光。"童阅吧"每月开展活动 2~3 期,累计授课约 118 场次,覆盖儿童和青少年 4500 余人次。

温岭市融媒体中心 2024 年 9 月 7 日刊发《箬横:"时令学堂"享悦读,

"之江"青年话成长》的报道：

> "我听了大家的《之江新语》学习心得，受益匪浅。在今后的工作中，我一定要以书中的金句为准则，务必求真务实抓'三农'，坚持把推进'三农'工作的各项政策举措真正落到实处。"9月6日，温岭市箬横镇"时令学堂"一片热闹，当听完同一批入岗的机关青年干部们的交流分享后，机关青年干部钟巧华满怀激情地表态道。

> 为营造浓厚的读书氛围，培养青年干部养成"阅读、感悟、分享"经典书籍的良好习惯，使学习贯彻习近平新时代中国特色社会主义思想成为大家的思想自觉和行动自觉，进一步以"之江"凝心、以"新语"聚力，箬横镇针对新入岗的机关青年干部集中举办了"箬有所思，横有所为"暨"我在'之江'学'新语'"——"时令学堂"读书分享会，旨在通过个人领读、小组共读、交流深读的方式，阐释好书中"金句"背后的真理力量、思想力量、实践力量，并转化为实为之心、实干之力，为中心工作贡献青春力量。

> "时令学堂"是箬横镇"时令箬横"品牌系列的组成部分，也是该镇淬炼青年干部"真本领"的创新平台，会定期开展主题性的学习活动。"我们针对新入岗的机关青年干部们设置《之江新语》课程，就是希望通过党的创新理论成为机关青年干部们干事实为的动力，促使大家主动融入岗位、履职担当，切实为民服务、为民谋福，做出应尽贡献。"箬横镇党委委员陈晨说。

> 据了解，自"时令学堂"开展以来，箬横镇已开展各种读书分享形式10多次，参加的机关青年干部近150人次。

新河镇大力推进新河镇书香社会建设，让读书学习动起来、实起来、热起来、潮起来、火起来。

"一条主线"引领。新河镇党委紧紧围绕"书香新河"主题,通过打造"新鸪青年""阅读别有洞天"阅读品牌,明确书香社会建设的分管负责人和具体负责人,明确职责分工,制订新河镇书香社会建设方案,推动各项阅读活动有计划、有组织开展,持续营造"书香机关"浓厚学习氛围,使"书香新河"读书学习"动"起来。

"两大平台"发力。搭建读书平台,建立"线上+线下"读书"双循环"机制,形成线上畅通线下热闹的良好氛围。线上在"掌上温岭"APP推出了15篇"书香新河"专栏文章、30篇"阅读别有洞天"专栏文章,方便知识学习,全面打造线上阅读阵地;夯实线下学习阵地,坚持线下创办"阅读讲堂",与四大学习阵地联合,采取场地共用、资源共享、讲堂共办的方式,搭建学习交流、读书分享场所,聘请专家授课,定期提升目标群体能力素质。建立了2个企业读书会、3个青年读书会、5个妇女读书会、64个村两委读书会,完善各级各类读书会运行机制,多形式开展各类兴趣读书活动,截至2024年9月共开展读书会300余次,参与人数达4500余人次,使"书香新河"读书学习"实"起来。

"三项重点"推进。在营造浓郁阅读氛围上抓好打造主题街区、建立阅读队伍、走到群众中间三大重点工作。精选一条人流密集的街区道路——锦云商业街、一个公园——新河健康公园,作为阅读氛围营造的长期阵地,在显著位置设置"全民阅读""童阅计划"等相关内容道旗、横幅、墙绘、海报、花草牌、标志牌等50余处;打造一支"新鸪青年"阅读推广队伍,发动组织"新鸪阅读推广人"拍摄12个倡导读书、推荐好书系列视频,签约一位线上新河青年推荐官,宣传委员带头参与荐书视频制作,通过"掌上温岭"、"学习强国"平台在网络空间引领阅读风尚;把阅读活动场地从会议室搬到了田间地头、湖边长廊、柳居,走进历史古迹文笔塔、解放楼校史馆,来到户外实景,深入到老百姓中间,群众一起读书,结合群众最关心的话题来读书,让阅读活动更加接地气,更加贴近群众,读书氛围愈发浓厚、读书成果愈加彰显,使"书香新河"读书学习"热"起来。

"四个阵地"保障。依托党群服务中心、新河镇小镇客厅、新时代文明实践所及银、企、校青年学习基地等阵地,广泛开展阅读活动,推动"书香新河"建设走深走实。通过阅读分享会、读书擂台赛、文明实践志愿书香活动等多项活动,在机关企事业单位和各级党组织中加强阅读引领,涵育阅读风尚;在新河镇小镇客厅、新时代文明实践所及银、企、校青年学习基地等阵地,实施群团带动工程,有组织、有节奏、有针对性地将阅读理念、阅读活动、阅读品牌植入到青少年、妇女及退休干部等不同群体中去,开展各种形式的读书活动,让"书香新河"读书学习"潮"起来。

"五类活动"承载。以主题读书、经典诵写讲、读书宣讲、乡村阅读、全民阅读"五进"活动为载体,让广大干部群众在"书香"中感悟真理之美、涵养为民情怀、凝聚奋进力量。新河镇举办了"书香浸润,演绎经典"戏剧节,用戏剧引导阅读,重构阅读方式,构筑阅读桥梁,传播文化价值;开展了"文运浸书香,经典润新中"经典诵写讲活动;成立理论宣讲团,围绕读书的意义与价值,探索读书的趣味与模式,举办老年学堂、智行书院等读书宣讲活动,加大对优秀书籍的宣传推荐;以农家书屋为平台,举办乡村数字阅读行动、"农民喜爱的百种图书"推荐、"乡村伴读"等阅读活动,使阅读真正深入基层、深入群众,扩大全民阅读覆盖面。新河镇还出台"你读书,我奖励"阅读奖励机制,从精神嘉奖到奖品兑换,丰富读书奖励形式,让更多人走进阅读,主动阅读,觉得读书"有面子",使"书香新河"读书学习"火"起来。

2024年7月,新河镇还开展了"书香润初心,不负韶华时"村干部读书分享会,邀请村干部共同阅读,分享读书心得与感悟。这次读书分享活动为大家提供了阅读交流的平台,激发了大家的读书热情,营造了"爱读书、读好书、善读书"的良好氛围。

以课外阅读名闻遐迩的温岭市新河中学在阅读推广上又有了新创

举,自2023年开始连续举办了两届主题为"书香浸润·演绎经典"的中学生戏剧节。新河中学戏剧节的显著特色是让名著会说话,让课本会唱歌。

为了更好地提升学生的语文学科核心素养,切实提高学生的读写能力,新河中学语文组和新河中学启明文学社、新河中学团委以入选高中教材的文学名著为主要着力点,联合主办了以"书香浸润·演绎经典"为主题的学生戏剧节,经过同学们的精彩演绎,经典文学的故事跃然台上。同学们高兴地说:"原来名著也会说话,课本也会唱歌"。

从前期各班级组建剧组、改编剧本、排演戏剧、准备服装与道具、设计海报进行宣传,到后期正式演出时的灯光控制、活动主持、剧目评分等环节全程由各班学生共同参与,让学生敢说敢做,自信展现自我,在真实的情境中提升自己的实践能力与语文素养。

在前期的筹备之后,班级内部先进行了汇报表演,在班级学生的评分与推选下推选出参与戏剧节展演的"子路、曾皙、冉有、公西华侍坐""鸿门有个宴""红楼梦·楼空""天下第一楼""雷雨""罗密欧与朱丽叶"和"哈姆雷特"等18个剧组。2023年3月17日傍晚,新河中学第一届戏剧节表演在学校报告厅精彩开幕。

戏剧展演时,各剧组跌宕的故事讲述了心灵与躯体、情感与理智的冲突,呈现出复仇与牺牲、意志与命运的抗争,激荡出人性最深处的崇高与永恒。幕起幕落间,涤荡灵魂,叩问人性,展示了人们对同情与悲悯、正义与良知的追求,让戏剧"为不可言说的事情发声"。

高一(1)班演出的《鸿门宴》可谓令人眼前一亮,现代与古典的完美合璧,诠释出鸿门宴的历久弥新。高一(2)班演出的《红楼梦·楼空》生动形象地诠释了曹雪芹名著《红楼梦》的"满纸荒唐言,一把辛酸泪,都云作者痴,谁解其中味?"

此外,高中各班演出的还有由《论语》《罗密欧与朱丽叶》《雷雨》等经典文学名著改编的剧目。曹禺先生的代表作《雷雨》在此次活动中被几个剧组循环演绎,各有特色,精彩纷呈。

在新河中学学生戏剧节课本剧表演中,每一个剧组都以其精彩的表演和台下的观众达成了灵魂上的共振,舞台上的演员振翅飞翔,而舞台下的观众也寻到了自己心灵奋飞的翅膀。经过各剧组的精彩演绎,从古至今,中外合璧,经典文学名著的故事跃然台上,师生一起细细品味语言,共同感受经典文学的魅力,出现了书香氤氲校园,书生演绎经典,戏剧赋能成长的新气象。

在课本剧演出过程中,当某一小组的演职人员作为"参与者"在舞台上表演时,其他组的同学则作为"旁观者",以观众的身份对舞台上的表演进行观赏。在观看演出时,台下的演职人员也积极参与进来,及时记录心得感悟,而不是充当着局外人的身份。

各剧组演出全部结束后,全体学生作为观众进行群体评价,选出最佳导演、最佳编剧、最佳主角、最佳舞台设计、最佳团队协作等奖项的获得者。最后举行隆重的颁奖典礼,安排颁奖同学为获奖人颁奖并宣读颁奖词,获奖者即兴发表获奖感言。

在课本剧《鸿门宴》中扮演范增的李承翰同学说:"我觉得这次排演的活动有着非常巨大的意义,我们既可以通过剧本了解原著大意,又可以通过对角色的演绎加深对原著人物的理解,还可以促进同学间的感情,减轻学习的压力,展现自己的个人魅力,丰富生活的经历。"

参与策划和指导学生戏剧节的新河中学的潘敏宏、蒋小琪老师说:"对于我们语文老师而言,许多经典作品一直流淌在我们的语文课本里。而我们讲一百遍课本不如学生们在舞台上动情地演绎一遍。课本剧表演是学生成长和学习的媒介,不仅带给他们欢声笑语,还能让他们从生动的故事中走出来,走进生活,走进人生,助力他们成长。课本剧表演旨在帮助学生更好地理解书本内容,体验书中情节,感悟作者情感,激发读书兴趣,以促进学生们的全面发展。"

温岭市委宣传部副部长龚平在发给笔者的推荐短信中说:"为激发学生阅读兴趣,鼓励学生在书籍中品读人生、汲取力量,新河中学将戏剧与阅读相结合,重构阅读方式,举办学生戏剧节。用戏剧引导阅读,将'戏剧'转为'教育',转为'书香',以戏剧筑阅读桥梁,传承书香文化价值,这是校园阅读推广活动的一个创新举措。"

笔者认为,温岭市新河中学举办学生戏剧节,用"书香浸润·演绎经典",让名著会说话,让课本会唱歌,这是全国中学校园阅读推广活动的新创举。假若这个溢满书香的学生戏剧节坚持举办下去,一定会培养出一大批非常优秀的读书种子,或许还会培养出曹禺式的一代戏剧大师。此处借用一位哲学家的名言:只要坚持不懈,"一切皆有可能"。我们期待着,企盼着——新河中学努力呀!

千年曙光初照地的石塘镇紧抓机遇,坚持文化与民宿有效融合的发展理念,建成海山生活、栖衡石舍、隐想家、慕然海谷等书香民宿10余家,创造了"阅读+"新模式。通过举办读书会、文化艺术沙龙、主题讲座等活动,从多角度满足群众阅读体验的同时,助推全民阅读品牌走进民宿,让民宿成为一个传承村落文化、弘扬乡土精神的窗口,成为提升全民素养的创新载体,实现了旅游文化润乡、书香文化兴旅。

"一人一书"项目,是横河书舍与滨海辖区学校班级合作开展的一项阅读活动,通过为班级每一位孩子发放一本不一样的、有趣的书籍,让孩子成为书籍的管理员,并与同学分享,营造班级良好阅读氛围,激发孩子的阅读热情。同时推出"你点书,我买单"阅读推广活动,并以合作师生为辐射点,辐射更多学生、班级、学校和家庭,促进全民阅读。

明朝安州知州戴通的"温峤八景诗",生动地描绘了千年古镇温岭老街的繁华、秀丽和书香,温岭老街曾以"一市书声"闻名遐迩。温峤镇将"一市书声"与温岭老街研学项目相结合,吸引市内各中小学的学生们到温岭街开展国学启蒙礼、读书节等相关活动。他们体验国风汉礼、诵读《弟子规》、宣誓言志、感受古人学堂，在身行力践中体会传统文化的魅力，助推全民阅读活动入脑入心。

城南镇积极响应温岭市"全民读书月"活动号召，将阅读与旅游有机结合，创新"阅读＋"新模式，多次在各个文化礼堂开展阅读活动，让阅读浸润精神家园，培养城南阅读氛围。通过不定期举办读书沙龙、读书分享会、朗诵比赛、研学活动，以及"阅读之星""书香家庭"评比等活动，以群众喜闻乐见的形式助推全民阅读品牌走进旅游景区，提升了全民阅读活动的参与度、传播力，让书香弥漫在城南的每一个角落。

坞根镇的全民阅读工作主要体现在三个方面。

一是建立健全制度保障。完善组织领导体系。建立了"阅享花坞"全民阅读工作联盟，将各部门站所、特色文旅场馆、公共图书馆、热心公益事业的企业负责人等纳入其中，通过年初线下一次会议明确工作职责，线上不定期多次小会落实工作任务来保证全民阅读工作的高效推进。保障工作专项资金。建立了"阅享花坞"全民阅读工作专项基金，通过政府出一部分、企业助一部分、个人捐一部分的形式募集到了8万元用于该项工作。

推进各项制度建设。制定了《全民阅读工作实施方案》，明确了整体目标、任务、措施和时间节点，有计划地去推进这项工作；建立了信息共享制度，各联盟成员会及时在群里分享这项工作的安排和进展，方便镇里统筹安排；建立了激励机制，对在全民阅读工作中做出突出贡献的单位和个人进行表彰和奖励，激发更多人参与到全民阅读工作中来。2024年4月份，评选了荐书达人、藏书达人等各类"阅享者"28名。

二是强化资源整合。坞根镇对现有的图书馆、农家书屋、乡村书房和文旅场馆进行了微调。通过重新展陈、增设书架、更新书籍、添加电子设备等方式，提高了公共阅读设施的服务水平，提升群众阅读的体验感。

多元化提升阅读趣味性。具体做法是:打破阅读方式的限制。在部分公共阅读空间投放了电子阅读器和有声读物平台,变传统的看书为听书。打破阅读形式的限制。该镇将一些由经典书目改编拍摄的电影、电视剧免费送到各村文化广场,将一些书籍以情景剧的形式送到各个礼堂供群众观阅。

三是坚持以品牌化扩大阅读影响力,持续做响"阅享花坞"品牌。坞根镇作为旅游乡镇,结合"五一"假期举办了为期20天的"春天也要读书"大型活动,通过书香市集、以书换蔬、创意打卡等形式,吸引约7万人次参与。结合传统节日,开发了"文化都在节日里"农家书屋阅读品牌,已经组织活动2场。在七夕、中秋、十一、元旦和春节,该镇也将结合相应的文旅主题植入全民阅读的内容元素。

该镇与花溪文创街区的一家企业联合创建了"山零与花坞"品牌,将全民阅读以具象的文创产品形式进行发售,开发了阅读伴侣抱枕、阅读伴侣书灯、阅读伴侣水杯等10余款产品,上半年销售额近5万元。

三是强化全民参与。雷打不动荐好书,充分挖掘青年干部、委员代表、学校师生、企业职工、网格员等群体拍摄书籍推荐视频在新媒体平台上进行宣发,截至2024年9月已经被"学习强国"平台录用了16个,其中主站录用了8个。

逐步推进读书会,召开12场读书会是该镇2024年初提出的具体目标,到2024年9月已经举办了委员、青年、党员、职工、村干部等系列读书分享会13场,其中车间的30分钟读书阅享被"潮新闻"报道。

多种形式办活动。开展"好书漂流""寻找最美声音""坞幼小主播""趣味知识挑战赛""共读一本绘本""阅读书签制作"等活动共计150场。

2024年,坞根镇的全民阅读工作可圈可点,硕果累累:创造3个品牌——"阅享花坞"书旅融合品牌、"文化都在节日里"农家书屋品牌、"山零与花坞"书籍与文创品牌；建立多个读书组织——委员、青年、党员、村干部、职工；制作22个荐书视频——"学习强国"平台录用16个，其中主站录用了8个；推出150余场阅读活动——其中大型活动20余场，其中包括"春天也要读书""好书漂流""寻找最美声音""趣味知识挑战赛"等；8万元全民阅读专项工作基金，覆盖10余万人次。

石桥头镇以阅读阵地提升、阅读分众服务、阅读氛围营造为抓手，积极推进全民阅读工作。推动阅读阵地提升，实现全域村级文化礼堂、农家书屋全覆盖，构建"15分钟阅读圈"；开展阅读分众服务，暑期为"小候鸟"①组织候鸟守护"悦"读会，联合石桥镇中心小学创立"石桥书苑"，为在校青少年开辟课余阅读空间；营造阅读氛围，与王氏大花灯等非遗文化相融合，组织"学百年党史"猜灯谜等群众参与度高、趣味性强的活动，营造全民"爱读书、读好书、善读书"的浓厚氛围。

让"石桥书苑"成为石桥学子的精神家园。打开"掌上温岭"的"'岭'读人"栏目，人们会看到正在推送的是石桥头镇中心小学李梓萌同学分享的《青铜葵花》这本书籍。类似这样的读书分享活动，石桥头镇中心小学的学生们经常参与。

"掌上温岭""微温岭""温岭文旅""温岭市妇女儿童之家"等平台组织的阅读、朗诵比赛活动，石桥头镇中心小学的孩子们都踊跃参加，有些同学还取得了较好的成绩。

在2024年3月由温岭市文广旅体局和温岭市教育局联合举办的第六届"少年非遗说·温岭传说故事讲述大赛"上，温岭市石桥头镇中心小学的朱奕煊同学获得温岭市一等奖，王一婼同学获得二等奖，朱奕煊同学还成功进入了省赛。在第二十七届全国青少年爱国主义读书教育活动中，温岭市石桥头镇中心小学获得国家级优秀组织奖、台州市特等组织奖、温岭

---

① 指在城市的外来务工人员子女。

市优秀组织奖。沈思宇同学在此次活动中获全国三等奖。

学生在各种朗读、阅读比赛中屡屡获奖,这是学校重视书香校园建设取得的丰硕成果。温岭市石桥头镇中心小学书香校园建设总结了四个方面的经验:

一是营造书香环境氛围,加强书香校园建设。学校充分利用公告栏、展示墙、橱窗、廊道、班级布置等增强校园文化建设,打造良好的阅读氛围。学校每学年都购置新书,增加图书馆的开放率、使用率。

2020学年,学校精心打造的"石桥书苑"被评为台州市示范性图书馆。它超越传统阅读空间以藏阅为主的功能定位,打造"借阅研三合一"的开放式图书馆,包括阅览区、下沉式研学区、借还区和阅读长廊,与台州市云图管理平台接轨,具有采访、编目、流通、典藏、系统设置、数据统计、特色服务等服务模块,新增了"立式自助图书借还机""移动数字电子阅读一体机",致力于将阅读从图书馆延伸到学生教室及家庭各个场所,突破时空实现常态化阅读方式,营造全新阅读环境,促进学生阅读习惯的养成,让"石桥书苑"成为石桥学子的精神家园。

二是致力阅读教学探究,提升阅读指导能力。学校引进"张祖庆""陈可人""王正玉""黄海丽"名师工作坊,借助特级教师工作室平台,让年轻教师近距离接触名师,激发自身的潜能和激情,更快更好地成长,以此来带动学生潜心阅读、用心学习,让学生在阅读中感受快乐。

学校组织"快乐阅读"教研会活动,邀请省特级教师徐秀春老师,为全体老师进行专题讲座。邀请台州市"严华银工作站"的专家来校,举办"啃读圆桌论坛"。学校每学年都开展教师读书活动,老师在深入探究阅读教学的基础上,给予学生阅读方法上的指导,激发学生的阅读兴趣,帮助学生养成良好的阅读习惯,提升学生语文素养。学校还借助镇文化礼堂、镇图书馆与社会各界关注阅读人士和家长们互动交流,推广阅读,提升教师阅读指导的能力,培养了一批优秀的书香班级、书香少年和书香家庭。

三是开展学生读书活动,促进阅读素养提升。近几年来,学校每年都以"校园读书节"活动为契机,精心组织"作家进校园"活动,加强学生阅读意识,激发学生的阅读热情,掀起"快乐阅读"的热潮。通过开展班级图书角评比活动,开展讲故事、编童话、诵读经典、图书跳蚤市场、书签海报设计比赛等活动,以及创办校刊《榕树下》,促进学生阅读素养、阅读能力不断提升,推动课外阅读落到实处,让书香浸润校园,启迪孩子们的智慧。

四是完善阅读评价考核,夯实学生阅读成效。由学校"快乐阅读吧"团队牵头,组织各年级语文老师,结合各年级段必读书、选读书,对照"快乐阅读吧"栏目书籍,制订并逐年修订了各年级阅读评价标准和阅读考级标准。学校对全体学生开展了阅读考级,一年级学生进行口头测试,其他年级完成书面考级,通过计算每个班级的阅读考级合格率,得出全校学生阅读考级合格率为94.95%,超过原先预定的目标90%。学校每学年评比书香少年、书香班级、书香家庭,并进行表彰,将个人阅读、班级阅读、家庭阅读有效统整,营造阅读的浓重氛围,不断夯实学生的阅读成效。

温岭市石桥头镇中心小学是创办于1910年的百年老字号小学,由于长期开展校园读书活动,取得了丰硕的教育成果。

在硬件建设方面,学校充分利用校园近7700平方米面积,采取围廊式建筑风格,打造了"一坊二馆三中心",分别为"花田工坊""科学馆""非遗馆""健康中心""模型中心""创客中心"六大场馆。其中"花田工坊"建有"未来智能生态棚",将智能化控制系统应用到大棚种植上,设立"立体种植墙""'我与未来'试验田""无土栽培区"和"教学活动区"四个区块,利用物联网技术远程监测,感受大棚里的智能高科技。"花田工坊"还建有"花圃实验室",设有无菌实验室、实验操作和手作设计台,配有精油萃取、花卉烘干、消毒和提炼加工等设备,开设了探秘精油、手作香氛等课程。

在软件建设方面,学校以"学做人"为校训,以"崇德、尚学、健身、怡情"为办学理念,构建"任务驱动·智慧导学"的"生长课堂",以"助·探·

展·测"螺旋式的教学模式,打造"实为人,巧求学"为核心的实巧课程,形成"基础型、拓展型、研究型"三位一体的课程体系,为学生的未来奠基,为未来社会培养具有责任担当、人文素养、科学素养以及创新精神的现代公民。

该校在第二十七届全国青少年爱国主义读书教育活动中获得国家级优秀组织奖。8位同学在台州市、浙江省和全国读书教育征文活动中获奖。70多位同学在温岭市各类读书教育征文等比赛活动中获奖。1位教师获台州市读书活动方案设计一等奖,5位教师被评为温岭市优秀指导老师。教师的教学论文(含发表)一等率已连续两年位居全市第二。学校还承办了台州市、温岭市小学语文统编教材"快乐读书吧"教学研训活动等各种教学和读书活动。

业内人士认为,温岭市石桥头镇中心小学在课外阅读、课程建设、跨学科的创造性学习、自探式的学科实践,智能全息的教学探索方面取得的丰硕成果在全国乡村学校中是极为罕见的,这所学校的书香校园建设和学科教学创新经验是值得在全国学习推广的。

笔者认为,在推进全民阅读,打造"书香温岭"文化品牌的"合奏"曲中,温岭市融媒体中心的积极倡导和大力宣传不可小觑,功不可没。

温岭市融媒体中心2022年在新媒体"掌上温岭"平台开设了"书香温岭"频道,推出了"全城童阅 点亮未来"的阅读月活动,共有2500多名小朋友参与了读书打卡活动;2023年的"书香温岭"频道的全民阅读打卡活动参与学校从2022年的1所增加到4所,总参与人数近6000人,打卡时间持续了21天,做到了让书香浸润童年;该中心还联合温岭市文明办、创建办、教育局开展了"读书明理·文明修身"文明日历周年活动,把文明行动和读书打卡结合起来,每个完成打卡的用户都可以领到新华书店的8折购书卡,并参与清空书单的活动,活动吸引了2000多人参与,生成文明书签1500多张。

《温岭日报》开设了"悦读""海潮"专版,推介优秀图书及文学作品,专门推出一个书香教育的专版,介绍了温岭市太平小学、温岭市九龙学校、温岭市锦园小学三个学校关于阅读的经验。

温岭电视台开设了《书山有路》专题栏目,引导青少年的读书学习和成长;温岭电视台还坚持多年开办文化栏目《岭上明月》,重点挖掘、展示温岭的本土文化和名人古迹。

温岭广播电台开设了《上学路上》栏目,针对低龄学生进行国学知识的普及;开设《读史有学问》,讲述历史文化;开设《朗读者》,分享名家名作和本土文人雅作。同时与温岭市教育局合作的《温岭日报·青草地》专刊,主打的目标就是培养学生的阅读与写作能力。

温岭融媒体中心还联合相关部门策划温岭市民读书征文比赛,表彰奖励优秀作品和模范读书人,大大提升了广大公众对阅读的认知度、喜爱度、沉浸度,积极助推了书香温岭建设和全民阅读活动的深入开展。

在书香温岭建设中,温岭市微澜读书会的示范引领作用可圈可点。

温岭市微澜读书会自成立以来,定期举办各种读书分享会,温岭市委宣传部和相关部门的负责人、各街镇领导或参加、或主讲,同时邀请专家和学者进行讲座,分享阅读心得。同时"掌上温岭"平台及时发布活动消息,推动阅读理念深入人心,成功吸引了大量市民参与,大大提升了城乡居民的阅读兴趣和文明素养。

截止到2024年10月底,这个读书会已经成功举办了6期读书分享会。

2024年4月1日,微澜读书会第一期荐书活动推出的内容是"阅读《神奇的北魏》的真知灼见"。

2024年4月30日,微澜读书会第二期荐书活动推出的内容是分享"阅读《心若菩提》心得体会"。

2024年6月29日,微澜读书会第三期荐书活动推出的内容是分享

"读《知行合一王阳明》,学修身健体之法,开启人生新境界"。

2024年8月16日,微澜读书会第四期荐书活动推出的内容是"委员开讲啦!",推荐阅读的作品是余华的《活着》。

2024年9月27日,微澜读书第五期荐书活动推出的内容是"学点经济,相信未来——《薛兆丰经济学讲义》分享会",全场精彩不断。

2024年10月31日,微澜读书会第六期荐书推出的内容是"叩问差距——余华:《我们生活在差距里》阅读分享会"。

由此可见,由温岭市委宣传部指导的微澜读书会已经初步形成了活动常态化、系列化和多样化的显著特色,已然成为引领全市领导干部和广大群众开展全民阅读、建设"书香温岭"的一个品牌和亮点。

2024年8月13日,温岭市宣传文化系统学习宣传贯彻党的二十届三中全会精神暨半年度工作会议提出,持续推进新时代文化温岭"576工程",大力构建"文化特派员"服务体系,推进"书香温岭""人文乡村"建设,开展新时代文明实践阵地社会化运营,全域深化文明创建工作,推动文化事业和文化产业快速发展。

笔者认为,温岭市这次宣传文化系统工作会议再次强调推进"书香温岭"和"人文乡村"建设,充分说明温岭市委市政府对深入持久开展全民阅读,不断推进"书香温岭"建设向纵深发展的战略决心和高瞻远瞩。

第6章：图书馆进家庭

公共图书馆进入普通老百姓的家庭，家庭可以成为公共图书馆的分馆，这是温岭市图书馆坚持服务观念创新——"打通最后一公里，将好书送到读者家"的创新举措，这个创新举措在全国图书馆界是响当当的"第一次"；这个创新举措是书香温岭建设最闪亮的一张"金名片"。

温岭市图书馆馆长陈冰对笔者说：

"打通最后一公里，将好书送到读者家"创新举措的酝酿产生和具体实施，这里面还真有一个曲折动人的奋斗故事。

我们温岭是一个经济比较发达的地区，随着经济的不断发展，广大人民群众对图书阅读的需求日益增长，全市图书馆阅读服务"不充分、不平衡"的问题开始凸显，成为掣肘全民阅读的瓶颈问题。

一是温岭市三级图书馆实用面积小。2016年以前，温岭市图书馆总建筑面积只有4250平方米，国家颁布的《公共图书馆建筑面积标准》，人口150万的城市公共图书馆建筑面积应达到20000平方米。温岭市现有人口144.1万，市立公共图书馆只有4000多平方米，与国家标准要求差距甚大。全市16个镇（街道）图书馆，面积最大的只有400平方米,面积最小的只有几十平方米,与国家要求的小型公共图书馆建筑面积达到4500平方米的标准差距更大。

二是藏书量少。温岭市图书馆2016年藏书76万册,按照当年的人口计算人均不到0.6册,与文化部2008年颁布的公共图书馆藏书要求人均0.8册,尚有较大的差距。

三是阅读服务覆盖范围小,城乡严重不平衡。2016年前,温岭市图书馆的借阅方式基本上停留在传统手工操作的"借借还还"上,没有现代科技工具。服务读者覆盖的范围基本上停留在图书馆所在地的太平街道,说得更明白一些,就是城关地区和镇(街道)所在地居民享有图书馆阅读服务,这种服务还没有被覆盖到的占六分之五面积和五分之四人口的农村及偏远地区。所以人们把图书馆称为"城关人的图书馆",而不是"全市城乡人民群众的图书馆"。

四是借阅量少,借阅量长期处于低水平循环。温岭市图书馆2013年借阅量31万册次,2014年45万册次,2015年65万册次,年人均借阅量不到0.54册次,与文化部要求人均借阅量0.8册次相差较大。

我们面向500位市民开展过调查,其中"制约读者来图书馆借阅图书的障碍分析"一项中,有52.4%的市民选择"图书馆离我太远"。

当时市图书馆位于老城区,两幢20世纪80年代的老建筑门前仅有50多平方米的空地可供停车,市区居民都觉得来去不方便,更遑论远在乡村的阅读爱好者。

总的来说,在2016年以前,温岭市图书馆阅读服务资源一方面是有严重的不足,另一方面又存在着极度的城乡不平衡。怎样解决"广大人民群众日益增长的阅读需求与阅读服务资源不足、不平衡"的基本矛盾? 这是当时困扰我们公共图书馆的一个最大难题。

由于历史的原因,国家对公共图书馆建设投入不足,在短期内又还不了这个旧账。作为图书馆人必须要从原来单一依靠政府投入解决这个难题的传统思维桎梏中解放出来,另辟蹊径,积极探索,争取创造出一种崭新的阅读服务模式,即让社会资源加入进来,以弥补公共阅读服务资源不足的问题,同时还要破解困扰图书馆服务多年的难题——打通阅读服务的"最后一公里",将好书直接送到城市每一个居民的手中,直接送到乡村每一个村民的手中。因为全民阅读的重点在农村,难点也在农村,希望也在农村。农村读书难的问题如何破解? 温岭市图书馆给出的答案是建设家庭图书分馆。

何为家庭图书分馆? 就是志愿者在自己的家里设立的图书分馆,义务为邻里和社会开展阅读服务,是"公共资源+社会资源"的一种总分馆制管理模式。

家庭图书分馆纳入温岭市图书馆借阅服务网络平台,全市实行图书"通借通还",汽车图书馆为其配送图书,并实行现代技术和数字资源互联共享。

温岭市图书馆通过深入调查研究,参照乡镇图书分馆建设标准,分别制定了家庭型和机构(企业)型图书分馆标准。

家庭型图书分馆标准是:①馆舍面积15平方米以上。②自备图书60册以上。③服务人员1名。④每周开放时间10小时以上。⑤年借阅量300册次以上。⑥配备手机、电脑借阅。

机构(企业)型图书分馆的标准是:①馆舍面积30平方米以上。②自备图书300册以上。③服务人员1名。④每周开放时间15小时以上。⑤年借阅量500册次以上。⑥配备手机、电脑借阅。

温岭市家庭图书分馆建设的操作流程是:微信通知→报名申请→实地考察→对照标准→审核批准→授牌开馆。

温岭市图书馆2016年确定建立100家家庭图书分馆,分两个批次进行。3月份建了30家,7月份建了70家。

2016年建立的分馆以纯家庭型为主,以城关地区为主。2017年至2018年每年建立100家,以农村及偏远地区为主。

为了使家庭图书分馆规范有序运行,温岭市图书馆将其管理纳入总分馆制阅读服务体系,并制定出一套管理制度加以规范:《家庭图书分馆建设与服务规范》《家庭图书分馆责任书》《家庭图书分馆借阅制度》《家庭图书分馆管理员岗位职责》。

2019年11月,还通过专家专门制定了《温岭市家庭图书分馆行业标准》,这是浙江省第一个以社会力量参与公共图书馆阅读服务的行业管理标准。

同时组建了以温岭市图书馆时任馆长杨仲芝为首的家庭图书分馆专业管理团队,为家庭图书分馆提供业务指导、图书配送、专业培训、设备维护等各项服务,切切实实为家庭图书分馆"保驾护航"。

温岭市图书馆每年都对家庭图书分馆实行年度考核,评出"十佳家庭图书分馆"并在世界读书日予以表彰。

从2016年上半年开始,在杨仲芝馆长的带领下,一个重心向下,瞄准农村,瞄准家庭的"市、镇、村、家庭"四级阅读服务体系逐步形成,对全市读者实现了全域覆盖,从而让书香溢满温岭城乡大地。

业内人士认为,温岭市家庭图书分馆建设具有三个创新:一是阅读服务体系创新。家庭图书分馆与过去的家庭图书馆虽然一字之差,但有着本质的区别。过去的家庭图书馆是藏书楼,不对外开放,没有纳入阅读服务体系。现在的家庭图书分馆对周边村民和社会开放,并纳入市图书馆阅读服务体系,是阅读服务体系的一个层级,目前全国公共图书馆有六个层级,国家、省、市、县、乡、村图书馆,家庭图书分馆的建立,将原来的六级格局改写为七级格局,意义非同小可。

二是阅读服务模式创新。过去的阅读服务模式是停留在单一的公共资源上,政府统包统揽,包打天下,家庭图书分馆的建立,打破了图书阅读公共服务国家一统天下的藩篱,第一次让社会资源参与进来,将原来单一的公共服务转变为"公共资源+社会资源"服务,符合《中华人民共和国公共图书馆法》提出的"公共图书馆服务网络建设,坚持政府主导,鼓励社会参与"的正确导向。这样做,不仅让图书馆的公共资源"走出来、用起来、活起来",而且充分利用了社会资源来弥补公共资源的不足。

据统计,2019年温岭市300家家庭图书分馆,馆舍面积2万多平方米,自筹图书5万多册,服务人员400多人。以上这些国家没有投入一分一厘、一兵一卒,用当地老百姓的话讲叫:"政府不需出资,阅读推广也能兴旺发达"。

三是阅读服务供给侧的改革创新。城乡阅读均等化,阅读服务"打通最后一公里"口号喊了多年,但是一直没有找到真正有效解决问题的办法,家庭图书分馆的建立最后从终端上破解了这个困扰全民阅读多年,特别是公共图书馆服务的难题。

温岭市图书馆把家庭图书分馆建到广大农村,建到海岛渔区,建到边远落后地区,政府没有下文件,没有补贴一分钱,真正实现了对农村、渔区和边远落后地区阅读服务的有效供给,把图书馆建到广大农村老百姓的家门口,大大地方便了人民群众的图书借阅,彻底打通了农村阅读"最后一公里",完成了阅读服务接地气的最后一站。从而让农村人真正享受到了与城里人一样的阅读服务,每个公民真正享有了基本平等的公共文化权益。

杨仲芝说:"真正打通农村阅读的最后一公里,把好书真正送到农民手中,让图书馆真正融入生活。家庭图书分馆的建设,为解决这个基本矛盾和这个实际问题提供了最有效的方法和最直接的答案"。

笔者认为,温岭市图书馆家庭图书分馆建设获得全国公共图书馆的最高荣誉——最佳创新奖。这不是一般意义的创新之举，其重大社会意义非同寻常。杨仲芝提出的"让图书馆真正融入生活"的服务理念和李公朴先生在90年前提出的"把读书融化在生活中"的科学理念几乎是完全一致的。

李公朴先生在1934年11月10日创刊的《读书生活》发刊词中明确提出：要"把读书融化在生活中"。十分巧合的是，李公朴先生还是中国第一个面向大众开放的公共图书馆——量才图书馆的创办人。

笔者在今年11月出版的新书《暗夜星火——穿越悠悠岁月的激昂文字》的结尾写道："如果人人都'把读书融化在生活中'，在生活中逐步形成浓郁的书香氛围，一定会加速深入推进我国的书香社会建设，不断拓展阅读的广度和深度，提高全民阅读的质量水平，一定能够为国家的强盛、民族的复兴筑牢深厚的文化基石、提供巨大的精神力量。"

从这个重要意义上说，温岭市图书馆家庭分馆的建立以及杨仲芝倡导的"让图书馆真正融入生活"的服务理念不仅是李公朴等老一辈图书馆人当年提出的要"把读书融化在生活中"科学理念的传承和赓续，更是这种科学理念在中国农村实现的一种伟大实践，这个伟大实践是温岭图书馆人对书香中国建设的一个非常巨大的贡献。

2018年，温岭市图书馆建立家庭图书分馆的创新举措荣获中国图书馆学会第一届公共图书馆创新创意征集推广活动"最佳创新奖"，并在当年河北廊坊召开的中国图书学会年会上做了经验介绍。

陈冰馆长告诉笔者，"倡导全民阅读，建设书香社会"是国家在新时代的一项重大文化战略。温岭市图书馆通过引入社会力量参与图书馆总分馆体系建设的创新举措，将图书馆建到群众家门口。截至2024年9月底，温岭市共建成图书馆分馆510个，其中家庭图书分馆400多个，七成在农村，覆盖海岛渔区和边远落后地区，同时还衍生出了旅游民宿图书分馆、家庭图书分馆、企业图书分馆等多个类型，真正打通了全民阅读的"最后一公里"。

温岭市投资 7.45 亿元新建文化中心,其中温岭市图书馆新馆面积 17930 平方米,加上原来老馆 4000 多平方米,总馆面积共有 2.1 万多平方米,超过了文化部颁布的中型公共图书馆 2 万平方米的上限要求。温岭市还拨款 1500 万元为新图书馆增添了图书智能分拣系统、电子书阅读本借还系统、智慧书架视觉盘点系统、4D 百科全书等大量的现代科技工具。

截至 2024 年 9 月底,温岭市图书馆藏书量达 210 万册,实现了人均 1.48 册,达到了国家级文化示范区建设的要求;2024 年共接待读者 290 万多人次,图书借阅量屡创新高,全年借阅量可达 176.8 万册次,居台州市首位。

近年来,温岭市 16 个镇街道图书馆的面貌也大有改观,面积比原来扩大了多倍,泽国、松门 2 个镇的图书馆面积均超过 1000 平方米。泽国、大溪、松门镇图书馆每年安排 10 万元购书经费,新河、箬横镇图书馆每年安排 6 万元购书经费,其他镇(街道)的图书馆每年的购书经费也都在 5 万元左右。泽国、大溪、松门镇图书馆的藏书量均达到了 8 万册,其他镇(街道)图书馆的藏书量也都在 1 万册以上。村一级图书室随着近几年文化礼堂建设力度的加大,从原来的不到 70 个增加到现在的 201 个,馆舍大部分都是新房子,不少村图书室的购书经费也被列入年度预算。

2019 年松门镇南咸田村、箬横镇高龙书院等文化礼堂图书分馆借阅量突破 1 万册次;泽国、大溪、松门这 3 个镇的图书分馆借阅量达到了 8 万册次以上,其他 13 个镇街道图书分馆的借阅量也超过了 2 万册次。

2019 年,何荣富、陈玲丽、谢新联等家庭图书分馆年借阅量超过 1 万册次,全市 300 家家庭图书分馆一次借阅 22.3 万册次,二次借阅高达 80.5 万册次,出现了书香四溢的新气象。

广大农民读者纷纷称赞:"家庭图书分馆建在家门口,开放时间灵活,随时借阅读书真方便! 左邻右舍端着饭碗说这本书好,讲那本书有用场!"

温岭市图书馆以四级阅读服务体系为平台,开展了丰富多彩、颇具特色的一系列阅读推广活动。

策划"大眼睛"儿童话剧演出活动,调动少年儿童的读书积极性。从上海、北京聘请国内顶级的儿童话剧团,表演世界名著话剧,规定读100册图书免费赠送一张话剧票,以此来激发少年儿童的读书热情。从2016年至2019年连续四年共上演了11场话剧,少年儿童读书热情空前高涨,话剧场场爆满,几乎每场演出都会出现一票难求的状况,仅这项举措,就增加了借阅量100万册次以上。

开展少儿彩陶制作活动,增强小朋友的动手能力。从2015年开始,先后从北京请来了少儿彩陶艺术大师,给小朋友们表演、示范、指导每场活动,孩子们个个热情高涨,不仅提高了孩子的动手能力,还培养了他们探索、求知的精神。

利用温岭市文博会为平台,广泛培养了少年读者的创新意识。2015年至2018年,温岭市图书馆连续四年参加了市文博会。每次参会之前,都要到上海、深圳或北京等地参观他们的文博会。借鉴他们先进的理念,然后组织读者进行精心设计,制作出别具一格的作品来参展,这样一来,孩子们的书读活了,脑用灵了,手动巧了,创新意识增强了。

联合开展"读者选书 政府买单"阅读推广活动。为了有效地推动全民阅读,温岭市图书馆在2017年从市财政争取到80万元的购书经费,与温岭市新华书店合作开展"读者选书 政府买单"你点我购活动,在全市城关、泽国、新河、箬横、松门等五个重镇全面开展,这项活动搞了两年,为图书馆增加借阅量28000册次。

2018年4月在温岭市电视台举办《声动温岭·诗歌满城》——2018年名家名篇诗文公益诵读会,特邀上海市著名朗诵专家来温岭演出,朗诵家的精彩表演赢得了温岭读者阵阵掌声。大街小巷、公交车站都贴满了演出的精彩图片，为温岭市全民阅读月增添了书香的氛围。

陈冰馆长说：

> 我们推动全民阅读的工作概括起来是："四进"+有声图书馆，城市书房+漂流图书馆。具体说来就是由温岭市委宣传部牵头，全民阅读进社区、进学校、进企业、进机关；在市区环境优美、人流众多的公园、广场建立10个有声图书馆城市书房及漂流微型图书馆；在乡镇街道社区建立10个漂流图书馆，扩大阅读服务网点。同时继续推进家庭图书分馆建设，将"手机面对面借书""浙江省联盟通借通还"等手段在家庭图书分馆中普遍推广应用，让家庭图书分馆插上现代技术的翅膀。预计到2025年，全市各级图书馆将形成一张"横向到边，纵向到底的"全民阅读服务网，全面覆盖整个温岭城乡大地。我们服务的基本理念就是读者在哪里，我们的阅读推广服务就跟进到哪里。

陈冰馆长以十分敬重和钦佩的语气对笔者说："温岭市图书馆家庭图书分馆的创新之举，我们的老馆长杨仲芝功不可没！"

陈冰馆长所言极是。杨仲芝自21岁到温岭县图书馆参加工作，直至2023年底退休，从事图书馆工作整整40年，并且担任温岭市图书馆馆长达10年之久，她带领全馆人员创建"四级阅读服务体系"和构建家庭图书分馆成绩突出，曾经获得浙江省优秀阅读推广人的荣誉称号。

杨仲芝说："我40年的工作，概括成一句话，就是一切为了全民阅读。具体来说就是全心全意地做好阅读推广和阅读服务工作。特别是2013年担任馆长以来，深感推动全民阅读，建设书香温岭责任重大。所以，我几乎把全部的时间和精力都倾注在编织'阅读服务网络'和开展一系列阅读推广活动上。"

杨仲芝和笔者一见面,喜欢的话题还是她最感兴趣的"老本行"——阅读推广。虽然已经从职场上退休,但是她依然神采奕奕地活跃在阅读推广一线上。她说:

记得是2016年上半年的一天,我在一次下乡调研阅读推广工作的过程中,"两个镜头"先后映入我的眼帘,深深刺痛了我的心,激发了我创建家庭图书分馆的灵感和决心。

一个镜头是:我刚迈出图书馆大门准备下乡调研时,发现一群城里的孩子在专心致志地读书,当时我感到很是欣慰;另一个镜头是:在偏远的乡下,一群孩子围着在玩纸牌。我上前询问,"为什么不去读书却在玩牌?"一个孩子把头一扬,不假思索地回答,"阿姨,我也想读书,但我们乡下没有书读。"听到孩子这样的回答,我的心头一震,这句话深深地刺痛了一个图书馆人的心。

那天晚上回到家里,我翻来覆去睡不着觉。我在想,全民阅读重点在农村,难点在农村,希望也在农村。农民读书这道难题如何破解?我陷入了沉思。过去,常用的办法是送书下乡,一年送个一两回就没有第三回了,难以持续。

我又想到另外一个人的故事。温岭市中医院护士毛新兰,她每次下班后都要从市图书馆借去四五十本图书,送给箬横镇下金村周边村民的留守儿童和外来务工子弟小朋友阅读,这项义务开展阅读服务活动的善举她坚持了数年。

受毛新兰播撒书香感人事迹的启发,我的大脑旋起了风暴:"要是有一百个、几百个毛新兰这样的义务阅读推广人,那该有多好啊,全民阅读的春天不就到来了吗?这时我进一步想到,毛新兰、张新兰、王新兰你们在哪里,我要去寻找你们,我要依靠你们,为推动全民阅读,建设书香温岭做出贡献。"

学习《构建现代公共文化服务体系资料汇编》时，其中提到"深入开展全民阅读活动，推动全民阅读进家庭、进社区、进校园、进农村、进企业……"我的心头顿时一亮：我们图书馆也可以进家庭呀！于是就此萌生了建立家庭图书分馆的创意。只有建立家庭图书分馆才能彻底打通与读者的'最后一公里'，让图书馆真正融入老百姓的生活。

2016年上半年，我亲自挂帅，组织了专门的图书馆分馆建设团队，在温岭市图书馆微信公众号上发布公告，宣布建立30家家庭图书分馆，向全市征召志愿者。

对申请成功的家庭，温岭市图书馆提供以下优惠服务：一是每次可借书60本（社科、文学、少儿各20本）；二是图书借期从一个月延长为两个月；三是优先参加图书馆各类读者活动。

公告发出不到一个月，30个家庭图书分馆名额全部报满。然后我就和团队成员日夜兼程，一家一家跑，一个一个建，经过两个月的奋战，第一批30家家庭图书分馆如期建成。

2016年下半年，正值台州市创建国家级公共文化服务体系示范区，我又不失时机地抓住这个有利的机会，开展第二批70家家庭图书分馆建设，到2016年底共建成100家。

2017年和2018年，我们又乘势而上，连续奋战，在全市建成了300家家庭图书分馆，其中七成在农村。

2018年，中国图书馆学会举办了全国公共图书馆创新创意征集活动竞赛。在全国参赛的311个创新案例中，经过网上投票、专家评审，最后组委会终审三轮无差别（省、市、县无差别）角逐遴选，《温岭市大力开展家庭图书分馆建设，彻底打通农村阅读最后一公里》，以阅读服务体系和阅读服务模式创新为亮点，荣获全国首届公共图书馆创新创意活动"最佳创新奖"，这是全国图书馆界的最高荣誉。

广州市图书馆、北京首都图书馆、黑龙江省图书馆、浙江省图书馆、西安市图书馆、佛山市图书馆、鄞州区图书馆、瓯海区图书馆纷纷邀请我去介绍温岭的家庭图书分馆及"四级阅读服务体系"建设的经验。

《人民日报海外版》《光明日报》《浙江日报》《图书馆报》等多家报刊，人民网、新华网等多家网站竞相报道了温岭家庭图书分馆建设。2017年11月，中央电视台东方栏目组专程来温岭，拍摄了《图书分馆进万家、全民阅读遍城乡》的专题片。

家庭图书分馆是公共图书馆服务体系的毛细血管，它让阅读融入人们的生活，成为人们的生活常态，让人人有书读、家家飘书香成为活生生的现实。

多年阅读推广工作的历练，促使我的脑海里形成了一个深刻的理念：读者在哪里，阅读推广工作就做到哪里。我发现，民宿、公园、景点是人流量较集中的地方，也是阅读推广工作的好去处。

2019年，在建立"四级阅读服务体系"的基础上，我又将图书分馆建设继续延伸、拓展到旅游民宿、景点，促进了文旅融合，为云游四方的读者开启了另一片阅读的新天地。为此，《温岭市图书分馆走进民宿、公园、景点，促进文旅融合》的案例荣获全国第二届公共图书馆创新案例二等奖。

杨仲芝带领大家将家庭图书分馆构建完成后，又以覆盖全生命周期阅读服务为理念，编织第二张阅读服务网络，即根据学龄前儿童、青少年、成年人、老年人四个不同年龄段的特点，创造出不同的阅读服务载体。

根据学龄前儿童具有活泼好动、直觉认知的特点，温岭市图书馆依托图书馆亲子绘本室，开展"小蜜蜂"绘本讲座。每年暑寒假邀请教不同年级的老师，定期讲读名著名篇，如今这项阅读活动已经成为常态化，特别是暑假期间更是一座难求，老师和家长、小朋友互动气氛非常热烈，赢得读者的好评。

根据青少年具有求知欲望强、兴趣爱好广泛、个性鲜明的特点,温岭市图书馆开展"聪明孩子读书坊"活动。

一是利用青少年对科学技术的探索渴望,以书为桥梁,开展各种形式的读书活动,用各大图书馆、学校、新闻媒体推荐的各种名著,张贴在图书馆服务大厅,让读者自己去挑选书目,再填写书单交给市图书馆采编部去采购图书,满足不同读者的阅读需求。

二是组织各种兴趣小组,开展青少年互相交换图书阅读,交流学习心得,以拓宽他们的阅读视野。这项阅读活动每月定期举办两次,从2014年开始至今已坚持十年。

根据成年人具有成熟、理性的特点,温岭市图书馆开展"前溪讲堂"讲座。利用非遗文化展览,邀请温岭名贤省根雕艺术大师张宝祥老师来图书馆讲解根雕制作,参观根雕艺术馆。邀请温岭版画名家袁振璜老师举行《太平春秋图》画卷等展览。

根据老年人具有注重养生、回归生活的特点,温岭市图书馆开展"夕阳红"各种生活讲座。每两个月一次,请医院名医来市图书馆开展老年养生保健讲座,邀请浙江省图书馆古籍部的老师开展古籍修复讲座和现场示范分享;与养老院合作,开展读报、讲报、玩游戏等活动,丰富老年人生活。

杨仲芝若有所思地说:

回顾四十年的阅读推广工作,自己的主要体会有三条:一是一个人坚持做自己喜欢的事,成功的可能性就大。我从小就爱读书,喜欢泡在书堆里。小时候就想,将来长大了要做一名优秀的图书管理员。

1984年我从外地调回温岭工作,当时我有多种职业选择,我毫不犹豫地选择到市图书馆工作。因为我热爱图书馆事业,喜欢读书,喜欢跟读者打交道,乐意为他们服务,这是我工作的精神动力源泉。

有了这个精神动力源泉，四十年来，我以"读者满意我满意，读者高兴我高兴"为标准，乐此不疲，孜孜不倦，守正笃实。我认为，这是一个人事业取得成功的基本前提。

二是我认为只有不断地开拓创新，全民阅读的路子才会越走越宽广。图书馆工作如果坐等读者上门，停留在传统的"借借还还"上，安稳倒是安稳，但是要想在工作上出业绩是绝对不可能的。唯有不断创新，才能找到出路。怎么创新？坐在馆里，没有一点办法，走出馆外，到处都是办法。出路出路，出去就有路。因此，走出去，深入实际，虚心向读者请教，向成功者学习，向先进学习；不断研究，不断思考，不断探索，不断实践，就一定能找到推广全民阅读真正有效的办法。

三是众人拾柴火焰高。依靠群众的力量，事业才会成功。一个人的力量是有限的，一群人的力量总比一个人的力量大。温岭市有140多万人口，搞好温岭的全民阅读工作，单靠一个人或少数几个人的力量是不可能的。我担任温岭市图书馆馆长以来，在上级主管部门的领导下，紧紧依靠领导班子一班人开展工作，紧紧依靠全馆员工的齐心协力，家庭图书分馆建立也好，"四级阅读服务体系"建设也好，"全生命周期"阅读载体创建也好，系列阅读推广活动开展也好，一方面，我身先士卒，当好标杆，起到带头作用；另一方面，紧紧依靠大家，活靠大家干，事靠大伙做。我经常挂在嘴边的话："拜托你了！""你辛苦了！"

访谈结束时，杨仲芝对笔者说了一段很有生活哲理的话："我认为，世界上没有愚笨的群众，只有愚蠢的领导。如果自以为聪明，不依靠群众，这个领导就是最愚蠢的领导，什么事情也做不成，做不好。一切为了群众，一切依靠群众，这是事业成功的最大法宝。"

杨仲芝和陈冰馆长还向笔者推荐了一位在温岭市图书馆四级阅读服务体系和家庭图书分馆建设中奋力拼搏的优秀青年沈栋杰。

2024年6月中旬，笔者来到温岭市图书馆采访时，只见沈栋杰正带领一群年轻人紧张忙碌地搬运各种书籍，为迎接新馆正式对外接待读者做准备工作。

"小沈在图书馆工作10年了，他就是在这么忙忙碌碌中走过来的。"杨仲芝非常欣赏这个踏实肯干的青年人。

沈栋杰说：

2014年刚来到温岭市图书馆工作时，我和普通市民一样对图书馆的内容、业务、工作一点也不了解，经过简单的培训我就上岗了。我来到文学室当一名图书管理员，经过了半年的轮岗基本熟悉了图书馆的管理体系和借阅服务。目睹了老馆员的工作严谨、对读者朋友的耐心热情、对图书的爱护。他们成了我图书馆的第一位老师，也是我后来一直学习的榜样。我大学学习的专业是计算机，于是馆领导调我到了读者活动部，刚好正值《阅读温岭》杂志改版编排。我又跟着老师们学习如何编辑这份刊物。

后来我又跟着杨仲芝馆长参与编辑《两会期刊》，内容包括国际国内政治时事、温岭的地方经济特色、两会委员资料查询目录及图书馆好书推荐，该刊物得到了两会委员的认可和欢迎。

在家庭图书分馆的建设中，我又参与编辑了家庭图书分馆《家庭图书分馆》专刊、家庭图书分馆倡议书及家庭图书分馆责任书系列。在这个过程中我积累了丰富的刊物编辑经验。为阅读推广服务打下了坚实的基础。

温岭市图书馆从2015年开始启动全民阅读推广活动。那年大年初一，我们联系了温岭市北山村舞狮队来馆里参加舞狮子迎新春活动。我们举办的滚狮子、猜灯谜活动将沿街的群众都吸引到图书馆来。这一次尝试性活动的成功给了我们在阅读推广活动工作上思路的新开阔。从每一场活动结束后的"复盘"总结中我逐渐琢磨出:阅读推广工作并不是图书馆人跑到街上去拉人头这样简单粗暴的行为,而是应该针对不同人群的不同需求,面对特定的读者群体举办各式各样的阅读推广活动。为此,我们组织了《读经典图书·看经典话剧》《聪明孩子读书坊前溪讲堂》《你选书我买单》等富有创意的阅读推广活动,同时又联动家庭图书分馆这样的社会群体帮我们一起做全民阅读推广活动,既获得了读者们的广泛认可,又增加了读者们参与阅读推广的积极性,极大地扩大了温岭市图书馆在读者心目中的影响力。

沈栋杰是一个十分善于学习的青年人。为了增加自己的眼界,他北上北京采购图书,见识了国内书商书库的规模,同时利用休息时间跑到国家图书馆参观;南下广州参观了当时红极一时的广州图书馆。

沈栋杰对笔者说:

这些大型图书馆给了我强烈的震撼,如此庞大的图书馆从运营到管理如同一部巨大的机器,有条不紊地运行着。从此之后我也养成了一个习惯,到了一个陌生的城市,首先要到当地图书馆走走看看,当然也不会放过一家当地的网红书店,注意学习人家的长处,从中汲取到了大量的先进设计理念:作为现代化的图书馆,不仅仅是摆几张桌子几个书架几本书的事情。我也在不断的学习中得到宝贵的启示:图书馆服务既要做到有视觉冲击感又要契合读者的阅读习惯,还要满足读者对阅读环境的需求。回来后我把每次到访的图书馆都分门别类地整理成资料,把自己的所见所闻也都一一珍藏起来,作为自己工作的借鉴。

面对日益爆满的读者,阅览室常常人头攒动,我们逐渐发现当前的馆舍空间和图书数量已经有点满足不了读者们日益增长的需求了。

当时,我们一方面结合自身图书业务知识,自行学习设计,尽量优化老馆现有结构,在空间有限的馆舍里尽可能地为读者提供良好的阅读环境。另一方面我们走访全市各个乡镇、社区,寻找合适的阅读阵地,有时能拿到的场地多数都是"烂摊子"或是其他部门挑剩下的,经过多次走访踩点、测量、设计并与当地镇政府深度合作,打造了一批乡镇图书分馆、自助图书分馆、家庭图书分馆、文旅图书分馆等各种特色鲜明的图书分馆。同时我们和这些特色分馆一起开展各种特色鲜明的阅读活动,提供软硬件现代化技术服务支持,保障了打通阅读服务"最后一公里"。

为了将图书馆的设计理念画入图纸,在与施工方无数次对接之后,我们分别参与建设了温岭市泽国镇自助图书馆、房管处自助图书馆、太平街道自助图书馆、城北街道自助图书馆、横峰镇自助图书馆、城南镇自助图书馆等一系列阅读新平台。

沈东杰还是温岭第一批市立图书馆家庭图书分馆建设参与者。他说:

一开始家庭图书分馆是无人问津的。我成了第一个吃螃蟹的人,在自己家的一个不到14平方米的小车库里建立起了温岭市第一家家庭图书分馆,为周边的居民提供最基础的图书借阅服务,后来一传十,十传百,家庭图书分馆从人们一开始的不信任发展到300多家。我也结识了大量社会各界热爱图书热爱阅读的热心群众,也看到了农村孩子对阅读的渴望。

2016年5月25日,《人民日报海外版》记者在《浙江温岭"家庭图书馆"打通阅读"最后一公里"》的专题报道中,专门以《社区"知识的小船"》为小标题介绍说：

今年28岁的沈栋杰是温岭图书馆工作人员,他的家庭图书分馆,位于市区万昌路温岭消防大队隔壁,办在沈家小车库里。

沈栋杰上个月自己动手对小车库进行了简单的装修,铺地砖,墙壁天花板都贴了隔音、防潮的软木板,这样可降低室内空气湿度,保护图书。目前,这个图书分馆里有200册图书,计划将增至600册。有《全球通史》《1Q84》《巨流河》《爱上牡丹亭》《简·爱》《孟森讲清史》《纳兰词全解》等。桌上还有几台电脑,已经与温岭图书馆联网,可以实行通借通还。这可能是国内首个真正意义上的家庭图书分馆。

馆内有两本登记本,一本为借阅登记本,一本为读者想读的书登记本。从登记记录看,早在5月4日,该图书分馆就迎来了第一位读者,借阅者是太平小学一年级岑欣函小朋友。巧的是,看到图书分馆有人,放学后的岑欣函在外婆肖学华陪同下前来还书借书。上次她表示想看的四大名著拼音简缩本,沈栋杰叔叔已经为她准备好了,小姑娘捧着书,很是高兴。

"学校里推荐了一些图书,没必要都去新华书店买。如果去温岭图书馆去借,大人要陪着她去,有时候没有时间。小沈这个图书分馆开起来,真是太方便了。我外孙女和其他小朋友做完作业,晚上可以坐在一起看书,有阅读的氛围,非常好。看书,可以为她的一生打下良好的基础。"肖学华还表示,要从家里搬些花木来装点图书分馆,让它更温馨。

"图书馆双休日是最忙的,而且现在汽车多,图书馆附近也不好停车。这个分馆开放后,周围三星小区、海普佳苑等的人们,还书可以还到我这里,由我带回到馆里,一些要借读的书,可以预约,由我带过来交给他们。这样既分担了图书馆的压力,又方便了居民的借阅。"沈栋杰说,"图书馆是知识的大轮船,我这里是一只知识的小船"。

沈栋杰十分兴奋地告诉笔者,由温岭市人民政府投资7.54亿建设,总面积达7万平方米的温岭市图书馆在2024年5月10日正式运营,属于文化中心三个重要组成部分的温岭市图书馆新馆从面积到环境,从设备到技术,都是当前最前沿的,整栋建筑俨然成为温岭这座城市里的一颗璀璨明珠,为温岭144万人提供了一座美丽壮观的读书胜地。

他十分动情地说:"温岭市图书馆新馆从当初的艰难立项到如今的巍然屹立,我们温岭图书馆人6年间遇到的所有重重阻力和巨大精神压力,都在这一刻得到了全部的释放,它是几代温岭图书馆人的翘首以盼;它是几代温岭图书馆人的薪火相传;它是几代温岭图书馆人一步一个脚印走遍温岭城乡大地的辉煌见证。"

第7章:林辉家庭图书分馆

6年前一位记者来到这里,发现了这样一个场景:周日的下午,小读者陈旖旎捧着9本书,站到了图书自助借阅终端前。"这几本书真好看。"一旁的张怡凑过来,翻了翻她的书。"先等等,我还好了你再借。这几本书确实不错……"陈旖旎一边熟练地对着终端扫码,一边同张怡分享着阅读心得。

一番操作后,张怡从陈旖旎手中转借走了《红瓦黑瓦》《狐狸冤案》等4本书。"这里离家近,更方便,我们还能经常参加阅读分享交流活动。"

6年后笔者来到这里,看到了这样一个场景:每天下午4点左右,林辉家就开始热闹起来了。附近的孩子成群结队,像回自己家一样来到陈玲丽阿姨家,或是拿出作业本写作业,或是翻看书架上好看的绘本。若不是墙上挂着的"林辉家庭图书分馆"牌子,人们还以为房子的主人和孩子们是一种亲戚关系呢。

林辉家庭图书分馆设于温岭市城东街道瓦林村21幢两幢打通的5层民房内,一楼的三面墙壁装上了书架,3500册图书按照少儿文学、文学、社科书籍等分类摆放,厅堂一侧还摆上了一排小桌子和小凳子方便孩子们读读写写。地下室被改装成了阅览室,每当放学后或节假日,这里总是聚满了大小读者。

说起家庭图书分馆的建立,林辉的妻子陈玲丽马上打开了话匣子:

> 人生的每个阶段是一个个目标串起来的。我是一个有目标就火力全开,全力以赴的人。是一个家庭,生活,工作三者之间要求平衡发展并把自我超越当乐趣的人。

> 那时我家的房子刚建好,我们的工作也相对稳定。在这样的情况下我想着要一个小院子。拥有一所小院子就是我那时奋斗的目标。身边的人都觉得我是天方夜谭。

> 在公司的晨会上我分享了我的梦想,有的同事当时就对我讲,一个人要面对现实。拥有多少财力就做多少的梦。顿时我沉默不语了。虽然在同样的生存环境里,我与他们的想法不一样。真是想什么来什么,那一年政府提倡"多城同创",街道牵头,家家户户一夜之间都有了围墙,每家都有了自己的小院子。从这件事上,我真正体会到了什么叫天公作美。

> 为什么要说这个小院子呢?就是因为这个小院子,我和时任温岭市图书馆馆长杨仲芝老师结下了一生难忘的书香缘。

> 我和林辉在小院子里过了近一年自娱自乐的小日子。除了上班,种花、养鸟、泡茶,小日子过得平平顺顺。

> 其实我很喜欢过这种"春有百花,秋有霁月,夏有凉风,冬有白雪"充满诗情画意的惬意日子。可内心感觉似乎总有什么东西支配着我的大脑与理智,老想着要干点啥。这种想法一日比一日强烈,但是不知道要做什么。为此开始变得焦虑起来。

> 这时候爱人林辉跟我说,温岭市图书馆在征召志愿者开设家庭图书分馆。我俩几乎是一拍即合——马上就报了名。

> 获得温岭市图书馆建立家庭图书分馆的批准后,我和林辉立马

忙活开了。

一是将自家小院的一层和地下室拿出来，利用近110平方米的面积，为附近居民无偿提供阅读服务。全部图书由温岭市图书馆提供，既有少儿读物，也有成人读物，不仅与市图书馆联网，可以实现通借通还，还定期通过流动的"汽车图书馆"轮换图书，让附近读者及时读到新书好书。

二是建立了一个微信群。在群里推荐"今日好书"与"学校必读"，向周边的学校家长自我推荐。这样坚持了3个月，通过帮读者带他们点名要的书籍等热情周到的服务，总算步履艰难地迈出了林辉家庭图书分馆的第一步——终于把这个摊儿支撑起来了。

三是想出了聘请家庭图书馆小馆长这个点子。一开始是为了弥补暑假寒假白天上班无法开馆想到的一个点子，在得到温岭市图书馆的全力支持后，我们开始公开招聘小馆长。最后从热心报名的孩子们中聘请了7位图书馆小馆长。

小馆长们上任后都很负责任，馆里借书还书上架，卫生清洁都很到位。在馆里统一着装，带同学来写作业也自豪，学习的氛围也好。后来林辉试着带小馆长去图书馆选书，结果孩子们选的都是他们喜欢的书，这是我们两个大馆长完全出乎预料的。

林辉告诉笔者：

我家位于城乡接合部，附近不少孩子的父母打工下班比较晚，我和陈玲丽就想让他们下课后有一个学习的去处。再说附近的农民工也比较多，他们到市图书馆借书比较远、不方便，有时还会觉得自己穿戴不那么整齐，不好意思进去。来我们这里借书可以打消他们的这些顾虑。

陈玲丽回忆说：

2019年6、7月份黄梅季的一个傍晚，当时的天气有点潮湿，窗外是绵绵细雨。我把这位读者的名字忘记了，只记得是一位女士，我就称呼为A女士吧。A女士进馆时打了一把伞，对我说："实在对不起，让你一直等我"。我有一个"林辉家庭借书群"，她是由另外一位读者拉进群的，一开始都是身边熟悉的朋友邻居带自己孩子来借书，所以我对第一批拉进群的读者印象深刻，群内问答内容大都是这样的："你们什么时候闭馆?"，"20:00!"；"我是在爱仕达上班的，下班20:30了，能等我一下吗?"，"可以"。结果这位A女士已近21:00才到。A女士有点不好意思，我们聊了几句，知道她家住箬横镇，平时经常加班，带孩子去市图书馆很不方便(时间对不上)，无人图书馆这个点也闭馆了，就这样一来二去，在"我等你"中，我们就熟悉了。直到疫情发生……想来她的孩子也到了快上大学的年纪了。

一开始的想法就是为了自己读书方便，又能给周边人借书带来方便，就和老林合计建立了家庭图书分馆。通过带小朋友们去图书馆借书、选书给他们增加了很多知识。

还有就是通过参与这项公益事业，我和老林，甚至我家正在读高中的儿子都感觉到了人生的另一种重要意义。那是一种什么样的重要意义呢? 陈玲丽很朴实地讲了一句话："说不清楚"。

还有就是交到了一帮天南地北爱书的朋友。"你交到了什么朋友，我怎么不知道。"林辉笑着问她。"搞设计的，有时需要借书就发过来了，他说专业的书太少了。"

一位记者询问陈玲丽："你还记得你具体都做了什么吗?"她这样回答

说:"搬书、运书,带小馆长去总馆选书"。"还有吗?""没了"。"我发现你还经常与孩子们一起参加读书活动,照片都保存着呢。"这位记者补充说 。

温岭市图书馆原馆长杨仲芝对笔者说,林辉家庭图书分馆在服务读者上有两个创新:一个是在全市家庭图书分馆中首创聘请小小馆长——让孩子们学会自己管理图书;二是在全市家庭图书分馆首次开办"我行我优"小讲堂。

笔者看到陈玲丽记录的一份"我行我优"小讲堂讲授的课程和开展的活动"大事记":

2018年4月中旬,"我行我优"小讲堂正式设立。

2018年5月份,开展图书馆送书活动——举行国学猜谜语讲座。

2018年6月份,庆祝端午节活动——做香包。邀请了温岭市一家儿童绘画培训机构与周边村里孩子一起参与活动。

2018年暑假,在子江中学王健康老师的帮助下策划了"与书为伍.永不落伍"系列阅读活动,活动每周一次,受到孩子和家长的欢迎。

2018年6月份,邀请社会爱心人士何玲玲一起策划了音乐讲堂。将学习演奏尤克里里与绘本阅读相结合,用简单的音符把绘本的故事唱出来,达到音乐启蒙和绘本阅读推广的结合。

2018年寒假,邀请王健康老师策划儿童阅读活动:"遇见美好——悦读"。

2018年小讲堂成立之后还组织了多期小馆长(高年级的带领低年级的)系列读书会。由小馆长组织小读者的读书活动,既调动了小馆长的积极性,又增加了小读者读书的趣味性。

2018年在南屏社区支部书记陈轶的支持下,带林辉家庭图书馆小读者参观科技展。

林辉家庭图书分馆能够一直坚持到今天,能够获得温岭市"优秀家庭图书分馆"的荣誉,林辉和陈玲丽总忘不了社会各界和众多朋友的关心和支持。

在他俩的脑海里总会浮现出这样难忘的镜头——第一位到馆里借书的是朋友陈军兵夫妻带着女儿过来支持的。小馆长的服装是原房客帮忙设计的。书架是朋友孙洪波帮助组装的。家庭图书分馆所有的档案资料是朋友金昱负责整理保存的。"我行我优"讲堂是王健康老师带着他的学生大力支持的。朋友程永利在他俩周末抽不出时间去温岭市图书馆借还书籍时主动承担了这项工作。户外活动得到了南屏社区领导陈轶的支持,使乡下的孩子们有机会现场体验了一把高科技。

陈玲丽对笔者说:

俗话讲,众人拾柴火焰高。做成家庭图书分馆这件事情,不单单是依靠我们一家子的力量,而是来自社会各界一种无法形容的力量在加持,在给力。还有这些小馆长的功劳也不小,如果这些孩子的名字能够在书上出现最好不过了。

他们是——陈怡伲:当时岩下小学三年级,现就读温岭第一中学;林欣洁:当时岩下小学三年级,现就读温岭箬横中学;郎舒翔:当时岩下小学四年级,现就读温岭箬横中学;林芷萱:当时岩下小学四年级,现九龙学校温岭二中;孟德钰:原就读晋吞现新河中学(他是外来务工人员的孩子,后来考上了很好的中学)。

我们家庭图书馆开馆的时间一般是在晚上,与温岭市图书馆的开馆时间是互补的。我又能借这个时间看看书,有时还能够和还书的读者偶尔聊上几句家常话,这种不期而遇的小收获,获得的小幸福真是太多了。

有一位在银行上班的读者,她说可以做一个认识纸币的活动。现在的孩子怕是一分一角都不认识了。我听了就觉得这个建议就很好。

　　某个周日,一位妈妈把孩子放在我馆里代管,我们之前并不认识,她这种放心,让我竟然觉得有点不好意思。那孩子带着他的笔记本电脑写作文,后来每周都来。现在应该上大学了吧。

　　我后来还把家庭图书馆的读书会开到温岭市民政局敬老院,让安度晚年的老人也分享到了一份温馨的书香。

　　书是世上顶顶好的东西。我与老林就是尘世中最普通的两个人,在彼此支持中能够将我家办成一家温岭市图书馆,这是我们夫妻俩一辈子最大的幸运,最大的福报。

林辉和陈玲丽的儿子林鸿源正在高中读书。他在一篇文章中谈到了对父母作为志愿者开办温岭市图书馆家庭分馆的认知过程:

　　一开始我是完全不知道这件事。图书馆就像从土里种出来的小苗一样,在破土之前旁人很难看出和之前的样子有无不同。其中的艰辛只有播种者才晓得。

　　最开始我看家庭图书馆是一件矛盾、可笑的事情。因为'家'是一个小的东西,'图书馆'是一个大的东西。在小的家里塞进一个偌大的图书馆,我认为是不可能的。或者做到了也不能算是'图书馆'。其次家是私人的,图书馆是公开的,让私人的部分展开变成公开的,本身就很奇怪。一件很难办到,即使办到结果就像藏书一样无人问津,这想着就十分可笑。没想到之后一段时间,陆陆续续有人来借书、看书,倒还真像副样子。颇有一种'麻雀虽小,五脏俱全'的意思。借阅的人大多是附近的,因图书馆太远。家庭图书馆真的方便了他人,又让我觉得这件事似乎也并没有原先想得那么可笑。我虽好读书,喜欢网络文学,太正统的书总觉无趣,于经典是怀着敬仰的心也觉无味,大多时间是不怎么看的。直到有一天鬼使神差般地带了一本厚厚的《基督山伯爵》带回学校看……后来想想可能就是传说的这种书香氛围感吧，让我有机会选择拿起了各种书籍。

后来有次在百度地图上找路时，发现了一个十分特别的名字——林辉家庭图书馆。这不是我家吗？瞬间有一种很独特的自豪感。

家庭图书馆让家里少了隐私，成为对外的一种文化标志。这让我不禁回想，我家和图书馆的区别，流程上是一样的，根本上却不一样，多了人情味，多了一抹书香，多了个人特色。让人方便，让人喜欢上读书不正是家庭图书馆的意义所在吗？这些虽是小事，但是它使更多的家庭都变成图书馆了，这就比传统图书馆的作用要大，更有人情味。

陈玲丽告诉笔者，儿子林鸿源现在经常参与家庭图书馆的图书管理，主动和小读者们进行读书交流，思想品德和课程学习更加进步了。

6年来，许许多多的读者，特别是少年儿童小读者和林辉家庭图书馆产生了深厚的感情，同时也和林辉一家人结下了真挚的友谊，虽然现在这些小读者已经分散到全国各地，但是依然没有忘记林辉家庭图书馆铭刻在心灵深处的永久记忆。

现在在安徽合肥读大学的吴玲在《我与林辉家庭图书馆的故事》中说：

2018年一次偶然的机会，班里的同学带我去了林辉家庭图书馆。

当时班里流行周末去自习，因为临近中考，大家的周末不是在上补习班就是自习。我也在温岭市图书馆办过卡，从城东到城西坐三路公交车来回要花上很长的时间，一般一个月才会去上一次。

第7章:林辉家庭图书分馆

温岭市图书馆对我们来说更多起到的是借阅书籍的作用,因为交通不方便,城东瓦林村附近的孩子们都会选择隔一段时间一次性借好多本书,带回家里慢慢看。图书馆不仅是可以借阅书籍的地方,也是提供阅览室,提供文献研究资料服务的地方,但是就是因为太远,家长工作忙,我们很少有机会可以坐在图书馆里享受慢慢品读一本书。

我和我的小伙伴应该算是林辉家庭图书馆最早的一批小读者了,陈玲丽阿姨真的非常有亲和力,以至于让我在以后的很多年里每每想起她,心里头都感觉暖暖的。

周末时间我和小伙伴会相约在地下一层的自习室见,我们会在这里完成老师布置的作业,复习准备考试,互相请教题目。

林辉家庭图书馆提供了这样的一个平台,一个供我们学习和借阅书籍的平台,我们不用再大老远跑到温岭市图书馆借阅书籍了,在这里我们可以借到符合我们年级需要的经典名著或者教辅书,满足了日常功课所需。

我的记忆里还有一个小院子,庭院中有许多绿植和盆栽,也有一个鱼池养了小鱼。当学习累了,我们就会到院子里看看,缓解视觉疲劳,呼吸一下新鲜空气。

我的父母在温岭务工,初中毕业以后我回到了家乡,很多年没有再回温岭了,对林辉家庭图书馆很多的细节都已经记不太清了,但是照片帮我记得!

我的QQ相册里还存着以前拍过的和同学们在这里自习的照片,存着小庭院的照片,我现在还在林辉家庭图书分馆的微信群里,一步步看到了这个图书馆的喜人变化:书架越来越多了,书籍越来越多了,读者越来越多了,环境也越来越好了。它真的承载着我青春最美好的记忆,有纯真的友谊,有来自林辉家庭图书分馆家长般的关心,也有自己青春奋斗的痕迹。如今转眼六年时光飞逝，我已经快要大学毕业了。当年在林辉家庭图书馆一起自习的小伙伴们都考上了大学，还都是不错的大学，我在合肥读书，小陈和小郑她们都在杭州读书，我们都奔赴了更好的人生。吃水不忘挖井人，希望城东林辉家庭图书分馆越办越好，一代传承一代造福更多的孩子，而我会一直铭记那段美好的时光。

林辉家庭图书分馆小馆长孟德钰的母亲熊亚说：

我来自河南农村。2010年带两个孩子来到温岭这座城市打工。没有文化，一直在物业公司做保洁。由于收入少，开销大，我不得不趁节假日时再找点零活做，做过小工、饭店洗碗工，为了让孩子能在这读书上学，只要能挣到一点钱，再辛苦的工作我都会去做。

记得一次天气不好，我冒着大雨去饭店洗碗，由于风大雨大地滑不小心滑倒了，我忍着疼从地上爬起来，用力推起车子，继续赶路。此刻好像有一种无形的力量鼓励着我，为了孩子读书成才，你必须坚持，你一定行！

2019年我遇到了人生贵人——林辉和陈玲丽。他们开办了家庭图书馆，并且告诉我，一定要多带孩子来看书，只有认真读书，才能改变命运。

自那以后一有空我就带孩子过来看书，学习。连我这个没文化的人也喜欢上了看书。我心里一直有一种想法，一定要让孩子好好读书，只有读书才能改变命运。不要像我们这一代人没文化，什么事也做不了，两个孩子从幼儿园在这里看书到现在，其中老大今年高考以630分的好成绩，考上了重点大学。

感谢林辉图书馆对我的引导。希望所有孩子都要认真学习，好好读书,只有知识才能改变命运,祝愿我们所有人明天会更好!

"东北一家人"讲述了他们一家和林辉家庭图书馆的动人故事:

我叫郭莎莎,来自东北锦州。父母当年打工时我们一家曾经租住在温岭市林辉家的房子。刚住进去的时候,我就被满屋的图书惊呆了,我特别好奇。慢慢地,我也开始喜爱读书,热爱读书了!

放假的时候,我经常看见馆长陈玲丽阿姨在认真地摆放书籍,我主动凑过去,悄悄地说:"阿姨,我能帮你整理书籍吗?"陈阿姨高兴地说:"当然可以呀!"

从此,我一放假就迫不及待地冲向图书馆,去整理书籍。每当有人来借书,我会告诉他书籍的位置,还叮嘱他要爱护书籍,及时还书。没有事的时候,我就拿起一本书,坐在阅读屋里津津有味地读起书来。来到了这里,才让我知道什么是读书破万卷,下笔如有神。读书让我养成了好学上进的良好的习惯。

郭莎莎的父亲郭大勇说,我清楚地记得那是2018年夏天,我在网络上看到租房的信息后就过去看房,接待我的是陈玲丽,她站在瓦林村村头等我们,然后带我们去她家。我们边走边闲聊,很快就来到了她家门前。我第一眼就看到了悬挂在她家门庭上方的林辉家庭图书馆的牌匾,进门后,两边整齐的书架上面摆满了各种书籍,角落旁摆放着租书的设备,让我耳目一新。我心里想还是南方人精明,赚钱的点子真多啊?

然后我直接看房间。好奇心驱使我询问陈玲丽图书馆的事情。她说家庭图书馆是温岭市图书馆搞的公益活动,就是为了方便群众阅读方便,推动群众休闲,促进文化传播,让老百姓也能享受到读书的乐趣,提高全民素质,在温岭全市范围内建立了几百家这样的图书馆,遍布温岭的企事业单位、家庭、村落等各地点,所有家庭图书馆都与市图书馆联网,通借通还,解决了大家借书还书难的问题,所有书籍都由温岭市图书馆统一发放并管理,书籍完全是由政府出资购买,不收取任何费用的公益活动,这种模式全国独有。

听完后我十分诧异:图书馆搬到了老百姓的家里。竟然还有这天大的好事,真是了不起啊。心中不由得对温岭这座城市充满了一种深深的敬意。

陈玲丽又带我参观了她家地下室图书馆的面貌,地下室的图书比一楼的书籍还要多一些,摆放得也相当合理、整齐,还有阅读的桌子、椅子一应俱全,非常赏心悦目,让我更加喜欢上了这个地方。我当时租房也是考虑为女儿找一个能有个良好学习环境的地方,能帮助她健康、幸福成长的地方居住。

就这样我们一家在林辉家庭图书馆住了下来,接下来的生活完全印证了古人的说法,我女儿真的养成了读书的好习惯,我和妻子也在书海的熏陶下喜爱读书了,读书让我们找到了人生的正确方向,读书让我们学会了感恩与回报社会,读书让我们真正领略了中华文化的底蕴,读书让我们感受到不一样的快乐,读书也潜移默化地改变了我们的生活。

最后祝愿温岭家庭图书馆能像温岭的"石夫人"那样坚挺自如,屹立不倒,光辉常在,走进千家万户,像燎原之星火,燃烧整个华夏大地。

小馆长陈怡伲说:

还记得是小学的一个暑假,同学说是开了一家图书馆,因为刚好要去还书,晚上的时候就散步过去,和一般的图书馆不一样的是,林辉家庭图书馆确实是比较小,没有特别多书,但是对于我来说已经足够了,而且还不用每次跑很远。当时陈玲丽阿姨就问我要不要去当小小馆长,想着平时在家也没有什么事,我就答应了。起初我对操作的流程还不太熟悉,借书还书的速度比较慢。随着时日增长,来借书的人越来越多,我也是渐渐地练快了手脚,算是能配得上小小馆长这个称号了。

世界上没有一蹴而就的成功,更没有从天而降的威力,慢慢耐心地努力才能渐渐增强责任心,提高处理事情的能力。

虽然已经过去好多年了,但是那段时光的画面还是停留在我的脑海。记得常和妹妹一起去,我们就在凉爽的地下室看书写作业,饿了就去旁边的小店买零食吃,那是美好的童年时光,更是充满书香的阅读充实经历。

我原来是个不太爱看书的人,但是那段时光为我增加了很多看书的机会,也让我遇到了很多喜欢看书的小朋友。所以家庭图书馆对我来说不仅是方便大家借阅书籍,更是为周边的人创造了一个良好的读书环境。

现在回想起来当初那个小小的图书馆却有如此大的影响,正如伏尔泰所说的,"我做的一切是多么微不足道,而我做的这一切又是何等重要"。

林辉家庭图书馆虽小,但是为我,为我们很多小朋友,为大家带来了方便的读书机会和书籍的浸润。尤其是在当下快节奏的时代,大家都很难能静下心来看看书,时间问题,家庭图书馆就"近"解决了;氛围问题,它用小小馆长的制度将更多人带入了书籍的海洋;心态问题,它用冬暖夏凉的地下室抚平浮躁的内心,屏蔽了外界的干扰。

虽然现在学业更加繁忙了,但林辉家庭图书馆仍是个可以放松休息的心灵驿站,我仍然会抽空来到这里,捧上一本自己喜欢的书籍,端上一杯芬芳的香茶,在浓郁的书香氛围中放飞自己的心灵……

第8章:海岛石屋飘书香

窗外淅淅沥沥地下着小雨,海边传来有节奏的海浪拍打堤岸的声音,笔者静坐在温岭市石塘镇著名的"海山生活"民宿观景厅的一条长木凳上,静心恭听"海山生活"民宿创办人张德友先生讲述他和书的故事:

我是石塘隔壁乡镇人,因为亲戚是石塘人,小时候又在石塘生活过几年,就与石塘结下了不解之缘。

我家兄弟姐妹四个。小时候,家里很穷,一家四代人挤在一间只有20多平方米的茅草房里,因为住处实在狭窄,大姐只好睡在为太婆打造的"寿材"上面。

全家人的生计全靠父亲演唱"台州道情"维持,(老人家现在是"台州道情"非遗文化传承人)。

父亲用辛辛苦苦演唱赚来的钱买来的一点大米也是舍不得吃,又拿着大米去换红薯(当时一斤大米可以换两斤红薯),全家人吃的是现在人们喂猪用的"二道米"和红薯。

父亲是个有点文化的人,他老人家深知读书对一个人的一生至关重要。虽然生活比较困难,但父亲仍然鼓励我们几个孩子读书。

并且一再鼓励我：儿子，你一定要认真把书读好啊。

我上学时还是挺用功的。语文老师张宝印见我学习特别认真，不仅常在课堂上表扬我，还经常到家里辅导我读书。

当然，我上学时的生活还是十分艰苦的。记得上初中时，父亲给我一元钱，我要用这一元钱在学校度过一周的生活。每天的午餐是一分钱的饭，一分钱的酱油，五分钱的豆腐，一顿的菜钱就是六分钱。

大姐用编草帽的钱给我买了一瓶豆腐乳，我整整吃了两个月。

在初中时期我写了一篇作文，形容父亲因为常年辛勤劳作，"累得脸上的血丝就像地图上的交通线"，没有想到这篇作文竟然还获了奖，奖品是一本童话故事书《失踪的鼻子》。

我当时因为在家养病，一直没有能够拿到这本书。但是一篇作文得到了一本好书的奖励，这件事使我从此对书籍有了深刻美好的印象，对读书充满了美丽的憧憬，它成为一个缠绕我一生的沉沉心结。

到了初三上学期，赶上当年水稻歉收，家中生活更为艰难，因此欠了人家20块钱，债主上门讨账时说了一句很难听的话，母亲心里非常难过。见此情景，我下定决心去打工赚钱，不让父母再为我们的生活发愁，从此我就辍学了。

当时温岭人做生意只有两条路：一是修鞋子，二是卖豆腐。

于是，我就先跟舅舅学会了做豆腐，随后就和隔壁的一个兄弟担着担子沿街叫卖——卖豆腐。我记得，第一天赚了一块钱，自己舍不得花，交给了父母补贴家用，心里美滋滋的。

我卖了两个月豆腐后，因为赚不到多少钱，就到石塘镇帮着舅舅做豆腐。

年龄再大一点，我又和家乡的朋友到宁波机场附近去割牛草，十几岁的孩子，担着100多斤牛草，要走10多里路，虽然每斤牛草只卖两分钱，我干的还是蛮高兴的。

后来一位堂舅在宁波市里给我找了一个摊位，我又开始卖豆腐。夜里两点钟起来做豆腐，六点钟开始在摊位吆喝卖豆腐。掐指算来，初中辍学后我整整卖了四年豆腐，直到19岁时参军入伍。

我在武警部队服役3年半，当了班长，入了党，还荣立了一个三等功。

那一年的夏天，一股台风袭击温州。为了保卫机场安全，我和战友们在海水里奋战三天三夜，裤子都被海水泡烂了。因为表现突出荣立了三等功。

指导员亲自找我谈话说："因为你各方面表现出色，中队党支部研究决定推荐你报考军校深造。"

参过军的人都知道，报考军校是人生命运的一次重大转折，而且是许多人梦寐以求的。经过一番深思熟虑后，我还是谢绝了指导员和党支部对我的政治关怀，将这个报考军校的宝贵机会让给了另一位比我文化程度高的战友。

最后下定决心谢绝部队首长给予我的报考军校机会，是因为我知道自己的学历比较低，读的书比较少，即使考上了军校，也会在学习中遇到难以想象的困难。所以我想将这个宝贵机会让给了学历高的战友，也许更合适。

人生经历了这么一次重大机遇的舍弃选择，我悟出了一个非常深刻的人生道理：一个人文化底蕴不足不仅会使人失去人生更好的机遇，而且还会严重影响你对人生高度的认知。

听张德友先生讲完这个人生重大转折的故事，作为曾经在部队服过役的一名老兵，笔者心中对张德友先生顿时产生两点敬意：一是钦佩他的自知之明——他知道自己文化程度比较低，担心自己即使考上军校也不能很好地完成学业而主动选择了放弃;二是他深刻地体会到一个人文化底蕴的厚薄会直接影响到对人生高度的认知。

笔者前半生在军旅,后半生当记者,曾经采访过社会各界的许多先进人物,张德友先生对文化底蕴决定一个人的机遇选择的高度认知给笔者留下的印象极其深刻——应该说他是一位独立思考能力很强的人,他也是一位对读书改变命运认知非常到位的人。

窗外的小雨依然淅淅沥沥,海边的海浪依然有节奏地拍打着堤岸,张德友先生继续讲述他的故事:

从部队复员后,我开过小企业,加工生产过纺织机械齿轮,后来因为产品滞销,又到一位表兄开的凉席厂跑销售。

当年我背着一米五长的凉席样品上火车,转公交,有时候旅店都不让住,我只好背着凉席跑到长途汽车站凑合一晚上。当年背着凉席走街串巷的模样,受过的苦和累以及遭遇到的人们白眼蔑视,我是一辈子都不会忘记的。

20世纪90年代初期,我当过一届村委会主任。在香港回归那一年,我又到无锡开办纺织公司,靠辛勤劳动的汗水淘到了"第一桶金",竟然成为村里第一个发家致富买轿车的人。

我是一个重情重义,知恩报恩的人。无论自己身在何处,无论自己富贵与否,一辈子也不会忘记自己12岁时在石塘海边发生的那个故事——

农历八月十六那一天,我穿着父亲平日里舍不得穿的大号绿军鞋,到舅舅家走亲戚。我从小在家干惯了活儿,就主动帮着舅舅到石塘镇海滨打理豆腐摊。

临近中午时,我让劳累了一上午的舅舅回家吃饭休息,自己照应摊位。舅舅走了没一会儿,一场突如其来的灾难发生了,原本风平浪静的大海突然像发疯似的卷起了冲天巨浪,浪借潮势,风助浪威,顿时冲浪啸天,咆哮如雷,海浪层层叠叠凶猛地向岸边扑来,那声势煞是吓人。

"不好,快跑!"正在吆喝卖豆腐的大人,大喊一声便向高处跑去。我虽然在海边长大,毕竟还是缺乏经验,根本不知道"中秋潮"的厉害,一般有三潮,第三潮起来时再不跑就有危险了。

当时我心想,就算自己要跑,也要想方设法把豆腐挑子保住呀,加上父亲的那双大号军鞋更是不能丢啊!于是我就担着豆腐挑子想和大人们一起跑,可毕竟我只是个十二岁的孩子,再加上笨重的豆腐挑子和那双不跟脚的鞋子,一切都是心有余而力不足。

只听得"轰"的一声,一个滔天巨浪跃上堤坝,"第三潮"的浪头打翻了挑子,紧接着又是一个巨浪,单薄瘦小的我一下子被凶猛的海浪卷入了大海。在海水里顿时感觉一片混沌,是强烈求生的信念支撑着自己不能放弃,拼命自救。

我屏住呼吸挣扎着浮出海面,用尽全身力气大声呼喊:"救命啊!救命啊!"发现有人被浪卷走,当地一位好心的渔民立即驾着小舢板,冒着生命危险劈波斩浪,奋力把我救上了岸。

舅舅的豆腐挑子被海浪打翻了,父亲的那双绿军鞋也被海浪卷走了。我当时也被海浪打蒙了,甚至忘记问一下救命恩人的姓名。当我脑子清醒过来时,那位救命恩人早已悄悄离开了。

事后,我在父亲和舅舅的带领下,曾经专程登门感谢那位没有留下姓名的救命恩人,不巧的是人已经出海打鱼了。若干年后,我总想当面去感谢这位没有留下姓名的救命恩人。可是时过境迁,物是人非,海边的渔民出去打工的打工,搬迁的搬迁,再也无法寻觅,当面报答救命之恩的愿望一直没能如愿,这成了我至今难以弥补的一个深深遗憾。

张德友先生讲到这个动人的故事时，他的两个眼角上挂满了晶莹的泪花。

他说，对家乡那位救命恩人报恩的沉沉心绪，初三辍学不能继续读书的锥心之痛和对家乡那片老石屋的眷恋之情促使他做出了一生最重要的决定——重回温岭石塘，重新回到海山的怀抱。他要在这里打造一座属于自己的精神殿堂，把以上那些渐行渐远的沉沉乡愁保留下来，作为自己后半生创业干事的精神财富，开始属于自己的"海山"生活。

从2014年3月开始，张德友先生联合几位志同道合的朋友在家乡承包了渔民废弃的石屋，将其打造成海山生活民宿。

石塘镇曾以中国大陆"新千年第一缕曙光的首照地"闻名于世。不但如此，这座滨海小镇还有着与周围迥异的独特石制建筑群，将数百年的海上族群的漂泊历史永远定格于此。

张德友先生说，石塘古代为一海岛，据光绪版《太平志续》记载："石塘离松门十余里，孤悬海中"。岛内群山起伏，因地处沿海，风雨侵袭，土壤流失，群山悉由岩石构成，故名石塘山。后来因为滩涂不断淤积，才在清朝末年与大陆逐渐相连而成为一个半岛。

康熙二十二年（1684年），清军平定台湾的"海寇"（郑氏集团）以后，全面解除了海禁，"江南、浙江、福建、广东沿海田地，可给民耕种。"许多外迁的福建省惠安陈氏族人回到故土时已无屋可居，于是结伴大规模迁来他们曾经熟悉的温岭石塘。

据《琅玗陈氏族谱》记载："还乡无屋可居之，族人相率往台州石塘。"与陈氏移民一同从海路而来的还有郭、庄、胡、黄等姓渔民，他们主要来自福建的惠安、泉州、厦门等地，以惠安最多。

自此形成了闽人聚居石塘的局面，复制了闽南风格的石屋遂开始大量地建成而留存至今。生活在这儿的渔民开山取石，在面朝大海的山腰上建造起一幢幢错落有致、冬暖夏凉的石屋,最初是用来抵御倭寇猖獗和台风肆虐的。

清代诗人陈策山曾以"层层房屋鱼鳞叠,半依山腰半海滨"的诗句来描绘石塘石屋的秀美景色。即使在今天,整个石塘路边鳞次栉比的民居老宅赫然都为灰色的巨石构成,数层高的石堡楼,用长方石料衔接拼合而成,造型犹如一座座欧洲中世纪的城堡。

张德友先生说,石塘石屋最大的特色就是外墙,在建筑时,以大小不一、各具有一定方正形的规则石头,通过错落有致地垒砌形成坚固的墙体,创造出独特简洁的几何图形。讲究的墙体则由厚度为60厘米左右的条石错缝砌就,用石灰浆黏结,并勾出很细的缝。古朴的石墙内侧用小块石和黄泥砌成,外抹白灰,有条件的外饰木裙板。门框和窗棂都习惯用石料制作。屋内木头的柱、梁、椽等都掩藏在墙体和屋顶里面,所以从头到脚看上去就是纯粹的石头房子。

笔者站在"海山生活"民宿的最高点俯瞰庞大的石屋建筑群,经过岁月风雨的洗礼,斑驳陆离的墙体呈现出多种颜色,每一栋石屋的外墙就是一幅大自然鬼斧神工创作的巨幅油画。依山傍海,疏密相间的石屋、石街、石巷、石级、石路高低错落有致,色彩协调一致,构成了富有节层次的石头城镇,因此石塘被人们誉为"东方的巴黎圣母院"。

石塘石屋的兴建,从清代一直延续到20世纪80年代。这些正面墙体用一块块方石垒成的石屋,大多都已经有了上百年的历史,随着石料价格上涨,工匠人工费的提高,建造石屋的成本变得远远高于使用钢筋混凝土的成本,兼之在石塘几条隧道开通后,石塘人可以更方便地使用更加便宜的建材。于是在20世纪90年代,推倒石屋盖新楼俨然成为潮流,幸而尚有111座石屋至今尚存,成为闽南先民从海上漂泊而至石塘的历史见证。

张德友先生说:

　　"海山生活"石屋是石塘最早的一家民宿,一开始建民宿的初衷只是想和战友们有个聚会的地方,没想到当年的一个民宿却带动了石塘镇一个石屋民宿产业的大发展。

　　这里原本很荒凉,交通不便利,那时在这建民宿是个疯狂的想法。为了找到一个可以看得到海、听得到海、玩得了海的地方,我决心坚持在当地打造海山生活。因为这里的四季有不同的体验,春天赏山间的繁花,夏天观海上的晴空,秋天吃最肥美的鱼,冬天可以靠在壁炉旁看书……

　　从2015年开始,我和朋友在石塘镇建起了一个真正意义上的石屋民宿——"海山生活"度假村,它以坐拥五岙顶得天独厚的地理优势,以鲨鱼、海豚、海鸟、蓝鲸、白鲸、海盗船为名的别墅群,靠山面海,错落有致,有长满爬山虎的石屋石墙,长满花草的院子。

　　"海山生活"民宿的所有建筑,尽显海边渔村特色,在海里漂泊了几十年的木船成了桌椅、渔网浮球和海螺被做成了夜灯、贝壳成了摆件,废弃救生圈、船锚等成为怀旧装饰,将渔家文化融入其中,让渔村的古朴和渔家文化的厚重之美,通过古老的石屋进行完美地呈现,为前来的游客提供别样的渔家生活体验。

　　在"海山生活",人们可以倾听大海的涛声,尽情欣赏海岛的美丽景色,是一个人进行精神自愈的理想地方……

陈祥来先生是温岭非遗传承人、艺术工作者。张德友先生喜欢他的作品,便常常邀他来民宿出谋划策,久而久之,陈祥来先生成了这里的设计美学顾问、夏令营手工指导老师。

陈祥来受邀在"海山生活"开设了工作室,形成了一家"微型渔家博物馆",各种船模大至两米、小至几寸,还有许多在他人看来的无用之物,经他巧手都变成了一件件精美的艺术品。他希望通过这些见证渔村的昨天与今天。

张德友先生说："那些被遗弃忘却的渔民生活用过的老物件,在这里获得了第二次生命,远道而来的客人可以在这里赏景、放空,晨起看日出,月落枕涛声。"

海山生活民宿还与本土文创品牌"石小糖"合作,推出了大奏鼓惊喜娃娃盲盒,独具石塘山海文化特色;不一样的手工坊,可提前预约指导老师前来教学,解锁非遗故事的现代版本;不一样的"海洋课堂",在展示的每件海洋物品旁贴有二维码,扫一扫就有不一样的收获;不一样的亲子活动,在民宿的"迷你图书馆"享半日闲暇,与书香为伴,一起遨游知识的海洋……游客们说:"这家民宿的装修风格非常特别,而且都是充分依托于当地的元素而进行改建的,船板、海螺等海洋元素的设计,让民宿与周围的环境完美地融为一体。"

一位外地游客这样写道:"海山生活互不干扰的老石屋别墅,错落分布在山坡上,与周围环境完美融为一体。每当太阳升起或夕阳西下,坐在海山生活民宿的露台上,石塘滨海绿道风光和金沙滩绝佳海景尽收眼底,8公里长的环岛绿道将山海相隔,左边是波澜壮阔,右边是绿意盎然……来到这里,除了感受面朝大海、春暖花开的浪漫与温柔,还可以在每一个转角处聆听海涛韵律之美,在每一个小山岙欣赏石塘海岛的独特风情。"

张德友先生说:

> 我们的民宿为什么叫"海山生活",一个是借助于"海誓山盟——海不枯,石不烂"的美好寓意,一个是召唤全国各地的游客朋友:你从远方来,犹如故人归——返璞归真,回归自然。

张德友先生创立的"海山生活"石屋民宿点燃了结合石屋保护与渔村乡村振兴的"第一把星星之火",现在石塘镇300多间临海石屋民宿越办越火,形成了一片红红火火的山海旅游的"燎原之势",俨然成为全国旅游者的首选地之一。

张德友的战友赵庆胜先生在散文集《岁月是片澎湃的海》中这样深情地写道:"一盏马灯,一盆鲜花,一片大海,一艘渔船,一个人静静伫立向海,如果说这些是'海山'带给游客的浪漫,那么石屋里弥漫着的书香则是'海山'不可或缺的灵魂。"

"海山生活"不仅是石塘镇的第一家石屋民宿,而且还是石塘镇石屋民宿中的第一个图书馆——温岭市图书馆海山生活民宿图书分馆。

张德友先生说,"当年获悉温岭市图书馆准备在石塘建立民宿图书分馆,我们立即向温岭市图书馆主动报名申请。时任馆长的杨仲芝得知后立即予以大力支持。"

杨仲芝告诉笔者,海山生活民宿坐拥优美的自然风景,内部装潢意趣盎然,是阅读、放松、冥想的好地方,在这里开家庭分馆,再适合不过了。

2019年4月23日,在温岭市图书馆海山生活民宿图书分馆正式授牌那天,"海山生活"特意组织了一场名为"书心之旅"的文化沙龙,邀请中国科学院的专家以及"海山生活·石屋度假"的设计师王天鹏先生携带他的新书《路过后坞》和书友们一起分享了很有纪念意义的读书心得。

张德友先生说,"天气好的时候,我习惯到民宿的观景平台看日出,看过日出就早早来到海山生活民宿整理图书。"

海山生活民宿图书分馆现在有图书7000册左右,专门设有少儿借阅室、少儿手工活动室、成人借阅室、海山生活讲堂、文旅图书阅览室等。书籍内容涵盖人文、社科、少儿、旅游、生活百科等领域。

为了让住客可以尽情在书海中遨游。每间客房里都放置了不同类型的图书。海景房大厅,临窗设有休闲阅读区,多种类型的书籍摆满了各个角落,与民宿的文艺范很是般配。

阅读区的原木书架上摆有多种类型的书籍。原生态的石墙、木梁、条凳,搭配四壁码放整齐的书架,人们步入其中,拿起一本心仪的书随便翻翻,人的心情一下子平静了下来。人们在这里可以安静地阅读,慢慢消遣午后的时光。

除了精心打造的整面书墙外,这里还放置了音箱、咖啡机等,客人看书累了,想要听歌、喝咖啡,可以自己动手制作一杯可口的咖啡,也可以点唱一首自己喜欢的歌曲。

海山生活民宿图书分馆与温岭市图书馆业务系统对接,实现了图书通借通还,让图书馆的馆藏图书得到了更好的流通和利用。

"图书馆+民宿"阅读推广模式不仅服务了远方的游客,也为附近的村民开辟了新的阅读空间。

海山生活民宿图书分馆不仅为游客提供服务,还服务本地村民,并为每年出海打鱼的渔民提供图书借阅服务,还坚持不定时举办"送书上渔船"活动。

张德友先生说:"渔民出海捕鱼,短则一月、长则半年。海上生活枯燥,将书籍送上渔船,当他们无聊时就可以拿出来阅读。渔民们都很喜欢这个活动。"

优秀的图书伴随着石塘渔民走出国门、走向太平洋,极大地满足了远航渔民的精神文化需求。常年漂泊在海上的渔民高兴地说:"海风吹到哪一页,我们就读哪一页!"

"自从村里建设了海山生活书吧,让我们有了更方便的借书阅读的新渠道,所以我们经常会把书带到渔船上,忙里偷闲时便会看几页。"当地的渔民王先生如是说。

张德友先生说:"在大海上最难熬的是寂寞,如果能与书为伴,不仅能增长知识,更能让渔船上的生活丰富多彩。"

2022年,海山生活民宿投入50多万元,将民宿的公共区域改建成阶梯式图书馆和阁楼式图书馆,让人们一进入海山生活民宿就可以随意选一本书坐下,尽情享受阅读带来的精神愉悦。

图书馆开进石塘石屋民宿后,多种多样的读书活动也跟着开展起来。

张德友先生说,温岭市家庭图书分馆设立后,经常举办阅读、观影、音乐会等文化活动,"有些是我们自己组织的,也有其他单位借场地举办的,平均每个月一次。"

2019年,温岭市家庭图书分馆馆长座谈会在海山生活民宿图书分馆召开。座谈会邀请了北京大学的王余光、南京大学的徐雁两位教授莅临讲座,在经验分享和活动总结中,专家教授、图书馆馆员和各家庭图书分馆馆长共同探讨了家庭图书分馆的发展模式。

张德友先生说,2024年4月6日,海山生活民宿又承办了对社会影响颇大的"浙韵千宿"之温岭"山海诗会"。

这场"山海诗会"由温岭市文化和广电旅游体育局、温岭市石塘镇人民政府主办,邀请到中国诗歌创委会主任,原中国作协副主席、书记吉狄马加;著名诗人、中国先锋诗歌代表诗人梁晓明;中国社会科学院研究员博士生导师、世界文学主编、翻译家高兴;北京外国语学院博士生导师、翻译家汪剑钊;著名诗人、中国作家协会和中国诗歌学会会员关雎等国内文艺界知名人士来温岭民宿进行"山海诗会"诗歌名人赋能旅游活动。

在"山海诗会"上,中国先锋诗歌代表诗人梁晓明代表浙江省作协诗歌创作委员会和温岭市民宿协会会长屠华军签约,双方携手为石塘链接一批知名文化大咖,创作一批具有影响力的文化作品,共同打造自然与人文互融的文化民宿。

著名诗人梁晓明先生正式签约"海山生活",成立"梁晓明诗歌名师工作室",吉狄马加为工作室授牌。

梁晓明先生表示,在他眼中石塘是"小希腊",相信他的朋友们也会喜欢上石塘这个地方。他为海山生活民宿主人张德友先生的高尚情怀所感动,很愿意为美丽的石塘地区发展贡献自己的力量。最后唐克、高兴、梁晓明等文化名人和温岭市朗诵协会会员朗诵了普希金、吉狄马加、梁晓明、高兴、汪剑钊、张于荣、江维中等中外诗人作品,把诗会的氛围推向了高潮。

如今石塘已成功创建浙江省旅游强镇、浙江省美丽乡村示范乡镇、省级旅游风情小镇,并荣获"全国特色景观旅游名镇""中国十大特色名镇"和"浙江省民间民族艺术之乡"等称号。海山生活民宿也获得了"长三角最美民宿""浙江旅游总评榜年度精品民宿"等荣誉。

笔者认为,张德友先生在故乡创建了第一家石屋民宿度假村,创建了温岭市第一个民宿图书分馆。在实现了"两个第一"的创新后还取得了令人惊叹的"两个促进一个提高"的社会效益:一是促进了对石塘石屋文化遗产的保护。二是促进了石塘生态环境的优化,实现了青山绿水的可持续发展。三是提高了石塘当地居民的就业率和经济收入。

笔者认为,张德友先生在石塘创建了第一家石屋民宿度假村,创建了第一个图书分馆,实现了"两个促进一个提高"的社会效益,充分地体现了他作为一个民营企业家对社会责任的道义担当。在我们国家,这种社会责任的道义担当是十分高尚的,是令人尊敬的,这种道义担当的企业家精神是值得大力提倡和弘扬的。

笔者访谈时发现,海山生活民宿人气火爆,游客们有的在咖啡厅里聊天,有的在图书室里捧卷阅读,有的在露台欣赏山海美景,有的带着孩子赏花拍照,显示出一种怡然自得,其乐融融的景象。

张德友先生说:

> 人生没有近路可走,但你走的每一步都算数。同样,一个人的知识和阅历也不可一日垒成。你所读的每一本书都在充盈着自己,你所走的每一步路都是一种成功的积累;我们的民宿就是一座图书馆,你在这里的每一个角落都可以找到一本好书,一本好书就是一个世

界。我认为,在所有的传播媒介中,书籍的教育影响力是最大的。所以一有时间我就读读书,哪怕翻上几页,也会有所收获,古人所谓的"开卷有益"就是这个道理。我同时也积极鼓励员工在做好服务工作的前提下尽量多读一点书,努力提升自己的文化素养,因为书香文化的重要意义就在于潜移默化地熏陶作用。"书香文化是根脉"——这是我这一生最深刻的认知和感受。

访谈结束时,笔者一看时钟,我们足足聊了三小时。应该说,这是笔者从事新闻写作生涯三十多年来第一次和访谈对象面对面这么长时间地聊天,也是笔者第一次在海边一边聆听着涛声一边和一位优秀阅读推广人长时间地聊天。

笔者记住了这一刻的时间是:2024年6月12日的上午,这是个值得一生纪念的日子!

一起陪同访谈的中国能建葛洲坝生态环保集团温岭市水务公司总经理刘平十分感慨地说:"听了今天的书香主题访谈,真是胜读十年书啊!"

张德友先生的故事,是一个普通劳动者的故事,是一个退伍老兵的故事,是一个大海儿子的故事,是一个大山儿子的故事……

此时此刻,笔者的心情宛如海山生活民宿下面传来的阵阵涛声,思绪的浪花久久不能平静,深深感到外表淳朴,内涵丰富的张德友先生——有一颗终生痴迷的书魂——源自他对当年上初中时写作文获奖了一本书的念念不忘;有一颗终生不灭的军魂——源自他当年在武警部队历练出的硬骨头精神;有一颗终生虔诚的海魂——源自他自小受到的大海母亲的厚爱、洗礼和庇护。

笔者在想:一个书魂、军魂、海魂"三魂"兼有的人该是一个多么幸福的人,该是一个多么顽强的人,该是一个多么富有的人,该是一个多么让人羡慕的人!

第9章：书香企业领军人

在温岭有一家很特殊的中央企业，这家企业不仅为保障全市人民群众的生活用水做着默默无闻的贡献，而且因为长期坚持开展读书活动而成为全国著名的书香企业，这家企业就是中国能建葛洲坝集团生态环保有限公司温岭公司。

当笔者走进这家企业的办公楼时，首先被走廊里的"红色历程"展示深深地震撼——作为中国能建葛洲坝集团生态环保的一支重要力量，企业承载着葛洲坝集团五十余年发展的文化沉淀，在积极吸取中国能建葛洲坝文化精髓的基础上与时俱进，踔厉奋发。

从"红色历程"展示中可以看到，一代代的葛洲坝人，在不断地拼搏奋斗中，书写了众多可歌可泣的英雄故事，锤炼了伟大的葛洲坝精神，形成了深厚的书香文化底蕴。一代代的葛洲坝人，赓续着伟大的葛洲坝精神，薪火相传，不断延续与升华着葛洲坝的书香文化，滋养着这家公司的改革发展、不断奋力前行。

其次是笔者的目光被这家公司的职工书屋深深吸引——几排宽大的书架摆满了政治、文化科学等各种书籍，学习台、提示板、报纸夹以及墙上写着的读书格言，使整个书屋充满着浓郁的书香氛围。更为新奇的是职工书屋门口的墙上还挂着一块"温岭市图书分馆"的铜牌，而且是温岭市图书馆众多分馆中第一家央企分馆。

葛洲坝温岭公司总经理刘平是一个充满青春活力的湖北籍"80后"，这位年轻人不仅身材颀长，相貌堂堂，而且谈书论道颇有一股浓浓的书卷气。笔者一聊就感觉他是一个真正爱读书的年轻人。

刘平讲述了他们企业和温岭市图书馆结缘的故事：

2013年，为了贯彻落实习近平总书记提出的"绿水青山就是金山银山"的理念，浙江省正式做出推进治污水、防洪水、排涝水、保供水、抓节水等"五水共治"的决策部署，一场治水攻坚战在全省范围内打响，一场关乎百万人民福祉的水环境革命同时在浙江省温岭市拉开了序幕。

2016年，作为水环境治理"国家队"的葛洲坝温岭公司秉承"治水先从治思想开始"的初衷，积极践行习近平总书记"两山"理念，吹响绿色发展新号角，努力打造全生命周期好环境项目，积极投身到温岭区域五水共治的大热潮中，用央企的责任担当和葛洲坝精神谱写了一曲动人心弦的生态文明建设赞歌。

我们企业担负着温岭市90%人口的生活污水处理任务，污水日处理规模达28.04万吨，占温岭市总处理规模的94%。

污水处理范围涵盖温岭市3个街道、8个镇，已经发展成为全市污水处理的"绝对主力"企业。

刘平说：

党的十九大报告中指出："文化是一个国家、一个民族的灵魂。文化兴国运兴，文化强民族强。"这一论断也深入到中国能建葛洲坝集团企业每一个负责人和广大员工的血脉骨髓之中。

我一直认为,书香文化是一个国家、一个民族的思想引领、精神支柱、道德教养、知识哺育,也是一个国家、一个民族区别于别的国家、民族的重要标识。对于一个国家、一个民族如此,对于一个企业也同样如此,它不仅是公司的灵魂与根基,同时也是公司的核心竞争力。

2016年初,根据党中央全民阅读进家庭、进社区、进学校、进农村、进企业、进机关的指示,浙江省温岭市图书馆把阅读推广的重心放在农村和基层,以建立"总分馆制"为抓手,大力开展家庭图书分馆建设,通过温岭市图书馆公众号招募家庭图书馆的对象,启动了图书馆进家庭、进企业、进社区的创举。

我在一个偶然的机会看到了可以申报温岭市家庭分馆的公告,当时就觉得眼前一亮:第一次听说图书馆可以设在普通人家里,可以设在企业里,这是一个非常接地气的创举,从而对提出这个创新举措的人充满了佩服和好奇的心情,立即以企业的名义报名申请建立温岭市企业图书分馆。

我是一个非常热爱读书的人,图书馆一直是我最喜欢的文化休闲场所。鉴于当时企业正值克难攻坚,挑战当年污水行业最高标准的关键期,我觉得读书可以给予人无限的精神力量,陶冶情操,催人上进。如果能把图书馆引进企业将是一件具有重大意义的事情,因为通过读书不仅可以极大地缓解员工的工作压力,而且能够大大激发员工积极向上充满正能量,大幅度提升企业的核心竞争力。

经过一系列的申报程序,葛洲坝温岭公司终于在众多申报者中成功入选温岭市企业图书分馆。

2018年4月23日,在温岭市读书月活动启动仪式上,我代表公司接受了温岭市委宣传部的授牌,温岭市图书馆首家企业分馆正式成立。

　　启动仪式结束后,我和温岭市图书馆时任馆长杨仲芝进行了第一次坦诚深入的交流。我对建立家庭(企业)图书分馆的创举和模式,"打通最后一公里——将好书送到读者家门口"的思路和想法赞佩不已,我们对共同携手开展阅读推广工作达成了高度的共识。

　　杨仲芝馆长也对中国能建葛洲坝人深厚的文化沉淀和主动担当、积极作为、推广阅读、服务社会的决心予以充分肯定,她表示将大力支持企业的书香文化建设。

　　因为爱阅读,希望更多的人加入阅读的初心,一脉书香让两个毫无关联的单位从此紧密地联系在了一起。

　　企业图书分馆进驻后,葛洲坝温岭公司与温岭市图书馆建立了常态化的文化交流模式,积极促进了葛洲坝企业文化与温岭本土文化的交流和融合,让外来的葛洲坝生态环保人有了一个迅速了解温岭、融入温岭的最佳渠道,同时浓郁的书香文化也给企业的发展注入了一股强大的精神动力。

　　在分馆建设初期,书籍全部由温岭市图书馆提供,藏书近3800册,虽然受场地、书籍数量和类别等限制,陈列比较简单,但是营造了一种"全员阅读、勤学习、书香伴我成长"的良好氛围,为广大员工完善自我、不断进步营造了良好的书香氛围,传播了满满的正能量。

　　刘平说:"我们企业图书分馆拥有人文、科学、技术、管理、水厂工艺、维修、化验技能等各方面的书籍,其中污水治理、设备维修、化验、管理等方面专业书籍被借阅的频次尤其高。"

　　在这个不足40平方米的房间里,员工平均年龄不足34岁的年轻团队,通过一次一次的不同形式的读书分享、业务交流和思想碰撞,大大提高了读书成才成事的认知,大家迸发了创业的灵感,激发了创业干事的火热激情。

截至2024年9月底，葛洲坝温岭公司内部开展读书活动近30期，书香氛围浓厚。大家在书籍的"海洋"里游弋，凭借着阅读带来的巨大力量，促进了思想和专业技术水平不断提升，找到了攻克难关的方法，坚定了前进的信心和方向。

公司员工小张十分感慨地说："每天我都会来企业图书分馆坐一坐，看一看《古文观止》里的山光水色、弓戈剑戟，其智慧的语言蕴含着深刻的哲理，撞击着人的思想和灵魂；读一读《人生》这本书，它就像一盏'指明灯'一样，指引我们思考所走过的路，找准前进的路。"

刘平说，如今温岭市企业图书分馆已经成为企业内外文化交流的窗口，一方面为员工营造了"爱生活、爱阅读"的浓厚文化氛围，播撒书香，催人上进；另一方面通过沉浸体验，创新读书方式，发挥公司行业优势，将有形的图书阅读转化为无形的生态文明教育，积极传播保护环境、珍惜用水等观念，造福当代温岭人和子孙后代。

书香文化潜移默化的熏陶促进了葛洲坝温岭公司青年职工的迅速成长并能独当一面，一线水厂职工技能持证比例从最初的10%提升到100%；管理人员拥有职称比例从最初的30%提升到60%，营造了干事创业的良好氛围，为圆满完成各项任务目标奠定了文化基础。

2018年底，该公司承揽的温岭项目最后一个污水处理厂顺利达标并通过环保验收。至此，公司整体正式进入商业运营期。

刘平说：

> 我们的企业图书分馆还成了当地广大读者分享书香文化的一个栖息地。
>
> 我们发现环保教育在温岭非常受欢迎，经常有村级家庭图书分馆、学校或社会人士等主动联系我们，想到我们的企业图书分馆交流阅读书籍，想到我们公司参观污水处理厂，了解污水处理过程。

为了更好地发挥企业图书分馆职能，充分发挥企业生态行业的优势，我们公司将环保教育理念纳入企业图书分馆建设范畴，把所属污水处理厂打造成环保教育基地，积极地将有形的图书阅读转为无形的生态文明教育，截至2024年年底，前来接受环保教育的学生和社会各界人士超4000人，并多次与属地小学、高校联合开展世界水日、世界环境日等活动，社会反响强烈，我们企业先后被台州市政府授予"台州市生态文明教育基地""青年文明号"等荣誉。

我们公司党支部还组建了图书企业分馆志愿者服务队，常年为温岭市宣传部门、图书馆等组织的各项阅读类活动提供志愿服务，助力乡村文化振兴。

一是将环保知识送进小学生课堂，通过治水、节水"大富翁""节水知识拼图"游戏和现场实验进课堂等活动形式，让小学生们亲身沉浸式体验，在欢乐和兴趣中学习环保知识。2018年"世界环境日"当天，"把学生环保课堂搬到污水处理厂"的研学活动在中央电视台新闻频道播出。

二是与温岭和台州市有关部门、单位联合举办社会公益活动。

2021年6月5日，我们公司与台州市环保局、团市委、台州学院等联合举办了"环保卫士在行动"活动，把环保知识列入大学课堂，被"学习强国"等平台报道。

2021年7月和8月，我们公司党支部和温岭市图书馆党支部联合举办的"百年征程路·热血铸军魂"庆祝中国共产党成立100周年、中国人民解放军建军94周年活动，获温岭市委组织部"出彩项目奖""人气项目奖"。

2021年，我们公司与温岭市老干部局联合举办"红色记忆"展览——温岭市离休干部基本情况、工作经历、战斗往事和丰功伟绩展览，这个展览在"百场建党百年红色主题展览"活动中被浙江省文化广电和旅游厅评为"优秀建党百年红色主题展览"。

2023年4月,我们公司受邀参加中国新闻出版传媒集团、中共台州市委宣传部主办、温岭市宣传部承办的书香中国万里行——全民阅读"红沙发"系列访谈节目。

2024年3月24日,我们公司举办了"葛洲坝畔悟心学,知行合一智自开"读书会。全国知名阅读推广人樊国安、黄正富和温岭市委宣传部负责人及台州的阅读推广人齐聚"企业图书分馆",呈现了一场精彩纷呈的读书阅读分享盛宴,这次活动被媒体界权威人士誉为一场"最接地气"的读书经验交流会。

我们公司党支部与台州学院生命科学学院党支部建立"党建聚合体",被台州开放大学确立为"教育实践基地",成为台州市企创联盟核心成员,致力于服务"百业千企"企业家的学习成长,助力共同富裕;我们公司与温岭市水务集团结对子,共同开展"书香水务"主题宣讲、洗砚读书会等活动,将阅读和文化交流互动充分衔接。

为了帮助温岭市石塘镇工业园区水产企业提升污水预处理能力,我们公司深入水产企业现场举办技术讲座,给予专业指导,传播环保理念及污水处理知识;我们公司还积极参与温岭市乡村文化大讲堂活动,专门派出一批志愿者到村文化礼堂讲述"污水变清水"的故事,大力提升村民的环保意识。

三是携手温岭市其他家庭图书分馆共同推广阅读,深入推进书香温岭建设。

2018年我们企业与温岭市城东瓦林村林辉家庭图书分馆结成阅读推广联盟。企业员工需要为孩子借阅少儿类图书时,可以到林辉家庭图书分馆;瓦林村村民需要借阅社科类图书时,可以到中国能建葛洲坝生态环保温岭公司图书分馆借阅。常年为其循环提供图书,日常借阅图书可达10000多册,共同举办了"共读共享读书会"

"阅读人生·遇见美好"等多个读书分享活动。通过这种优势互补,既提升了图书资源的利用效率,也便利了企业员工和村民的阅读。

在2021年建党100周年之际,与温岭市水务集团图书分馆联合开展了"书香水务"——学党史主题交流活动。两家水务企业先后开展了"洗砚"读书会、阅读分享青年读书会以及"寻找字里行间的你"等多个各类特色读书活动。

温岭市图书馆原馆长杨仲芝说:"葛洲坝温岭公司图书分馆从传统阅读升华到传播环保知识,引导周边群众及社会大众牢固树立'绿水青山就是金山银山'的理念,将有形的阅读变成无形的环保知识传递,这也是一种创新之举。"

刘平说:

我们公司图书分馆从最初的一次性可从温岭市图书馆总馆借书500册到1000册,到现在的联建5800册,藏书日益增加,书籍品类日益丰富,图书馆综合功能不断被挖掘和激发。连续六年荣获了"温岭市十佳家庭(企业)图书分馆"的荣誉称号。

不同企业、不同年龄段、不同社会阶层的人因为阅读而相遇,在阅读和心得交流分享中获得知识、感悟人生,结识朋友,找到人生的方向,甚至遇到生命中重要的人……这就是书香文化的特殊魅力!

未来我们公司图书分馆将进一步发挥企业的行业优势,结合志愿服务项目,组织策划更加丰富的阅读推广活动,积极参与温岭乡村文化建设,促进企业文化与属地文化优势互补,碰撞出更加绚丽多姿的书香文化火花。

笔者认为,"车头跑得快,全靠车头带",葛洲坝温岭公司能够成为温岭市第一家企业图书分馆,能够成为全国阅读推广最接地气的书香企业,刘平总经理的带头读书、弘扬书香文化、率先示范的表率作用不可小觑。

刘平曾经连续三届被评选为温岭市优秀阅读推广人,他的读书经历充满了生动有趣的故事,他的读书理念非常坦诚直白——就是努力探索和积极推进,将读书激发出的精神力量转化为企业壮大发展的核心生产力。

刘平说:

小时候我就爱和老人聊天寻根问祖,经常琢磨的一个问题就是:我是谁?我从哪里来?又到哪里去?实际上,我当时虽然年龄很小,但已经开始懂得懵懵地寻找我们中华民族的红色根基以及激励人生前进的精神动力源泉。

如今,很多人知道爷爷奶奶以上祖辈人的情况不多,更有甚者不知道爷爷奶奶的名字,这就像是无根之木、无源之水、无线之风筝。没有过去就没有未来,只有知道自己是谁,从哪里来,才能更好地找到去哪里的路径。

水有源头,树有根脉,人亦有生命"源头",亦有思想"根脉"。人的生命"源头"和"根脉"就是祖宗血脉,从父母开始溯源,就是一个人的生命"源头"和"根脉"——就是你从哪里来?人们常说:你从哪里来?到哪里去?如果不知道自己从哪里来,岂能知道自己到哪里去?

从这个根本意义上看,"寻根之旅"对时下迷茫的人们有着十分重要的提醒意义:一个人,无论走到哪里,也不能忘记自己生命的"根"!根深方能叶茂,寻根问祖就是要找到中华民族的书香文化根脉——所谓"耕读传家久,诗书继世长"就是如此。

根据刘姓家谱记载,我家这个刘氏支脉寻祖可寻根到汉高祖刘邦,也就是沛公一代。我记得小时候常去刘氏祠堂大门口玩耍,石头上刻的《大风歌》记载着当年刘邦击鼓放歌的悲壮情形。

刘邦先祖给我的读书启发就是一个人必须向高手学习,见贤思齐。刘邦虽运筹帷幄不如张良,后勤保障不如萧何,带兵打仗不如韩信,但他谦和为上,海纳百川,终于成就了大汉一代伟业。如今在我的故乡麻城的移民公园就可以看到一幅刘姓搬迁线路图。

我又想到明清时期,另一位刘氏前辈刘天和官至兵部尚书、太子太保,山西提督,以其良好的学风带动家族13人考中进士,6名女眷被诰封一品夫人。看来"耕读传家久,诗书继世长"既是中华民族优良传统,亦是刘氏家族的家风传承。

我的父母都是勤劳善良朴实的人。父亲和大伯都是共产党员,都对毛泽东主席十分崇敬,毛泽东主席的诗词,父亲刘业奎经常引用。这种良好的家风为我从小系好了第一颗红色纽扣。

在父亲那个年代,读书是一件非常奢侈的事情。我的爷爷是红军烈士,伯父参军了,留下15岁的父亲挑起家中重任,生活没有压倒他,反而激起了他无穷的动力。父亲经常挑灯夜战看书学习,他喜欢练书法,于是颜柳走进了他的世界。秉烛夜行割麦,日行百里踏勘水利。爷爷、伯父和父亲就是我人生的楷模。

勤劳美丽的母亲自小信佛,她老人家主张的慈悲为怀的生活理念对引导我做一个善良的人颇有积极的影响。

孟母三迁,母亲也曾经三次搬家,一直跟着学校走,她老人家千方百计要让我在书香文化环境中熏陶成长。

记得在我小时候,母亲在生火做饭的间隙片刻,都手不释卷,这种情景让我感受到了一种书香的神奇魅力。她讲的"王献之和十八缸水"的故事,让我明白了读书练字必须持之以恒才能够取得成功。

我爷爷刘思金,是个大力士,能扛石鼎,当年参加了黄麻起义,在跟国民党反动派的斗争中,失去一条腿后病故。

大伯刘业蛟受到革命圣火感召,破除万难参军入党,是马克思主义的忠实粉丝,自取笔名刘克思。每当说起毛主席,父亲和伯父那激情澎湃的样子,让我深刻感受到祖国的伟大、中国共产党的伟大。

上海大世界基尼斯中心授予我的老家乘马岗镇是"中国第一将军乡",33个将军在同一个乡镇。

刘氏家族革命烈士刘象明,勤奋好学,受董必武和陈潭秋的影响,加入中国共产党,积极发展麻城农民协会组织,最高时期会员达12.4万人。

我大学毕业后,在工作单位葛洲坝集团又受到了红色基因的熏陶。

从毛主席"高峡出平湖"的初衷,到纪念他老人家当年3月30日来视察,成立了三三〇工程指挥部,三三〇工程局,宜昌的三三〇,是当年十万大军齐聚宜昌,开启葛洲坝建设的红色印记。开国中将曾思玉和军委副主席张震,都是第一任指挥部的老领导。

在我的学生时代,老师就是指引我求知成才的那盏明灯。

在家乡列宁小学,博学的语文老师陶德松,清晨读书的身影定格在朝阳中,从他身上我感受到了知识的力量。

初中时期,我对化学老师郑建波的严谨治学态度印象深刻。我作为化学课代表深知行胜于言,明白了细节决定成败。

大学时期,雷进生教授从工程师岗位走进大学讲堂,让我明白,自信源自于充分的准备。亲自深度参与设计,才有不怕"百般刁难"的发问;深入地研究才敢坚定地与人眼神交流。

在大学期间,图书馆成为我最好的心灵之家。课外时间待得最多的是图书馆。

三峡大学的图书馆造型像一本书。图书馆门口的那一个求索大岩石,开启了我在校园的寻梦书香之旅。

记得2012年读研究生的时候,我是第一个在职研究生申办图书馆借阅卡的人。

沉浸在知识的海洋,书为伴,访圣哲,开妙门,古今现,中外清,听心声,解心惑,悟人生,当时我感觉自己是世界上最幸福的人。

社会实践是读好无字天书的大课堂。除了图书馆的书本学习外,我还积极参加社会实践学习。

大一时作为班长,积极为同学服务,因为新校区人比较分散,骑坏了一辆自行车,被同学们戏称为"刘行者"。

大二作为学生会宣传部副部长,父亲教的书法刚好发挥作用,宣传板报,活动策划派上用场。

其实人生的每一步精进努力都不是白费,明天的你,一定会感谢今天刻苦读书的自己。

大三时我加入了兰亭书法协会,成为副会长,涉猎雕刻板块,走进艺术殿堂,终于知道了苏东坡的行书是"天下第三行书",开始感受到颜真卿《祭侄文稿》背后的悲壮故事。

大四的时候,虽然毕业实习和找工作很重要,但是我还是十分看重图书馆读者俱乐部秘书长的工作,于是决定继续服务读者,促进读者之间的交流学习,让更多的人感受到校园书香文化的魅力。

大学毕业参加工作后,我努力将书香融合进工作,转变为一股巨大的精神动力。

人间四月天,林徽因和梁思成的建筑梦,让我对中国建筑事业充满了期待,当时赶上国内风生水起的建筑事业,民生至上,供水保障,遇水架桥,送万家灯火,世界能源中国能建。

我见证了企业和国家的飞速发展。从南水北调到川气东送,从核电、风电到环保领域。在五年的时间里,我走遍了大半个中国,用扎实的脚步丈量着央企服务的中国。

　　在中国能建葛洲坝集团总部交流工作期间,我的书香知识体系初步形成——以马克思主义为根,传统文化为辅,用传统文化之力,释道马克思,助力高质量发展。

　　我给自己制定了一个修身原则:以心为魂,致力于全胜,内外兼修,强基固本;以名匠为灯,破解发展之困;以事为基,践行"两个结合",做到事上磨,践行知行合一;以时为轴,聚焦当下书香之力。

笔者认为,刘平在中国能建葛洲坝集团总部的一番历练对于他担纲葛洲坝温岭公司总经理是一种十分宝贵的书香文化积累,同时也为他打造全国著名的书香文化企业奠定了牢固的基础。

刘平说:

　　毛泽东的《心之力》,我读了很多遍。并且我对苏轼的《东坡志林》中"八风吹不动,端坐紫金莲"的诗句深有感触,唯有此心不动,才能练就强大的内心。才能以不变的初心,应对纷繁的事物。

　　以名匠为灯,破解发展之困。作为一个能源工程人,也是环保卫士,我深知工匠精神的重要性。我很崇敬任正非、曹德旺、埃隆·马斯克、史蒂夫·乔布斯,因为我们集团的战略定位就是要打造世界一流的生态环境综合服务商。没有一流的精神支撑,怎么匹配世界一流的文化管理标准,在世界展示中国企业的一流水准呢?

　　我感觉自己看《埃隆·马斯克传》,就像看自己一样,因为埃隆·马斯克也是书虫,他最大的特点是爱读书,手不释卷。埃隆·马斯克几乎看完了社区图书馆所有的书,同父母逛街经常走失,但是父母不担心,因为埃隆·马斯克一定在附近的书店,蹲在地上忘我地看书。

　　关键是埃隆·马斯克还是致力于环保电动车、新能源、数字化、交通以及航天事业等,这些对我如何突破工作的难点有很大的借鉴意

148

义。《苦难英雄任正非》、曹德旺的《心若菩提》以及稻盛和夫的《心》，都是我案头必备并十分喜爱的书籍，这些书籍为我积极探索的工匠问道之路指明了前进的方向。

谈到读书，留给我印象最深刻的是您对红色基因的认知高度、对读书的理解深度以及严谨治学的认真态度、成人之美的热心温度，让我这个小书虫深感尊敬和佩服。您撰写的《我从老区旬邑来》《暗夜灯火——打开历史尘封的红色记忆》《柔石与鲁迅：柔石在鲁迅身边的900天》等著作都是精品书，阅读后我的收获很大。

纸上得来终觉浅，绝知此事要躬行。一个人读书的关键在于学会做一个真正善良的人，根本在于塑造一颗高尚卓越的灵魂。

一个人读书的答案就在现场，就在基层，就在人民群众的所思所想和殷切期盼的实际行动中。思想和身体至少有一个在路上，两个都在，那就更好了。干一行，爱一行，钻一行，关键是要精通一行。

我们公司只有融入中国能建的发展洪流，整合好集团的内外资源和当地的优势，才能更好地服务当地产业发展。我当年为了解温岭市的环保事业去温岭市图书馆借阅一本温岭市的地方志，结果没有想到"借"来了一个图书分馆，把温岭市图书分馆引入了葛洲坝集团，打造了一家水文化图书馆，成为驻台州中央企业中的第一例。

今年我们公司又中标了多个运营项目，深耕水务市场有了新突破，稳定达标处理了大约相当于42个西湖的水源，我们公司担起了葛洲坝生态环保人的政治初心，矢志不渝地践行"绿水青山就是金山银山"理念，成了美好温岭、书香温岭的建设者，为温岭市的发展提供了一份优秀的中国能建方案，为温岭市的碧水蓝天贡献了一个书香企业应尽的责任，这都是将书香转化为生产力取得的丰硕成果。

作为一个书香企业的领军人，为了帮助更多的企业有效地开展阅读推广，建设书香文化，我有以下的思考和建议：

企业家自己热爱是关键,是标杆,也是最大的一盏灯火。一个企业的核心价值观引导,离不开一把手的核心理念,所以,企业的一把手首先要成为一个真正爱读书的人。

企业定期举办读书会、讲座或研讨会,邀请作家、学者或行业专家来企业分享知识和经验。组织员工参加公益阅读活动,如为社区图书馆捐赠书籍,或参与阅读推广志愿服务。

营造企业书香氛围。在企业内部装饰中融入书香元素,如悬挂名人名言、摆放书籍装饰等,营造浓厚的阅读氛围。利用企业内部通讯、公告板、电子屏幕等媒介,定期发布阅读推荐和阅读动态。

建立健全机制保障。对内建立内部阅读机制:鼓励员工定期阅读,可以开展"每月读一书"的活动,推荐优秀书籍,并鼓励员工分享阅读心得。

在企业内部设立图书角或小型图书馆,提供各类书籍供员工借阅。加强读书活动策划,激励员工参与阅读活动。企业设立阅读奖励机制,对于积极参与阅读活动的员工给予表彰或奖励。将阅读纳入员工培训和发展计划中,作为提升员工素质和技能的一种方式。

利用数字平台推动阅读。企业要开发或利用现有的数字阅读平台,通过数智化、绿色、融合、创新转型,鼓励员工在线阅读,方便快捷地获取知识和信息。利用社交媒体和网络平台,分享企业的阅读活动和成果,扩大书香文化的影响力。

企业与教育机构合作。企业与学校、图书馆等教育机构建立合作关系,共同推广阅读文化,举办面向学生和社区的阅读活动。

支持教育项目,如设立奖学金、捐赠图书等,以实际行动支持教育事业。

发挥党工团的力量,党建引领书香。通过党支部共建联建,创造平台,党建搭台,各方唱戏。企业家要善于走进地方,融入地方,广泛与党、政、军联动,形成书香开花的土壤,为构建"15分钟阅读圈",贡献能建解决方案。

通过以上这些阅读推广措施,书香企业不仅能够提升员工的文化素养和企业的整体形象,还能够对社会产生积极的影响,促进书香文化的普及和发展。

总之一句话,企业书香文化内涵十分丰富,企业的阅读推广大有可为,坚定不移地走书香文化企业建设之路,这就是我作为一个国有企业负责人努力奋斗的目标。

第10章:红色坞根一本书

2003 年的初秋时节,温岭市委宣传部部务会议成员、市社科联副主席黄军勇先生对笔者提议说:"我想带您去当年红二师的所在地坞根镇去走一走,看一看。"

细雨朦胧,中国工农红军第十三军第二师烈士陵园笼罩在一片雾色中。沿着陵园的台阶拾级而上,红军亭、仰英亭、纪念碑一一映入眼帘,山顶便是红二师纪念馆。

就这样,在温岭市坞根镇,笔者怀着无比崇敬的心情瞻仰了红二师烈士纪念碑和红二师历史纪念馆,听取了讲解员方海红讲述的红二师前辈们浴血奋战的悲壮故事,特别是全文拜读了坞根镇党建办赠送的记叙红二师悲壮历史的书籍《桂庐文集》后,顿时明白了——坞根镇曾经留下过一段中国工农红军的辉煌战斗足迹;坞根镇曾经燃烧过中国共产党人点燃的革命火焰;坞根镇的红色历史是厚厚重重的一本书……

《桂庐文集》以桂庐为名,是因为作者童士元生前居住的古宅前有一棵很大的桂花树,所以他把自己的古宅命名为"桂庐"。《桂庐文集》的内容涵盖红十三军二师将士们浴血奋战的悲壮历史以及坞根乡风民俗、民间文学、历代人物,是一部反映坞根历史的"当代史书"。

《桂庐文集》卷一《悲壮的历程》的第一章《揭黎明点燃革命火掀风云开辟根据地》,作者童士元首先用简练的文字写道:"坞根,古名大坞,地处温岭西南隅乐清湾海滨,三面环山,一面濒海,离县城15公里,有元宝岭、箸坑岭两座大山相隔。距西区要镇——温峤镇7.5公里,有海拔274米的坞根岭阻隔,交通闭塞,民生凋敝,是一个偏僻贫困的山乡海角。"①

1930年,中国工农红军第十三军第二师诞生于温岭坞根。从开始活动到斗争停止,红二师经历了50余次战斗洗礼,时间跨度长达七八年。作为红二师的诞生地、第二次国内革命战争时期有代表性的革命老区,坞根被誉为中国东部的延安。

"1928年的一天,坞根来了一位光头赤脚、熊腰虎背、声如洪钟的卖咸货的小伙子,他就是中共温岭县委派往坞根创建党的地下组织的柳苦民。凭着对坞根一带地理人情的熟悉,他走家串户,介绍了程顺昌、赵裕平、程小林等一批革命志士成为共产党员。"在中国工农红军第十三军第二师纪念馆,讲解员方海红将红二师的历史娓娓道来。参观者脚踩高低不平的地板——这寓意着革命先烈为人民群众踏平的崎岖道路,有的在沙盘地形图前仔细观察,有的在柳苦民、赵裕平的铜像前驻足凝思⋯⋯

20世纪20年代末至20世纪30年代初,中国革命曲折前进。红二师在这样的大背景下,走过了一段发展、壮大、最后走向衰落的悲壮历程。

1929年12月10日午夜,东脉坑沙坦庙(今岩门寺)四周昏暗而寂静。柳苦民等10多名革命者在这座不起眼的小庙里,举行了"揭竿暴动"的重要会议,史称"东脉坑会议"。

会上,柳苦民传达了中共台州中心县委关于"镇压地方反动势力,抓紧时机组织武装暴动,向反动派展开正面斗争"的指示,并做出了五项决议,决定以革命的武装对付反革命的武装。

---

① 童士元:《桂庐文集》,中国言实出版社,2020,第3页

153

1930年2月底,中央派浙南特派员金贯真到温岭巡视,对温岭共产党如何发动游击战争做出重要指示。1930年3月18日,隐蔽在雁荡南碧霄寺的部分游击队员被包围,其中8人被捕。除1名队员中途逃脱外,7名队员被关押在乐清县监狱。3月19日,柳苦民等召集各地农民赤卫队,在坞根镇横坑溪回龙宫召开会议,宣布"坞根游击大队"正式成立。柳苦民任大队长,程顺昌任副大队长,叶景泰为党的联络员,赵裕平任军需,程小林为特务队队长。游击大队下辖街头、新方、茅陶、蒋山、青屿、湖雾、梅溪、黄湾、竹坑、西山、毛家、杨梅坑、东辽、白璧、桐山、沙山等16多个游击分队,共有队员200多人。

当天,柳苦民率领200余名游击队员攻打横山乡保卫团和一户地主,首战旗开得胜,缴获30多支枪,游击队士气大振。

柳苦民于4月2日派赵裕平、叶景泰前往乐清,与中共乐清县委共同商量营救7名队员的办法。当时,乐清县城有150余人的保卫团,80多名警察,装备精良。单凭武力正面劫狱难以成功,只能智取。

赵裕平和叶景泰回坞根向柳苦民汇报,经过认真研究,决定派会说乐清话的程方福托关系把500元大洋送给牢头,把5支木壳枪、10多支步枪运入牢中,并把劫狱时间告诉难友们。

同年4月18日,柳苦民、赵裕平率250名战士,从横床岛出发,分三路向乐清城进军。赵裕平率80名战士,全部携带短枪,扮作赶集农民在南塘登陆。于午后到达北塔山,黄昏时分他们故意暴露目标,引敌出城。程顺昌、程小林则率120名战士,扮成国民党部队进东门村,等待北塔山战斗打响。

敌人果然中计,集中对付城外的游击队战士,放松了对监狱的警戒。程顺昌、程小林听到北塔山的枪声,率部直冲监狱,牢内难友与劫狱游击队战士里应外合,最终成功脱逃。正在北塔山与游击队作战的保卫团和警察接到传报,急着回城。柳苦民、赵裕平率部追击,保卫团和警察落败而逃。

这次救援行动大获成功。7名游击队员成功返回部队,同时还解救了80多名在牢难友。

坞根民间流传着一个故事"老和尚(柳苦民绰号)发雾退敌兵",说的是坞根游击大队取得第二次反"围剿"胜利的传奇故事。

1930年6月7日凌晨,国民党温岭县政府调集千余人马,督令在拂晓前兵分三路对游击大队驻地坞根洋呈发起反革命军事"围剿"。柳苦民、赵胜闻报,命程顺昌、赵裕平、程小林各自集合部队,埋伏在岙桥溪,以坚固、高耸的溪塘做掩护严阵以待,迎击来犯之敌。

6月7日6时左右,第一路敌人趁着大雾悄悄挨近岙桥溪。游击队给敌人当头痛击,当场毙敌2人、伤3人。敌人大乱,向后逃窜,与第二路人马相遇,军心动荡不堪。陈作梅下令:退后者杀。敌人吹响冲锋号,急忙向岙桥溪蜂拥反扑。面对装备精良的敌人,游击队顽强阻击。

这时,鸟公山上响起了密集的枪声,游击大队有战士中弹牺牲。因为雾气弥漫,游击队辨不清敌人的准确位置。柳苦民、赵胜分析,鸟公山上肯定来了强大的敌人,因为看不清目标而胡乱开枪,此时游击队不宜恋战。游击队战士趁着大雾,悄悄撤离了阵地。

等人雾散去,敌人才发现鸟公山上不是游击队,而是国民党省防军岙环驻军。先前的一阵猛打,是省防军岙环驻军向国民党县保卫团和省防军温峤驻军射击。

借着天时地利和正确的指挥,坞根游击大队取得了第二次反"围剿"的胜利。

1930年7月,坞根游击大队改编为中国工农红军第十三军第二团,8月扩编为中国工农红军第十三军第二师,下辖坞根、青屿、楚门(海上)3个游击大队、直属特务队和天台游击队,23个分队,部队发展到700余人(不包括天台),武装力量布及乐清湾沿海,形成温岭、玉环、乐清三边武装割据的局面。

1930年9月15日，国民党温岭县保卫团和省防军一个连又向红二师"围剿"过来。红二师研究商定了"埋伏观音山，派小部队引敌进山，然后伏兵突出，四面攻击"的军事计划，敌人果然中计。

这场战斗，红二师以200余人战胜敌人500余人，取得了以少胜多的第三次反"围剿"胜利。

这支年轻的农民武装队伍，在上级党组织的重视和帮助下，在不断与国民党反动派的斗争中，一步步走向成熟，军队也一步步正规化。

1930年底，师部领导成员深入连队，柳苦民留在街头村里港，其警卫员柳金标患病在家。

投机革命者程声梓（后公开投敌，1948年被中共玉环游击区队镇压于小坦岛）见机向柳苦民报告，说有战士在上街头一农家聚赌。柳苦民素来重视军纪，闻言立即起身，只身来到上街头。刚跨进门槛，程声梓就在他身后连开数枪。待赵胜、程顺昌、赵裕平、叶勉秀、程小林等相继赶到现场，柳苦民已不幸殉难，年仅33岁。

这就是震惊浙南的"街头事件"。

此后不久，在国民党的白色恐怖下，中共温岭县委解体，浙南特委遭敌破坏，红十三军转入隐蔽斗争，红二师一时失去了与上级党组织的联系，地方宗派主义更加猖狂，赵胜不得已离开了红二师。柳苦民遭遇暗算壮烈牺牲和赵胜被迫离开，红二师一下子失去了主心骨和坚强的领导，在战场上遭受一连串的失败——1931年2月温州夺轮失败，叶勉秀、洪良清、彭显旺三名红军战士惨遭杀害，潘阿四等9名战士被捕；同月，第四次反"围剿"失败，红二师主力受到重创。

随后国民党在温岭、玉环、乐清边境及各革命根据地展开拉网式"围剿"，红二师队伍溃散。尽管如此，余部战士仍在乐清湾、漩门湾一带海上坚持斗争。

著名学者余伯流、凌步机在《中央苏区史》一书中做过一段概括性的叙述:"中国江南地区有两大南北走向的山脉,一为江西、湖南两省之交的罗霄山脉,一为江西、福建两省之交的武夷山脉。两大山脉中段和南段之间,夹着一个广阔的空间,就是江西省的赣西南、赣东南地区,福建省的闽西地区。""境内多崇山峻岭和丘陵山地,密布的河溪间有众多小块盆地,地形复杂,沟壑纵横,山势险峻,道路崎岖。""这一广阔地区属亚热带南缘,气候温和,雨量充沛,土地肥沃,物产丰富。境内崇山连绵、林木茂密,不少地方有原始森林,虎豹出没无常。""这一地区较强的自供自给的经济力,无疑为共产党实行工农武装割据、建立革命根据地提供了足够的经济给养和物质保证。"①

金冲及先生在《星火的启示——革命根据地创建与发展》一书中认为,江南这些革命根据地"它们都有两个共同的特点:一是都处在两省或几省的边界地区;二是都属于山区。南京政府和各省当局一时还顾不到它们,同一省内部的军阀间又常存在着矛盾和冲突,难以采取统一的军事行动。因此,虽然它们的发展还不能达到赣南、闽西以及后来的中央苏区的程度,但依然取得很大成功,做出了明显的贡献。"②

温岭市坞根镇的地理位置恰好处在福建西部、浙江南部的两省交界地区,作为土地革命战争时期温岭的革命武装力量,红二师沉重打击了温岭反动政权和封建势力,不仅为浙南根据地的创建奠定了坚实基础,而且也为抗日战争、解放战争播下了革命的火种。虽然最终被反动统治阶级扑灭,但红二师给人民群众留下了不可磨灭的影响。

"星星之火,可以燎原。"这句话可以使人感受到一股宏伟的气魄:尽管革命最初只是很小的力量,只要勇敢地坚持下去,"星星之火"完全能够

---

①余伯流、凌步机:《中央苏区史》,江西人民出版社,2001,第1-2页。
②金冲及:《星火的启示——革命根据地创建与发展》,生活·读书·新知三联书店,2021,第34页。

燃烧起席卷大地的燎原烈火,夺取最后的胜利。红二师从坞根开始点燃的"星星之火",由于有了中国共产党的正确领导,终于汇成了一片"燎原"的熊熊烈焰。

红色坞根这"一本书"不仅成为中国革命史册光辉灿烂的一个重要篇章,而且成为值得温岭人特别骄傲的一段红色历史见证。著名红军将领、中国军事科学院副院长郭化若胜专门写下了一首《题坞根红军纪念碑》的七言绝句:"胜败兵家信有之,坞根星火耀红旗。抗租反霸光辉业,经验还宜仔细思"。①这是对红二师和红色坞根光辉历史的高度政治评价。

方海红讲述的红二师的故事,全部取材于《桂庐文集》这本书。应该说,对红二师将士的赞歌,对红色坞根历史的深入挖掘以及《桂庐文集》的撰写出版,温岭农民作家童士元先生功不可没,非常值得记上浓墨重彩的一笔。

童士元先生从小生长在红十三军二师的诞生地——坞根镇,是参加过清匪斗争的一位老民兵;他怀着对革命先烈无比崇敬的心情,先后参与创作了《悲壮的历程》《红十三军二师烈士传》两部文学作品。

当年在担任坞根镇海塘管理员时,童士元先生曾经陪同有关领导去调查了解红十三军二师的情况。由于年代久远,许多当事人已谢世,有关红二师的历史记载少之又少。

从小爱听红军故事的童士元,内心受到巨大触动。他想,如不尽早将红二师这段辉煌的战斗历程记载下来,它将会被后人遗忘啊!从此,他萌发了要为红军战士著书立说的念头。第二天,他找到坞根镇中心小学副校长陈荣连商量,当即得到陈荣连先生的鼓励和支持。

童士元小时候只读过初中一年的书,后因家境困难辍学了。但是他小时候就喜欢听人们讲书,看小说,尤其爱看章回小说,这些积累成为他

---

① 温岭县志编纂委员会编:《温岭县志》,浙江人民出版社,1992,第941页。

日后文学创作的"童子功"。他的女儿童朝霞回忆说:"父亲肚子里的故事特别多,他爱看书,看后都能背下来。他知历史,我常常问他历史上的一些问题,他会笑我当老师连这些都不知道,实际是在批评我不爱学习。小时候,每当晚饭时,我们都期待着饭后听父亲讲故事,父亲没到,我们不散席,父亲一到,我们就抢着给他倒酒,因为他酒后的故事更多。有红十三军,有'三五'(指新四军三五支队),历史典故(成语故事),忠孝仁道,四大名著,及家乡的佳人传奇……在那个缺吃少穿的年代,我们是不知饭菜香甜,只知父亲的故事好听,是父亲的故事把我们喂大的。"①

在随后的日子里,童士元经常冒着严寒酷暑,赶赴当年红军战斗过的海岛、山村,走访健在的老红军和红军遗属,先后八次上台州、温岭查找历史档案;十次赴玉环、乐清走访红军战斗遗址。

在做了多年的资料收集准备工作后,童士元先生自1987年开始撰写直到1995年才最后脱稿,8年间6易其稿。1999年《悲壮的历程》一书,终于由新疆大学出版社正式出版。

在撰写《悲壮的历程》采风过程中,童士元先生做的两件事非常令人感动。

一是因为人们对红二师师部直属特务队长程小林烈士牺牲的说法不一。1989年7月童士元冒着酷暑赶赴位于乐清湾的横床岛,核实烈士程小林牺牲之事。他在横床岛上找到一位对程小林烈士比较熟悉的90多岁的陈老汉。热心的陈老汉不顾年事已高,陪同童士元亲临烈士的牺牲地,同时还陪他查看了红二师余部张梅廷队长击毙国民党温岭县保警大队队长陈作梅的所在地,这是一个意外的收获。

1938年元旦,国民党温岭县保警大队队长陈作梅率部80余人向横床岛扑来,在敌船靠岸时,张梅廷连发三枪将陈作梅击毙。至今,坞根还流

---

①童士元:《桂庐文集》,中国言实出版社,2020,第402页。

传着这样一句话:"该死奴才陈作梅,横床'剿匪'不该去。"后来这段生动的故事被童士元编写在了《悲壮的历程》一书中。

二是在1992年下半年,为了核实红二师后勤部部长赵裕平被国民党玉环县水警大队包围脱险的经历,童士元不顾年老体弱,冒着严寒,乘小船劈波斩浪,去了玉环县的大青岛实地察访,终于掌握了第一手翔实的材料。

童士元先生曾经开了一家文具店,他每天一边做生意,一边整理资料为红军立传。有时为了核实资料,他就干脆放弃生意,将店门一关,就去走访当地知情人士。做生意时,有老人到他的店里歇脚或买东西,他就抓住机会,向老人们了解民间流传的红二师战斗故事。

花了这么多心血,终于完成了为红二师写史的一桩心头夙愿,作为一个已经年逾花甲的老人,亲朋好友劝他可以歇一歇了。可是童士元先生又开始了《红十三军二师烈士传》的写作。可是要给红军烈士单独立传必须掌握更为翔实的历史资料,必须要付出比撰写《悲壮的历程》一书更大的辛苦和努力。

2000年4月的一天,童士元先生来到城南镇湖头敬老院,来找红军烈士应保寿的遗孀了解烈士生前情况。应保寿原籍温岭,后移居玉环县,参加革命后曾任红十三军二师楚门游击大队大队长。可是93岁高龄的应妻已口齿不清,无法提供其夫生前的各种细节材料。他只好又赶到玉环县,在烈士当年移居过的村里,找乡亲们核实每个故事细节。

红二师政治委员叶勉秀是黄岩人,1928年3月担任中共地下党路桥区委书记。1930年4月,受台州中心县委的指派,到坞根游击大队担任政治委员。后来坞根游击大队改编为红十三军二师。1931年2月27日,叶勉秀在指挥温州海上夺轮的战斗中不幸被捕。为掌握叶勉秀更为翔实的情况,童士元先生专程赶到台州市路桥区委党史研究室查找资料,但史料中只记载了"叶勉秀在坞根游击大队工作,牺牲在杭州陆军监狱"等简略几句文字。童士元先生没有气馁，回家后，一边到坞根乡村深入了解，一边查找各种资料，终于写成了《谋夺轮英雄被捕——叶勉秀烈士传略》一章。

为了给朱梅庭、林桂岳、张义福、陈志明等红二师烈士单独立传，搜集采访的材料不够充实，童士元先生又逐一走访烈士亲属，搜集到许多有价值的历史资料。

在大量掌握一手资料后，童士元先生日夜奋笔疾书，《遭伏击中计殉难》《破牢狱血溅囹圄》等一篇篇传记故事在他笔下诞生。

功夫不负有心人。童士元以传记文学形式，以真实史料为主线，又历时两年多，创作完成了《红十三军二师烈士传》，全书共收入20位烈士的传记和89位烈士的简历，共15万字。《红十三军二师烈士传》初稿完成后，立即引起了温岭市党史研究室的重视，时任研究室主任叶海林亲自参与审稿、改稿和审定，并且筹集资金联系出版事宜。2002年6月，该书由中共党史出版社正式出版。

"红军烈士谁作传？温岭老农童士元。"这位老人在古稀之年倾注精力完成两部红色著作的事迹，在当地引起强烈的反响和好评。

参加校对编辑《桂庐文集》的金宗炳先生在该书"后记"中写道："童士元先生与坞根红军有缘，幼年时曾目睹他母亲资助坞根红军几百块银元的情景，也喜欢听大人们讲坞根红军的故事，幼小的心灵里就有了坞根红军的情结，所以他一直想为坞根红军正名，为像我外公那样终生埋名的红军正名，我佩服他的勇气和精神，童士元先生功德无量。"[1]

尤为令人感动的是，在写完两本讲述红二师辉煌历史和英烈故事的书籍后，童士元先生不顾年老体弱还在担任义务讲解员，坚持向人们讲述当年红二师一个又一个惊心动魄而又悲壮的革命故事，一直到88岁生命

---

[1]童士元：《桂庐文集》，中国言实出版社，2020，第405页。

结束为止。

人们还清晰地记得,虽然当时童士元先生年事已高,但是聊起红二师那段光荣而悲壮的革命历史,老人家依然神采奕奕,记忆十分清晰,战斗的年份、烈士的名字还能如数家珍。

童士元先生深知,今天的幸福生活来之不易,所以他每次给坞根红军小学的学生们讲述红二师英烈故事,总是谆谆寄语小朋友:"努力读好书,做好人,长大为祖国,为人民服务。"当听到孩子们响亮地回答:"我们一定要认真读书,热爱祖国。像童爷爷一样,把红色精神传承下去。"老人的脸庞总是浮现出欣慰的笑容。

1984年,为了纪念献出宝贵生命的革命英烈、传承和发扬红二师精神,中共温岭县委、县人民政府在烈士当年战斗过的地方——坞根西山竖起了纪念碑,后建立烈士陵园,陵园里建有柳苦民等烈士墓。

2016年以来,坞根镇对镇内保存的11处红二师革命遗址进行了修复,包括修建坞根游击大队成立旧址回龙宫,修缮柳苦民牺牲地、红军台门、红军井等。

2017年,坞根镇人民政府把柳苦民牺牲地——坞根上街头的一间民房作为革命遗址保护场地。

2019年,该镇投入近200万元翻新了红二师纪念馆,展示陈列方式发生了翻天覆地的变化。除了运用一些现代化技术手段,馆内还展出了多件珍贵的历史图片及烈士遗物,并定期播放红二师纪录片《星火耀黎明》。

虽然曾经的战火已经远去,但留在坞根人心中的红色记忆从未褪去。

坞根镇依托当地红色景点资源丰富以及良好生态环境的优势,以革命遗址、红军小镇、美丽乡村为载体的坞根红色文化之旅精品路线设计已跃然纸上。

为了优化党员教育服务,该镇投入2500万元打造了占地150亩的台州市党员干部教育基地,整合红十三军二师烈士陵园和纪念馆、"喜事花溪"主题村庄等研学资源,形成了"一个中心、多点联动"的教育布局,探索构建理论课与实践课两大课程体系。理论课以党性教育、乡村振兴、乡村旅游等主题课程为主;实践课则涵盖了爱国主义现场教学、党建现场教学、乡村振兴示范村现场教学以及团队文化拓展训练,形成了课程特色化、品牌化、常态化。

坞根镇党委书记陈钢锋表示:"我们提出多彩坞根,红色故里的理念,就是要把革命纪念地和美丽乡村,还有乡村的文体设施、文化礼堂结合起来,打造一条红色的文化之旅,重走这条红色文化之旅,就像重走长征路,把红二师浴血奋战,赤子之心这样一种革命精神传承下来,赓续下去。"

提起对红二师红色历史和革命精神的传承和赓续,坞根镇红色故事讲解员方海红有着切身的感受和收获。

方海红在《我和红色书籍的不解之缘》这篇自述中说:

读书是可以随时开始的,哪怕是从中年开始。

我的家乡在坞根。坞根是哪里?坞根是革命老区,是红十三军二师的诞生地。几年前一个偶然的机会,我得知坞根镇要招一批讲解员。坞根要打造城市后花园,培训本土讲解员,学员是无业妇女和待业青年。条件不高,可惜我的年龄超了。但是机会难得,没想过一定要成为一名讲解员,只是想通过培训更加了解坞根的历史,特别是红二师的历史,起码当孩子问起时,我可以随时讲给他们听;朋友来访,我也可以带着他们游坞根,以表示地主之谊。

当时有两份讲解稿,一份是《红十三军二师烈士陵园讲解稿》,一份是《美丽乡村——坑潘讲解稿》。我一开始接触到讲解稿,就被红二师的革命史所震撼,自从嫁到坞根十多年从未到过红十三军二师陵园，第一天清晨便带上讲解稿走进陵园，一圈走下来讲解稿纸上多了许多密密麻麻的笔记，但总感觉总缺了点什么，又想不出缺了些什么……为了解疑释惑，我一而再，再而三地走进陵园，心中的问号还是无法解开。

几节课后，授课老师要求我们轮流上台演讲，练练胆识和气场。心里没底，腹中无书，哪里来的胆识和气场，我想过退缩，毕竟我参加培训的目标不是当一位讲解员。安慰自己我是做到了，但是当孩子们问起，答不上来，又觉得成不了优秀的讲解员，起码也要给孩子们做个榜样。

一个偶然的机会，一位领导建议我读一下《桂庐文集》，这是一本包含《悲壮的历程》《红二师英烈传》的红色书籍，其中也有讲述坞根的人文历史、地理由来、传统习俗等内容。令人难以置信的是这本书的作者童士元老先生竟然是一位普通的农民，仅读完前言部分，我已对这位农民作家肃然起敬。

如饥似渴地开始翻阅，画线、批注、写感悟、画战斗方位图，一通操作下来，几个章节的内容融会贯通后，豁然开朗。原来的疑问一个一个在童老先生的书中得到解答。不得不佩服童老先生，深入浅出，人物刻画清晰明了，战事描述激动人心。自我感觉应该先消化一部分，再往下读。

作为一个中年读书人，碰到最爱的书，该放下时还是得放下，家庭琐事，种种原因，一放就是个把月。开始温习了一遍前面看过的内容，又一次做了不同的理解批注，继续往下看，问题又来了，出现了越来越多的小地名，我不是土生土长的坞根人，根本弄不清，每一个地名都有它的原有和变迁故事，我下定决心要弄明白，不管是作为一名讲解员还是一个新坞根人，将坞根地理状况弄懂了，茶余饭后说给孩子们或左右邻居听，这不也是一种传承吗？

在接下来的周末我带着孩子们,对照《桂庐文集》中的地名开始走点查询确认,特别是有疑问的地名,遇到大路边,小店前,大树下闲坐的老人,主动提问,了解情况,回到家安顿好孩子们后,再对照书中的内容做笔记,根据原始资料用自己的理解写自己的讲解稿。几个周末下来,带着孩子们把坞根镇每个村落走了个遍,足迹遍及到城南、琛山、青屿等地方,个人感觉我这位新坞根人的头衔可以换一下了。

果然读万卷书和行万里路搭配起来收获事半功倍。两个孩子也从中学到了好多知识。

记得有一天出门前我指指书中一个很拗口的地名跟孩子们说今天的目的地,儿子一脸疑问和担忧,女儿却笑眯眯地说:"怕什么,最难找的地方我们都能找到它,路就在我们鼻子底下!"她扬起一脸的自信。此时的我感觉自己是一位非常成功的母亲,言传身教,身体力行,我做到了,孩子们学到了,自己所掌握的红二师革命史也越来越丰富。我成了一起学习的姐妹们当中最出色的一个。

俗话说,一花独放不是春,百花齐放春满园。我想,一人优秀不算优秀,众人优秀才是真优秀。于是我把《桂庐文集》这本书推荐给一起当讲解员的姐妹们,并带着她们一一走点,这样一来我还有了一个重游温故的机会。

确实知识可以改变和提升认知,原来对讲解稿死记硬背的姐妹也能说出个所以然了。但总是对一份讲解稿"照本宣科"的弊端也非常突出,人们听了没有一点新鲜感。导师提醒我们要"人无我有,人有我精",想要有新突破,我必须要对《桂庐文集》中的英烈故事了如指掌,融会贯通,对书中的内容必须非常熟悉并且善于讲述出来。

经过一而再,再而三地阅读和反复琢磨,果然"读书百遍,其义自见",结果我在坞根镇首批讲解员考核中一举夺魁,成了一名令人羡慕的红色故事讲解员。

转眼间,方海红的红色故事讲解员工作已经3年多了。红色坞根的旅游线路正是她接待游客团队时常走的,这条路,2023年7月她走了16遍;在坞根镇红色旅游最兴盛的时候,她走这条路最高的频率是每天5遍,"一个团队刚带下山,马上返回入口处,紧接着带下一个团队去参观"。尽管有时讲得口干舌燥,有时讲得额头冒汗,出现在游客面前的方海红总是精神抖擞,神态怡然,充分展示了一位职业讲解员应有的风采。

方海红对笔者说:"我开始带团讲解以来,问题和挑战接踵而来,真是应了那句古语'书到用时方恨少'。面对游客提出的各种问题,我明显感觉自己所了解的知识量还不够丰富,我必须要在了解熟悉红二师革命史的同时,还要了解和熟悉同一历史阶段的国内革命史。于是我又开始寻找这方面的书籍,继续阅读,深入理解⋯⋯这就是我和红色坞根的不解之缘,这就是我和《桂庐文集》这本红色书籍的不解之缘"。

第11章：湖畔社区"绘阅读"

2023年8月26日下午，笔者和温岭市妇联王静主席一行在温岭市城西街道湖畔社区绘本馆，实地观摩了一场别开生面的亲子阅读活动——志愿服务者庄琼老师给一群小朋友和家长讲述绘本《小魔怪要上学》的故事。

绘本课结束后，一位家长十分高兴地对笔者说："这堂绘本课上得非常及时，既让小朋友们进一步懂得了上学读书的重要意义，也让我们家长认识到在幼儿园和小学的衔接阶段与孩子一起阅读、促进孩子健康成长的重要意义，它为即将踏上小学之路的小朋友们插上了一双飞翔的翅膀。"

湖畔社区党总支书记徐慧丽说：

> 今天进行的绘本阅读课是我们湖畔社区坚持开展的"绘阅读"系列活动中的一个组成部分。
>
> 自2022年起，我们社区依托新落成的湖畔社区文化驿站，联合城西街道妇联、温岭市图书馆等力量，积极推广儿童早期阅读教育，特邀具有丰富儿童教学经验的温岭市阅读推广人庄琼老师开设了绘

本阅读课。

截止到2024年6月,我们社区已持续开展3期绘本阅读活动,课堂选择生动有趣又富有教育意义的优秀绘本,通过庄琼老师的专业指导,让孩子们在轻松愉快的氛围中,感受阅读的乐趣,培养阅读习惯,同时激发他们对自然、生活、科学的探索欲望。

徐慧丽从"妙笔'绘'趣课""巧思'供'民需"和"多元'畔'成长"三个方面讲述了湖畔社区开展"绘阅读"读书活动的基本经验和做法。她说:

在绘本课开课准备阶段,我们秉持严谨细致的态度,进行了全面而周密的考虑与规划。

我们针对绘本课所服务的社区儿童群体,展开了一系列详尽的调研工作。调研内容涵盖了参与绘本课的儿童年龄分布、儿童对绘本内容的偏好与需求、期望的绘本课堂形式,以及绘本课的理想开展时间等多个方面。通过对这些数据的收集与整理,我们得以全面把握儿童们的实际需求与期望,为后续的课程规划提供了有力的策划支持。

在调研结果的基础上,我们精心制定了一份详尽的绘本课运行方案。这份方案不仅详细列出了绘本课的实施步骤与流程,还针对可能遇到的问题与挑战提出了相应的解决方案。随后我们与庄琼老师进行了深入的沟通与讨论。庄琼老师凭借丰富的教育经验和专业素养,结合绘本课运行方案,进一步明确了绘本课的教学目标与教学内容。她充分发挥自己的专长,根据儿童们的年龄特征和每一本绘本的独特性,精心设计了丰富多彩的课堂教学内容,包括精心的绘本选择、引人入胜的故事讲解及富有创意的互动环节等,旨在激发儿童们的阅读兴趣,培养提升他们的阅读能力和创造力。这一系列的筹备与规划为绘本课的顺利开课奠定了坚实的基础。

在"硬件"保障方面,湖畔社区文化驿站专为满足社区内不同年龄段人群的阅读需求而精心打造。这座新落成的文化驿站不仅在设计上独具匠心,更在细节之处体现了对读者的深切关怀。场馆内,儿童、青年、成年三个阅读区域分别划分,布局合理且相互独立,保证了各个年龄段的读者都能拥有一个静谧的阅读空间。特别是儿童阅读区,为了方便低幼年龄儿童的使用需求,专门配置了适合儿童身高的桌椅板凳,让孩子们在阅读时能够坐得舒适、看得清楚。同时,这些桌椅板凳还采用了环保材质和孩子们喜欢的色彩,既保证了孩子们的健康安全,又增添了一份童趣。温岭市图书馆也为湖畔社区的绘本课提供了大力的支持。他们提供了丰富的图书绘本资源,从经典故事到科普知识,应有尽有,确保了孩子们在课程中能够接触到多样化的故事和知识,同时我们还定期更新图书,确保孩子们能够时刻接触到不同风格、不同内容的绘本,让孩子们始终保持对阅读的新鲜感和兴趣。在这里,孩子们可以尽情地畅游在书海中,享受阅读的乐趣。而家长们也可以在这里陪伴孩子一起阅读,增进亲子关系。

笔者在现场发现,在绘本阅读课堂上,可以看见孩子们整齐舒适地坐着,完全沉浸在绘本的海洋中。庄琼老师用她温柔而富有感染力的声音,绘声绘色地为孩子们讲述着每一个绘本故事。她时而引导孩子们观察画面中的细节,时而与孩子们分享故事中的寓意和道理,让孩子们在听故事的过程中不仅收获了快乐,还增长了见识和智慧。作为成年人的笔者也在这堂生动有趣的绘本课上收获了一种"童年读书"的快乐。

"硬件"够"硬","软件"可不"软"。湖畔社区结合文化驿站的场地搭建,相应的阅读课程也同步配置到位,面对不同的绘本内容,社区针对性地准备了配合绘本内容相关的道具和素材。例如,《影子是我的好朋友》

是一本专门为孩子们讲述光与影关系的绘本,绘本内描述了影子是怎么形成的、影子有什么特点等。在绘本讲解中,庄琼老师巧妙地使用教学投影仪所形成的光影效果,带领小朋友们和爸爸妈妈一起玩影子的游戏。比起简单的绘本教学,一起和爸爸妈妈们玩影子游戏更能让小朋友们直观感受到光与影的神奇之处。《阿诗有块大花布》这本充满传统中国元素的绘本,它采用灰黑色水墨画与传统红色剪纸艺术相结合,讲述了阿诗用自己的方式收获了友情,明白帮助他人是一件快乐的事情。结合这次绘本课的内容,志愿者们在讲课环节结束后还专门准备了趣味剪纸活动,让孩子们不仅仅只是上了一堂绘本课,更能够在和绘本内容密切结合的手工劳作中充分发挥自己的想象力和创造力,更深入了解了绘本中所想表达的深刻内容和意义。我们还将课堂设置在风景如画的九龙湖湿地公园内,让亲子一同赴春约、品春色地阅读《你真的看过一朵花吗?》;结合端午佳节,大家伙一起备糯米、包粽子的《小粽子,小粽子》;此外,还有和世界地球日一起开课的《如果地球被我们吃掉了》;等等。

徐慧丽说:

精彩的绘本故事以其丰富多彩的图画和生动的故事情节吸引了孩子们的注意力,让他们感受到了在阅读中的乐趣。这种乐趣不仅能让孩子们更愿意主动阅读,还能培养他们的阅读习惯,为未来的学习打下坚实的基础。绘本中的故事往往蕴含着深刻的人生哲理。通过阅读绘本,孩子们可以在潜移默化中学习到如何面对困难、如何与人相处、如何尊重他人等重要的社交技能和价值观。这对孩子们的成长和发展有着非常重要的影响。绘本阅读还能激发孩子们的想象力和创造力。绘本中的画面和故事情节往往需要孩子们自己去想象和理解,这有助于培养他们的思维能力和创造力。绘本阅读还能促进亲子关系的和谐。在阅读绘本的过程中,父母可以和孩子一起探讨故事情节、分享感受，这不仅能增进亲子之间的沟通和理解，还能让家庭氛围更加温馨和谐。

互动学习、寓教于乐，以不同种类、不同内容的趣味绘本为基础，针对性量身定制各式各样特色鲜明的讲课模式和方法，如户外拓展课堂、问答式讲解、书中角色扮演等，通过基础课堂——拓展联动——课后反馈，递进式的教学模式激发孩子们的阅读兴趣和积极性。我们的绘本课不仅注重知识的传授，更关注孩子们的情感体验和思维发展。在庄琼老师的引导下，孩子们逐渐沉浸在绘本的世界里，真正感受到了阅读的乐趣和魅力。

徐慧丽认为，信息化时代，阅读的快速化、碎片化正不可避免地影响人们的生活和思维方式。如何培养孩子良好阅读习惯显得尤为重要，而亲子阅读，父母的引领与陪伴对孩子阅读习惯的养成具有重要影响 。社会的快速发展，信息时代已经到来，儿童获得知识的渠道也越来越多样化，同时也带来了巨大的挑战。在这个复杂多变的世界里，如何为孩子们营造一个健康、安全、快乐的成长环境，成为当下社区关注的焦点。

徐慧丽说：

我经常听到这样的话语："徐书记，周末社区有什么活动吗？我们小宝说上回参加社区儿童节活动很开心，还想再来社区玩。""徐书记，有没有那种类似于儿童早教的社区计划呀？""徐书记，我们家宝宝一直很喜欢在社区文化驿站里面看绘本，但是她自己阅读存在一定的困难，我又没空一直陪她，能不能开个公益性的绘本讲解课呢？"社区儿童对阅读的需求，社区家长对教育的期盼，这些话语都被我深深地记在心中。

急民所急、供民所需，我们湖畔社区一直致力于为广大居民提供一个充满爱与关怀的成长环境,特别是在儿童教育领域。因此,我们决定开展包含"试点性""阶段性""拓展性"三个方向递进成长的湖畔特色儿童阅读课堂,通过专业的老师引导,让孩子们感受阅读的乐趣,培养阅读的习惯。同时,社区也希望通过这样亲子阅读活动,激发孩子们对自然、生活、科学的探索欲望,结合多方面考量和供求关系调研,我们确定了儿童绘本阅读课为社区阅读工程的系列计划,同时也是阅读人群拓展计划的第一阶段。

推进阅读行动,需要家校社协同。湖畔社区积极创新开展儿童亲子绘本阅读活动——"绘悦读",旨在沉浸式体验绘本内容,营造亲子阅读的良好氛围,打造书香社区的典范。每年举办60多场阅读活动,让湖畔社区亲子阅读的氛围越来越浓厚,通过引入专业阅读推广人进社区、进家庭给予相关指导,帮助孩子养成良好的阅读习惯。

徐慧丽说:

首先儿童绘本课满足了家长们对高质量儿童教育的期望。在快节奏的现代生活中,家长们渴望为孩子提供一个既有趣又富有教育意义的成长环境。绘本以其独特的魅力,能够吸引孩子们的注意力,培养他们的阅读兴趣和习惯。同时,绘本中的故事情节和人物形象,也能激发孩子们的想象力和创造力,促进他们情感、认知和社交能力的发展。

其次,儿童绘本课有助于构建儿童友好型社区。一个儿童友好的社区,不仅要有完善的设施和服务,更重要的是关注儿童的身心健康和全面发展。儿童绘本课作为社区文化活动的重要组成部分,能够吸引家长和孩子们共同参与,增进邻里之间的交流和互动。同时,通过绘本课的学习和交流,孩子们能够感受到社区的温暖和关爱,增强对社区的归属感和认同感。最后,儿童绘本课符合国家对儿童教育事业的发展要求。

莎士比亚说:"生活里没有书籍,就好像大地没有阳光,智慧里没有书籍,就好像鸟儿没有翅膀。"阅读能潜移默化地丰富孩子的精神世界。我和先生一直非常重视孩子阅读习惯的培养,我有一个7岁的女儿,在我的引导下,孩子喜欢每天睡前阅读半小时,久而久之养成习惯,孩子既能讲故事又能识字了。亲子阅读就渐渐过渡为由父母引导变成孩子的自主阅读。当孩子独立阅读时,我们要做的就是在旁边默默陪伴,或看书或工作,但是不要看电视或者玩手机,给孩子创造一个安静的阅读环境和氛围。

我觉得,把阅读的种子播撒在孩子心间,不仅能健全孩子的知识结构,还能培养孩子的想象力、创造力和共情能力,同时阅读也是很好地培养孩子情绪、思维稳定性及良好学习习惯的途径,亲子陪伴阅读的习惯和质量也会内化为孩子未来的一种能力素养和思维方式,对孩子的学习和生活实践产生巨大影响。读书既是教育的重要内容,也是教育的重要手段和媒介,更是家庭、家教、家风建设的好抓手,培养孩子养成读书的习惯,孩子一生受益。

当前,我国高度重视儿童教育的发展,提倡以儿童为中心的教育理念。儿童绘本课作为一种新型的教育形式,能够弥补传统教育的不足,为孩子们提供更加丰富多彩的学习体验。通过绘本课的学习,孩子们能够接触到更多优秀的绘本读物,拓宽视野,培养审美情趣。同时,绘本课也能够为孩子们提供一个自由、宽松、充满想象力的学习空间,让他们在这里尽情地探索、学习和成长。

徐慧丽说:"我们期待通过开展儿童绘本课这一活动,为孩子们提供一个充满爱与关怀的成长环境,让他们在绘本的世界里畅游、学习、成长。

同时也希望通过这一活动,增进邻里之间的交流和互动,构建更加和谐、美好的社区环境。"

首先,阅读在儿童未来的成长中扮演着至关重要的角色,其深远影响不仅仅局限于知识的积累,更在于对儿童全面发展的塑造。阅读的过程不仅仅是文字的解读,更是心灵的启迪和思维的拓展。在儿童的成长过程中,书籍是他们打开世界之窗的钥匙。通过阅读,儿童能够接触到丰富的知识和信息,从而拓宽视野,增长见识。这些知识不仅能够帮助他们更好地理解周围的世界,还能为他们的未来学习和职业发展打下坚实的基础。其次,阅读是一种需要不断思考和理解的过程,它要求儿童在阅读过程中不断提出问题、分析问题、解决问题。这种思维训练有助于培养儿童的逻辑思维能力、批判性思维和创新能力,使他们在面对复杂问题时能够更加冷静、理性和创造性地应对。

此外,阅读还能够促进儿童的情感发展和人格塑造。优秀的绘本和儿童文学作品往往蕴含着深刻的人生哲理和道德观念,通过阅读这些作品,儿童能够学会关爱、尊重、勇敢、诚实等品质,从而形成良好的人格基础。

同时,阅读还能够让儿童在阅读过程中感受到情感的共鸣和心灵的慰藉,有助于他们形成健全的情感体系。更为重要的是,阅读对儿童的语言表达能力和写作能力有着直接的促进作用。通过阅读,儿童能够接触到丰富的词汇和句型,学会如何准确地表达自己的思想和感受。这种语言表达能力的提升不仅能够让他们在日常生活中更加自信地与他人交流,还能够为他们的写作打下坚实的基础。在阅读的过程中,儿童还能够学习到作者的写作技巧和表达方式,从而逐渐提高自己的写作水平。

徐慧丽说:

以绘本课为主题的亲子阅读活动,不仅拉近了家长和孩子间的距离,也增强了孩子团队合作意识和家庭凝聚力。随着儿童绘本课的成功开展,我们深刻认识到亲子互动在儿童成长过程中的重要性。秉持着为儿童创造更多欢乐与成长空间的初心,我们将继续深化亲子项目的拓展,致力于构建一个真正意义上的儿童友好社区。我们的未来发展计划不仅是为了丰富孩子们的课余生活,更是为了营造一个充满爱与关怀的社区氛围,让每一个家庭都能在这里找到归属感和幸福感。

为了实现这个目标,我们将继续挖掘并整合社区内外的各类资源,包括场地、设施、资金以及专业人才等,以确保亲子项目的顺利实施。同时,我们也将不断创新活动形式,丰富活动内容,让每一项亲子阅读项目都能贴近儿童的实际需求,激发他们的参与热情。我们将定期举办多样化的亲子互动活动。例如:组织户外探险活动,让孩子们在亲近自然中锻炼体魄,培养他们的团队协作能力;设立手工艺制作工坊,让孩子们在动手制作中感受创造的乐趣,培养他们的耐心和专注力;开展科学小实验活动,让孩子们在亲身体验中感受科学的魅力,培养他们的探索精神和创新思维。

除了活动内容的丰富多样,我们还将注重活动的质量和效果。我们将邀请专家学者、志愿者等共同参与亲子项目的策划与实施,为家长们提供科学的育儿指导,帮助他们更好地陪伴孩子成长。同时,我们也将通过定期评估活动效果,及时调整和完善项目内容,确保每一项亲子项目都能得到居民的认可和支持。

此外,我们还会重点关注社区亲子阅读项目的延续性和品牌影响力。通过持续不断地推广和宣传,让更多的人了解并参与到我们的社区阅读项目中来。同时,我们也将加强与其他社区、组织的交流与合作,共同推广儿童友好社区建设的理念和实践经验,为更多家庭带来福祉。我们相信,在大家的共同努力下,湖畔社区将成为孩子们快乐成长的乐园,家长们放心托付的家园。

庄琼老师对推动我们社区亲子阅读活动的顺利开展贡献多多。

说起爱上绘本课的缘由,庄琼老师非常坦诚相告:

我出生在第一缕曙光照耀的石塘镇,我的童年是一个被石屋和大海围绕的美丽梦幻般的童年,这种优雅的生存环境从小让我认识到静逸、宽广的空间对塑造一个人美好心灵的重要性。或许是家里人当老师比较多的缘故,家中一排排的书柜,一本本好书成了儿时记忆中最美好的画面,这是我一生最难忘的情景。

随着年龄的增长,我开始对周围的世界产生了更多的好奇心,阅读成了满足我这种好奇心的最佳途径。它不仅仅是一种求知的方式,更是一种心灵和情感的寄托。古人曰:"书犹药也,善读之可以医愚。"读的书越多,越能明白读书可以解决问题,使人明白事理。在某一处安静之处捧一本书、拿一支笔,沉浸在书里面人的生活,并在书中标示出喜欢的词、句,把感悟及时记录在书中是我最美好的时光。儿童和少年时代阅读兴趣的养成不仅影响了我对幼儿教育的职业选择,而且引导我走上了积极参与儿童绘本导读公益事业的道路。

"亲子阅读领航计划"和"喜"悦绘本亲子阅读系列活动进社区活动是由台州市妇联、温岭市妇联、温岭市图书馆联合举办的亲子阅读推广活动,随着这项活动的深入开展,分别在温岭市妇女儿童活动中心、西溪社区、湖畔社区、开元社区、九龙社区、湖心社区开设了相关的公益亲子课堂。

2017年,庄琼老师成为温岭市妇女儿童活动中心"喜阅吧"亲子阅读公益项目名师团的一员,结合自己的工作经验和对3~6岁幼儿年龄特征和心理的了解,以绘本为载体,设计了许多有意思的绘本阅读活动,受到了家长和孩子的欢迎。

庄琼老师认为,绘本是一种图文并茂、富有艺术性和故事性的读物,适合所有年龄层的读者,尤其在儿童教育中有着不可替代的重要地位。优秀的绘本结合儿童生理和认知的发展特点,以适合儿童的方式呈现故事,这样的方式既能吸引儿童,又能潜移默化地促进其语言、想象和认知能力的发展。而亲子阅读是一种极具教育价值的活动,它不仅有助于孩子身心健康和全面发展,同时也为父母提供了与孩子沟通和成长的宝贵机会。

2022年12月底,庄琼老师开始参与温岭市城西妇联启动的"喜"悦绘本亲子阅读项目,进入城西各个社区开展活动。每期活动第一次,庄琼老师都会向家长和孩子介绍绘本的特点和结构,帮助大家了解绘本的特点、学习阅读绘本的方法和选择适合孩子绘本的策略。

庄琼老师认为,绘本的内容多种多样,有讲述生活故事的,有描绘自然和动物的,也有介绍科学知识的。它们通过图文的结合,不仅提供了阅读的乐趣,同时也能够培养孩子的审美能力、语言表达能力和想象创造力。

在儿童教育中,绘本扮演着尤为重要的角色,因为它们能够以孩子们容易理解和接受的方式,传递复杂的概念和情感。其结构通常包括以下几个部分:封面、前环衬、扉页、正文、后环衬、封底。很多读者在阅读绘本时,常常直接从正文开始读,这是错误的阅读方法!阅读绘本正确的方法是从头到尾阅读,不遗漏任何一个部分。其实,绘本的每一个部分都藏着信息。有些绘本,在阅读时如果漏掉其中某个部分,会导致读不懂绘本。例如,封面传递的内容有:书名、作者(译者)、出版社等信息;介绍书中的角色;提供内文的主要信息。封面的图画有的是从正文中选取一张,有的是单独创作;还有一种情况是展开全书,封面和封底可以连成一整幅画。读者可以从封面,对故事有一个大概推测,从而被吸引,进而展开更深一步的阅读。有的精装绘本还会有护封,护封又称书衣、外封面,是绘本的外包装纸。一般护封有三个作用:展示书名、作者、出版社等信息,保护绘本不易受损,装饰绘本提高档次。腰封也称"书腰纸",图书附封的一种形式,是包裹在图书封面中部的一条纸带,属于外部装饰物。腰封一般附在书籍封面的腰部,其宽度一般相当于图书高度的三分之一,也可更大些,可分为横腰封、竖腰封。腰封上可以印和这本图书相关的宣传、推荐性文字。它的主要作用是装饰封面或补充封面的表现不足,一般多用于精装书籍。

庄琼老师的绘本课根据四季、特殊节日及促进孩子各方面的发展需要来选择主题绘本。

春天到了,她选了《种一个春天》绘本。该绘本以陕西榆林治沙的故事为背景,通过绘本中的精美插图给孩子们讲述了关于一代人如何将沙漠变绿洲的绿色奇迹。庄琼老师用她独特的教学风格,将书中的情节和画面生动地呈现在孩子们面前,孩子们仿佛化身书中主人公,置身于一片郁郁葱葱的西北绿洲,从而更加懂得保护环境的重要性。自此,环保的种子在孩子们的心里慢慢发芽。

夏天、秋天和冬天,她都会为孩子们选择相应主题的绘本。

庄琼老师一直践行"读万卷书,不如行万里路"的理念,每年要去新地方采风。2023年8月,她去了银川。在祖国西北有这样一个地方,浩瀚无垠的腾格里沙漠,从西北方向滚滚而来,在这里被奔腾而下的黄河波涛劈头截住,形成了百米高的大沙山,这里就是王维笔下"大漠孤烟直,长河落日圆"的宁夏中卫沙坡头。

她十分感慨地说:"坐了8小时的越野车,在腾格里沙漠穿越五湖和浩瀚无垠的沙漠,只有真正踏上沙漠,才能理解平时身边绿色的珍贵。"

为了让孩子们一起感受沙漠的神奇,探索沙漠的奥秘,庄琼老师专门设计了绘本课《沙漠奇妙夜》,通过这个绘本课,带领孩子们走进浩瀚的沙漠。

当夏日的太阳落下时,宁静的沙漠在短短几小时变得缤纷热闹,小动物们赶来参加一年一度的盛会——巨人柱仙人掌即将绽放奇妙之花。庄琼老师绘声绘色地讲述着,不时地引出相关问题,引导孩子们观察沙漠中都出现了哪些植物和动物,孩子们兴致勃勃地拉着爸爸、妈妈一起寻找绘本上的动植物。孩子们踊跃发言表达自己特有的想法,你一言我一语,争相讨论,一起参与到这场大自然的奇迹中来。

端午节,庄琼老师选择的《小粽子,小粽子》绘本将传统文化与幽默诙谐相结合,通过拟人化的粽子角色,小朋友们可以了解到不同地区的粽子文化。绘本中有很多有趣的小细节,如小粽子们滑稽的形象、逗趣的表情、幽默的对话,引得孩子们捧腹大笑,无形中增加了他们阅读的乐趣,同时也激发他们对传统文化的好奇心,培养他们自主探索的兴趣。绘本还提醒孩子们要保护传统文化,明白每个人都有保护和传承传统文化的责任和义务。

庄琼老师还善于引导孩子们在绘本中体验科学知识,进行科学启蒙教育。《影子是我的好朋友》是一本专门讲述光与影关系的绘本。从儿童的视角出发,以儿童最能接受的方式,回答他们最想知道的科学问题:影子是怎么形成的、影子有什么特点等。讲完绘本后,她又带领小朋友们和自己的爸爸妈妈一起玩影子的游戏,在爸爸妈妈的帮助下,小朋友们在墙面上、地面上投射出了一个个形状奇特的影子,让他们更直观地感受到光和影的神奇之处。

庄琼老师还注意在绘本中引导孩子们发现自我,认识自我。《从前有个筋斗云》讲述西天取经的后续故事。取经成功后筋斗云也列入了仙班,可它无拘无束的性格惹了不少麻烦:就像一个小孩子,不喜欢被管束,老是在得意时忘了别人制定的"条条框框",也总是在帮助别人时触犯"天条"。但是因为它天性善良朴实,最后终于找到了自己喜欢并适合自己的生活环境。

庄琼老师还"借题发挥"地对孩子们说,其实,每个人都有缺点,只要心存善良,扬长避短,坚定地追逐梦想,就会成为一个独一无二的自己。这堂关于天性与成长的较量的绘本课,不仅帮助父母"认识"孩子,也让孩子"发现"自己。

在湖畔社区的儿童绘本课上,庄琼老师相继与孩子和家长们一起分享了感受奥运精神的《冠军艾格》,发现生活美好的《克里克塔》,寻找人生秘诀的《蛤蟆爷爷的秘诀》,正确认识自己的《小绿狼》,学习中国文化的《你会写字吗》,以及学会逐梦成长的《小魔怪要上学》等系列儿童绘本故事。

庄琼老师说:"在'喜'悦绘本亲子阅读系列活动中,七次活动、七个故事、七段成长,通过讲述绘本故事,从童话到亚运,从文化到自然,从读书到做人,为孩子们编织了一幅幅绚烂的画卷。让孩子们在快乐中感受成长的力量,在文学的海洋里翱翔,汲取智慧的甘露,将读书做人的种子从小播撒在孩子们的心灵深处,让读书做人的理念扎根在孩子们生命的基础阶段,为他们的成长之路点亮一盏明灯。"

作为一名绘本导读师,庄琼曾经获得温岭市总工会演讲比赛一等奖和"2024"温岭市优秀阅读推广人的荣誉。她的绘本阅读课被温岭电视台、掌上温岭和人民网等媒体进行了广泛报道。

庄琼老师说,"喜爱读书的孩子不会变坏。"这里所指就是书籍中蕴藏着丰富的寓意,可以启迪孩子的思维,融入他们的人格养成,进而教导他们的行为。其实,亲子共读最好的方法,就是陪着孩子一起读书,不管是各读各的书,还是共看一本书,都会让孩子体会到,他和爸妈正在共同做一件很重要的事。久而久之,孩子自会把读书当成重要事看待,而乐在其中,更可以透过阅读,亲子的感情将因共同回忆而更加密切。

访谈结束时,庄琼老师对笔者说出了自己的肺腑之言:"作为一名绘本阅读的指导老师,我能够陪伴着家长和孩子一起读一本书、解读一张图片,朗读一句优美的话,陪着大家一起爱上阅读,将读书做人的种子从小播撒在孩子们的心灵深处,让读书做人的理念扎根在孩子们生命的基础阶段,为他们的未来成长之路点亮一盏明灯。这是一种多么大的荣耀和幸运啊!"

第12章：书香缕缕润心田

在全国著名的书香校园——温岭市新河中学一间明亮的教室里，一个读书现场会正在进行，一位目光炯炯的老师正在用沙哑的嗓音讲述生动有趣的读书故事，课堂上不时发出少年学子们爽朗的笑声——这位深受同学们喜爱的"讲书人"就是该校图书馆阅读指导教师、全国著名的阅读推广人江富军先生。

像这样的读书故事会，江富军先生已经主持了15年。他十分自豪地对笔者说："我的一生与书结缘。"

在江富军先生的心灵深处，永远忘不了少年和青年时代渴望读书的故事：

有一天我和当老板的表弟一起闲聊时，说到小时候读《烈火金钢》时的着迷劲儿全都呵呵大笑。这本书是他舅舅（也是我叔叔）的，可以说传遍了我们小小家族的小孩子们。一本因封面失落而补缀起来的抗战故事图书，在那个书荒年代，给我们这些少年留下了最美好的记忆，成了哺育我们一起成长的精神食粮。

如今几十年过去了，我俩对这本书的深刻印象回忆起来恍如昨天。当年从这本书出发，表弟经商办厂，我读书教书，40多年了，我们走过了不同的人生路，现在又归源于同一本书上，人生就是这样与书为伴，"风雨兼程"，回想起来，不禁感慨系之。

我小时候爱书买不起，就借书；借不到，就想书。

那是一个闹书荒的年代。尤其对农村孩子来说，书荒更为明显。我们就读的村级小学是没有图书室的，农民家中更没有能力买书。我能读的是每人一本的《毛主席语录》，每家一套的《毛泽东选集》，还有哥哥姐姐的课本，与隔壁叔公家的《浙江日报》《参考消息》。

新华书店里，我经常看着柜架发呆。连环画是我最钟爱的，里面有许多故事。借书摊上可以租书，厚的一分钱一本，薄的一分钱两本。更多的时候是没有钱，就只能看看封面。这些连环画一排排，一串串用线斜挂着，连成一片，好似一桌诱人的美餐。幼小的心灵里幻想着有一天自己能够全部拥有，那该是何等的奢侈啊。

花钱看书的日子很少，头脑中就这样想着书，我们扑向田野，滚一身泥，抓来泥鳅、黄鳝，卖得几角钱就奔向了新华书店。通常叫售货员拿出一本书看看，往往先看定价，再看提要。装作要买的样子，再看一本，看了三本提要后再决定买一本。买好了，先嗅嗅书。新买的书是散发着一种墨香味道的，边走边看。看一会儿就合上书想象书中的故事情节。回到家里，舍不得看完，决定先看三分之一，明天再看。接着又合上书继续想着故事情节，想着想着，忍不住了，再看，有时已经吹灭了灯盏，还要划燃火柴重新点上。一本连环画看完了，五分钱一角钱没有了的遗憾便涌上心头。接着就"强迫"自己忘记书中的故事情节，这样就可以在一周或半个月之后重看时，重新产生新奇感。但是书中的故事情节在头脑中盘旋不去，往往反复咀嚼，不断品味，又忍不住时常翻开。

记得当时品味比较多的故事情节是：地主残酷压迫农民，之后必是农民反抗。合上书想象斗争地主时地主低下头被挂上牌的情景，内心痛快极了。当看到地主周扒皮半夜装鸡叫，被长工当作贼打时，我会放下书，想象周扒皮挨打时的细节与心情，内心的愤恨心情就得到了释放。

自己买书是边看边想。偶尔借到一本书，是马上翻看，不断翻看，看完后按时还给人家，还书后回想。有时记不起某个故事情节，就会懊悔，就会用自己的想象去补充。

从小爱书成了我的习惯。有人向我借书，我就说：翻书不能用指甲划，一划就会出皱纹。书看后不能折页，要用书签。我这一说，借书者总会尴尬起来，有的甚至不借了。

当年为了不让父亲发觉，我把新买的书放在衣服里面挟进来，以减少父亲的指责。至今我还在生某一位朋友的气：他借走了我买的劳伦斯小说《虹》，后来他离婚了，这本书成为其妻子的财产带走了。我至今念念不忘。

母亲把我积累的报纸剪报和中小学课本作业簿全当作废纸卖了，把卖得的钱交给我，我真是哭笑不得。至今为止，我一辈子最生母亲气的就是这件事。

至今下落不明的书：一本是西蒙娜·德·波娃写的《第二性》；一本是介绍弗洛伊德《精神分析引论》的书。

哥哥说：等你结婚了，这些书就没有用了。

父亲说：你买这么多书，看得完吗？比如买菜，买多少，吃多少，吃不完就浪费了。

他们当年说的这些话让我气愤了三天，却让我思考了一辈子……读中学时，我最羡慕的人是图书馆管理员陈志春老师。他戴着眼镜，镜片厚厚的，在我们学生眼里他是学识最丰富的人。同学们想借书就围着他转，常听他讲故事，他很少讲打仗的。记得当时他与韩阳同学讨论王安石与苏东坡，说他们政治上是敌手，文学上是朋友的关系，我第一次听说和领会到这些有趣味的故事叫文人轶事。

记得20世纪80年代末，陈志春老师组织图书馆成果展示会，把我的一些小论文在学校展出了，我好有一股书香浓浓的味道和怡然自得的心情。我现在把同学们的文章收集起来，也想让他们享受这种书香浓浓的美味。

后来我在新河中学图书馆组织读书会重视学生讨论说书聊天，可能就是受到了这种读书氛围的影响。这真是一种特殊的缘分。

记得当年买书总在月初发工资时，掏空我们穷青年的腰包，却支撑起浓厚的阅读兴趣。尽自己财力买书，挤时间读书，让书籍丰富自己的生活，解释自己的疑惑，这些就是当年我们精神生活的唯一选择。

当时没有网络，没有更好的娱乐活动，阅读至少是反抗单调生活，拒绝沉沦的方式之一。当时做着文学梦，梦没有实现却滋润了自己的阅读与青春。有时翻到嵌在旧书里的购书发票，看到当时的书上有书店盖章，还看到居然有一张粮票车票，更加感叹岁月匆匆，更加珍惜青春时代的美好追求。

少年和青年时代养成的读书习惯一直延续到江富军先生的现在，他在一篇文章中写道："我爱读书，也愿意利用时间去阅读。无论宅在家里，还是平时上班，总会留出一段或长或短的读书时间；无论因公出差，还是外出学习，总会带上几本书；书房、办公室之外，无论卧室客厅，还是车里包内，都有随手可取的书籍；无论自己开车，还是乘坐飞机高铁，总会利用一切可利用的时间，瞄上几眼，或读上几段……从儿时的连环画，到稍大后的演义小说，到大学时的人物传记，再到工作后的文史哲类、教育类书籍和专业期刊，可谓涉猎广泛。在书中，与主人公相遇，情境共历、情感共鸣;在书中,跟大师对话,思想交锋、观点碰撞,从中读出了自己、读出了疑问,也塑造了自己的思维方式和行为方式。"

谈到和阅读推广结缘,江富军先生说:

那是19年前(2005年)的6月,我正带着高三学生赴考时,绝没有想到会是我一生中最后一次带考——将近1年的喉咙声嘶,到手术后声音嘶哑。

一场疾病暂时按住了我的生命"慢行键",同时也给了我对今后生命旅程的深刻思考。此时此刻,我的脑海浮现出了老校友闻邦椿院士的亲切形象,虽至鲐背之年,初心仍是耕者。60岁以后仍然读书不息、笔耕不辍,百余本作品,成于笔端,世所罕见。他从新河中学走向远方,是天下读书人的楷模,也是我应该效仿的人生楷模。

"半榻暮云推枕卧,一犁春雨挟书耕。"又想到我们中华民族自古就有耕读传统,实现中华民族伟大复兴,阅读是题中之义。"全民阅读""阅读推广"主题活动,对国人而言,是奋进新征程的心灵驿站,也是笃行不息的加油站。一个不会或不善于阅读的民族,是不可能崛起的;一个忘记或淡化阅读的民族,根本就不可能复兴。

我虽然嗓子哑了,但是可以组织同学们开展课外阅读活动。倡导阅读、阅读立心,让阅读滋养同学们思维品质,夯实做人做事的准则;阅读赋能,让阅读成为行走方式,这是我作为一个语文教师应尽的神圣职责。

于是在学校领导的大力支持下,我继续"上岗",将课堂转移到了图书馆,担任阅读指导老师。

自2008年开始,江富军先生的阅读推广事业从新河中学起步,从新河中学耕耘,从新河中学播种,从新河中学走向温岭,走向全国。

江富军先生15年的阅读推广事业呈现出了3年提升一个新阶段的喜人态势,每个新阶段都是亮点频闪,惹人瞩目。

阅读推广的第一阶段是在2008年至2011年。江富军先生在这个阶段确定的主题是为同学们提供丰富的阅读资料。

他秉承的指导理念是:对正在成长的中学生们,虽然好多阅读眼前见不到功效,但天长日久一定会见"大用"的,会得到远距离的呼应。应该鼓励同学们讨论人生,热爱生活,博览群书,激发阅读兴趣,传递阅读热情,这是为他(她)们的生命奠基。

新河中学早在20世纪90年代就开设了阅读课。江富军先生说:"这是全体新河中学人的骄傲,不在于普通高中率先开始,而在于引导更多人改变——以书润心、与书同行。"他认为,"从严求实,乐教勤学"的校训,"因你,我走向远方"的理念,"爱生如子,爱校如家"的宗旨,以及"先学、先行、先立"的先生之风等等,都蕴含着读书为高、书香致远的文化基因,潜移默化、深远持久地影响着一代代"新中人"。

他认为,学生课外阅读目的在于扩展知识,补充课内。阅读推广以老师为主体,开始简单地推荐书籍,向借书同学提问,师生进行讨论。进一步了解中学生的阅读兴趣,讨论读书对写作的帮助,提供作文材料。

上级要求学校图书馆应该有推荐学生阅读的资料,江富军先生便开始编写发行《汗牛栋活页》。这是一份不定期小报,开始由他一人编辑,后来邀请几位读书活跃的同学参与进来,开始商讨成立读书会,组织相应的读书活动,《汗牛栋活页》就成了读书会的会报。

江富军先生经常向同学们探讨一个问题:同样是读书,学校读书与课外阅读有什么不同点? 一个是规定性的,被动性的,一个是主动性的,自由选择的。课外阅读没有多少标准答案,因而更是实践性的,创造性的。

笔者随手翻开一期由江富军先生和学生们共同编写的阅读材料《汗牛栋活页》,发现薄薄的A3纸上,学生们的随笔展现出令人惊叹的思想深度。他们或用细腻的笔触记叙自己从加缪的《西西弗的神话》开始,在老师的引导下逐步探索哲学和美学的阅读体验;或省察自身,在"功利阅读"和"休闲阅读"的对比中展开思辨,发现两种不同的阅读将抵达不同的远方;甚至从高考作文延伸到对人文精神的理解,去讨论"如何写出一篇无愧于心灵的好文章"……如非亲眼所见,几乎很难相信这样的见解竟出自束发少年之手。这是一张名副其实的一份最接地气的校园"读书报"。

《汗牛栋活页》的推出,是因为2008年上级的一次考核评估检查。当时,检查人员问图书馆有没有向学生推荐图书,新河中学图书馆就推出由江富军先生主编的《汗牛栋活页》。一开始,荐书的方式只是从网上下载欲推荐的图书封面,写几句简介,编印一下就行了。如此编了十几期后,江富军先生感觉这样太简单了,便自加难度,寻找迎合学生兴趣、符合学生阅读深浅度的材料,开展了主题推荐活动,根据主题推荐某一位作家。他喜欢周国平的书,曾推荐过《周国平论道德》《周国平论爱》等,每次都辅以按语、导读、设问、重点提示等。他发现这样效果很好,因为经推荐后,借阅周国平作品的同学人数明显增加了。

江富军先生说:"我们的方法是将读书活动内容归入《汗牛栋活页》,至今出版430多期,最后我们将所有读书内容聚合起来,汇编成了《书生聊阅读》。现在这本书已经正式出版了。我们期待着出版第二本、第三本,这是同学们在母校留下的读书成长的深深足迹,同时也是新河中学阅读推广的一种文化积累和传承赓续。"

阅读推广的第二阶段是在2011年至2013年。江富军先生确定的主题是荐书讨论。他秉承的理念是:荐书即荐心。分析什么是阅读,怎样开展阅读,阅读的作用与阅读环境等内容。开始以学生为主体的阅读推广思路。

考虑到同学们的阅读兴趣,首选选择与影视同步的作品进行研讨活动。大家一起讨论了当时流行的《致我们终将逝去的青春》《萧红》和经典名著《红楼梦》《西游记》等十多部影视作品,讨论心得发于《汗牛栋活页》,向全校推广,也发向网络。

教育管理部门要求进行班级图书角建设,江富军先生提议,在确定书单上采取协商原则,学生推荐,老师把关,陈述荐书理由讨论决定,再向图书馆借书,以此充分发挥学生的阅读主体作用。

江富军先生还注意结合利用学校和学生身边的民族英雄开展读书活动。

抗倭英雄张元勋的故居就在新河中学对面,他还是新河中学文笔塔的建造者。《抗倭英雄张元勋传》这本书是新河中学老校友李椒良先生撰写的,从开始撰写到成书,历时4年写完。李椒良先生循着张元勋当年走过的足迹,搜集资料,精心写作,终于完成了这部书的写作。

江富军先生对同学们说:"现在我们读这本书,写写我们的体会感受。如果同学们要继续请教,我们可以邀请李椒良先生来校与我们面对面授课解惑。还有戴复古先生,他是我们新河人,他的足迹就在我们现在新河中学这地方,前年读书节组织了一批同学写了许多感悟,现在我希望同学们继续写下去。当然,这是我们温岭共同的文化资源,各个学校都应该写,然而对新河中学人来说应该更有文化价值。"

江富军先生认为,阅读,是成长的摇篮,同时也是他编著的一本书的名字。他是在编写阅读推广材料《汗牛栋活页》和指导中学生读书活动的过程中,渐渐形成这个阅读推广主题理念的。

从这个角度来说,他能出版这本书,可以说是"塞翁失马,焉知非福"。正是因为调到了图书馆担任阅读指导教师,他才有机会更深入地思考阅读理论,并在阅读推广中践行。

《汗牛栋活页》也刊发他自己撰写的有关阅读的随笔,这样日积月累下来,就形成了《阅读成长的摇篮》这本书的基础。

在撰写《阅读成长的摇篮》前,江富军先生本来只是打算将7年来的

《汗牛栋活页》精选成册提供给同学们的。后来,他不满足于此,又从阅读理念、阅读与成长、阅读方式等三个方面加以整理提炼,整个过程以自己的体验为主线,把这几年的工作和思考捋了一遍。这样就使全书有理论探索,也有操作实践;有阅读观点,也有读书故事;有教师的指导意见,也有学生的实际感受。

他认为,这本书是"一盘拼盘菜,一本从青少年实际出发的心灵读物,至少是启发中学生作文思路的个性化材料"。

阅读推广的第三阶段是在2013年至2015年。江富军先生确定的主题是阅读立心。他秉承的理念是:思路集中于阅读与成长。这个理念得益于朱永新教授的"一个人的精神发育史就是他的阅读史";徐雁教授的"读有字书悟无字理""大阅读"等学习理念,重点落实在阅读与精神成长的关系上,提出"阅读立心""阅读,永远的好奇,永恒的探索"等新颖观点。启发学生思考自我认知与生命意识,从阅读中进行文化自我认定,利用中学时期的阅读为一生的成长奠定丰厚的精神基础。

在荐书即荐心的理念上,江富军先生组织同学们罗列自己的书单、名言,也进行自我标识,如给自己起名号,给自己的书房命名,给自己一个座右铭等等,调查同学QQ名、街头商店命名。达到知己知彼,进而自我定位。

开展阅读调查,进行了大型的全校阅读调查,阅览课调查,书房调查,这些调查与相应的阅读随笔陆续发表于《图书馆报》等报刊上。

进行了三届"新中书生"评选活动,报名、笔试、面试,二比一评比。报名时由语文老师推荐与自荐结合,笔试以阅读量与阅读理念为主,面试有自我介绍、选答、抽签答、老师提问等环节,学生在面试时讲阅读与成长,讲自己喜欢的书与作家,讲自己将要读的书与人生规划,充满了热情与向往,展示了书生风采。让同学们回顾自己的阅读生活,给自己一个理由,一个总结与交代,也给出自己的追求方向。

江富军先生介绍说,新河中学图书馆名为"阅读中心",楼名叫"汗牛栋",取书籍"汗牛充栋"之意,图书馆三楼语文组活动室顺势命名为"百叶阁",意谓学知识需要像牛一样反刍咀嚼,把讲堂也称为"百叶讲堂",顺势贴上中国名画《五牛图》。

在学生中展开了阅读理念大讨论,同学们从几百条理念中推选出13条,最后校团委组织300位同学进行投票,选出"阅读,永远的好奇,永恒的探索""阅读立心"为新河中学的阅读理念,"阅读立心"也成为图书馆的别称,由林建光老师书写,雕刻成匾额。

阅读理念大讨论活动经常进行。采用同学们的阅读理念布置图书馆,分为推荐与撰写两种,定下理念后再请学校书法协会同学书写,做成条幅,署上撰写者、推荐者与书法者的名字,分别装饰于图书馆柱子上。这样的书香楹联有70多条,整个图书馆的柱子充满了"学生书香文化味"。其中不乏寓意深刻,文采斐然的楹联。譬如陈雨平的撰书"阅读之于我,若水之于鱼;书之于我,若影之于人";陈锦亿撰,江芷瑜书"存在着一种正确的读书方式,就是让自己配得上这本书";江松凌撰,叶紫莹书"阅读,使生活立体,与精神对视";等等。

另外还开展了同学给家里书房起名称活动,布置书房条幅撰写和评选活动。用阅读理念让环境成为美的价值存在,引领大家美好地阅读。

阅读推广的第四阶段是在2015年至2020年。江富军先生确定的主题是个性化阅读。他秉承的理念是:阅读与每个人的成长都是个性化的。阅读指导必须激发学生阅读兴趣,尊重学生个性是激发兴趣的重要条件之一。

江富军先生从《山海经》《哲学与人生》《病隙碎笔》《月亮和六便士》《暗算》《百年孤独》《平生欢》等书籍着手对学生进行个别阅读辅导。往往是某同学推荐一本书,大家读,读后再有兴趣的就写小评论,写成后继续交流,落到实处,不断修改。这些文章先发于《汗牛栋活页》,再投稿发表,推广阅读。

随后由学生进行专题讲座。要他们把自己的评论文章做成PPT,讲给同学听。开讲之前江富军先生进行辅导,因为反复修改后对文章更加熟悉,同学们讲得还不错。这为后来在温岭市新华书店、九龙书局进行社会阅读推广打下了基础。

现在这些同学已经工作了或正读大学,他们也已成为一个新的阅读推广群体。新河中学学生林健峰,高中期间即写成《终点站——读〈病隙碎笔〉有感》一文发表,读大学期间组织了多次的小学生暑期阅读推广活动,如今已经任小学教师,也正在组织读书会,从事阅读推广,现在已经是台州市家庭教育讲师团成员。

由学生提出问题、主题导向讨论。学生发现问题,由一人进行主讲,同学们进行讨论,讲他们自己感兴趣的问题,往往是他们喜欢的青春话题,互相对话真诚悦心。譬如"信仰是感性还是理性的""写作是逃避现实还是针对现实""逆向思维的价值""我最喜欢的一句话讨论""小人物的存在方式""梦想不靠谱要不要存在"等讨论。这些讨论成为学生作文的原材料,也有的直接来自月考作文题目。阅读与讨论是个性化的深入;个性化是体验化、深度理解的途径,并反哺于共性,形成丰富性。

读书讨论的内容选录于《汗牛栋活页》上,将全年《汗牛栋活页》内容选编成《书生心路》,发给高一新生,传承阅读。至今一年一本,成为年度阅读文集。江富军先生将所有思考内容进行梳理,再阅读相关理论,编写成《阅读引领未来》,2020年由清华大学出版社正式出版。

阅读推广的第五阶段是在2020年至今。江富军先生确定的主题是聊阅读,阅读生活化。他秉承的理念是:认识到名著评论太严肃,要轻松一点,加上学生学业紧张,便开始聊阅读,将阅读转变成生活轻松化的模式。让同学们感到阅读不太累,成为习惯性的学习活动,理解阅读是美化生活的(认识)体验活动。

在这个阶段,江富军先生是将课外读书同美的教育结合。新河中学有优美的校园环境与厚重的文史内涵。有先生文化,有众多的优秀学长,因而引导同学们学习金雅教授的人生论美学理论,用美的视角来聊人生看人生。

2021年上半年,江富军先生主持了8期的美育美学讨论,有仪式美、制服美、小吃美、捡破烂美与杂乱美、境界美等,推荐了相应的美学著作,如朱光潜《谈美》、李泽厚《美的历程》《美学四讲》、徐岱《美学五讲》、金雅《人生艺术化与当代生活》《中华美学:民族精神与人生情怀》等。这些美的理念与阅读结合,让中学美育生活"充满了烟火气"。

读书会还讨论了美丽新世界、哲学家谈快乐与消逝、恐惧是天生的还是习得的、有危险时告诉别人的方式、如何解决内耗等问题,并推荐了相关书籍。同学们不断聊阅读,聊出了阅读生活与个人成长的密切关系。聊阅读具有互动性、平等性、亲切性,有冲击力,效果出人意料。叶芷含同学写出了《找到自己的书圈》,论述书圈具有广阔性,范围不仅在眼前,网络发达,跟着名人,找到同道聊阅读;林于入同学写出了《纸质阅读与电子阅读并存》,聊趣味性、休闲性,没多少负担的两种阅读方式;戴新浩同学写出了《中学生要休闲阅读》;还有许婉琪同学的《书女可以不是淑女》《在书中触及世界》;曹起同学的《读哲学不空不难》;朱一博同学的《我怎样喜欢上哲学的》等一批读书心得。

此外,主持读书节活动的王若南同学也写出了《打开汉字之窗》;江宛柔同学写出了《编书是很好的读写方法》;曹起同学写出了《我和我的文创》;许琬祺同学写出了《读书结缘活动感言》;林怡祁、林佳、瞿磊同学写出了《阅读姿态摄影后记》《以艺术审美提升人生》《乡里乡亲"传帮带"——中库村共富采访记》等诸多好文章。

江富军先生将同学们的阅读理念编成了《书生聊阅读》一书,2023年8月由浙江大学出版社出版发行。

为了总结同学们的读书经验，提高同学们对"人生是书，书写人生"生命本质的认知能力，江富军先生策划了一个深化阅读的有趣活动——"我将来要写的一本书"。新河中学171位同学针对"我将来要写的一本书"这个题目，做出了十分认真而有趣的回答，应该说是收获满满。

第一是有了人生目标。鼓励提倡同学们参与拟定"我将来要写一本书"计划，这本书的内容可以是自传性的，文艺性的，也可以是学术的、科技的。心中有自己要写的书，好像人生有了奔头，有了着落。懂得了要慢慢地为自己的人生这本书确立知识构架，进行知识储备。

第二是同学们能够积极阅读、观察世界，参考别人的人生轨迹，指导自己的人生规划，宏观地、理性地审视人生，乐观入世。

第三是学会了珍惜自己的生命。知道自己如果不道德、胡作非为将留下不光彩的败笔；知道自己追求、奋斗，将写出自己精彩的篇章。

第四是对阅读写作能力有直接的帮助。一个中学生一下子站到了一本书的高度，写书必须列提纲。畏于列提纲恰恰是中学生作文的通病。写书计划有利于养成同学们先读目录的习惯，掌握宏观把握的阅读能力。

第五是能够有效平衡青春期叛逆倾向。青春逆反，青少年多多少少都会有的。很听话的孩子不一定好。当处于青春逆反期学生将自己的心理用笔记录下来，用文章、书籍表达出来，就会理性地审视自己。此时，逆反心理变为了一种创造的动力。

在同学们将要撰写的一本书中，73位同学选择的是文学创作题材。

江富军先生认为，有两个问题值得思考，一是写诗是青春期的特点，怎么选择写诗的反而少？而在另一处阅读调查中，选择写诗的也最少。可能与高考不提倡写诗有关。二是与成人担忧的相反，学生爱写推理悬疑小说的不多。与另一处阅读调查也一致，学生内心爱读的还是有价值的经典为多。他们内心能理性地认识消遣阅读。

江富军先生曾在文章中写道："探索是为了成功，或者，探索的人生就是成功的人生。""阅读一头连着好奇探索,另一头连着成长成功。""阅读不等于成长,但阅读为成长提供了他人成功的经验与指导,提供了更多的知识储备。""阅读不等于成功,青少年阅读是为了培育人生成功的素养。""阅读,就是要养'浩然正气',静心修为,阅读立心。"

谈到成长与阅读的视角,江富军先生认为,青少年会运用各种视角认识世界,在心中构筑人生未来的模型。

江富军先生概括的这七种视角有哲理视角、文学视角、新闻视角、历史视角、工商视角、女性视角、科学视角。其中工商视角,他认为是特别需要关注和思考的。市场经济本来就是对个人利益行为的肯定,但我国的教育一直在坚守着君子不言利的道德制高点。对"无商不奸"的误解,构成了理论上反对奸,实际上不能不奸的道德尴尬。

江富军先生认为,中国作为一个文化大国应当积极提倡广大少年树立工商视角,应当回视实业救国的商业理念,弘扬积极的工商业精神,并且把这些精神普及到中小学之中,落实到课本之中。

笔者对江富军先生青年读书应当具备七个视角的理念深表赞赏,尤其是对他提出中国作为一个文化大国应当积极提倡广大少年树立工商视角,应当回视实业救国的商业理念,弘扬积极的工商业精神的读书理念极为赞同,他的这种深刻理念说明他当年是认真读过亚当·斯密的《国富论》这本书的。

书香缕缕润心田,一片丹心在校园。用这句话来形容江富军先生大半生的播撒书香阅读推广的生涯应该是名副其实,实至名归。

江富军先生说:

> 我的阅读理念是随着阅读推广实践而不断发展的。这得益于新河中学的浓厚的书香积淀,得益于新河中学领导的高度重视,得益于众多老师同学的热情支持。

历时15年的推广阅读之路,一路走来,颇多感慨。因为对阅读推广,一开始有的家长并不欢迎,有些班主任也不支持,尤其是一些理科教师,学生迫于现实也是重补课轻阅读的。怎样突破这样的情况,在当时也是很痛苦的。但是,我十分坚定地信服朱永新先生的观点:"一个人的阅读史就是他的精神发育史"。精神发育成长才是学生最重要的"必修课",课外阅读会让学生终身受益。为此,我下定决心坚守正道,坚持阅读推广,这是我的师德根本所在。我总是这样认为,热爱读书的人,往往是德行不错的人。也以此证明自己是一个"品行过得去"的人。推己及人,让学生爱读书就是"率先师范",就是一种最好最有效的德育方法。

在江富军先生的心目中,阅读推广就是逆境中的高贵坚持,就是顺境中的人生价值推广——荐书即荐心。

江富军先生告诉笔者,这么多年来,他在学校乐此不疲地进行阅读推广的原因,归结为一个词语——"存在感"。他说:

在图书馆这个岗位上,总要做出一点什么来,搞阅读推广、写书,让我感觉很有"存在感"。现在我已经退休,但意犹未尽。全民阅读是一种文化事业,是提高国民素质的重要途径,是为中华民族伟大复兴培育精神基础。我愿意继续为全民阅读,播撒书香文化尽一点绵薄之力。

根据我从事阅读推广的经验体会,将原有积累的资料结合起来,目前正在编写一本中学生阅读文摘,同时在撰写一本"新中书生"的读写集并准备正式出版。以一个阅读推广人的身份为新河中学书香文化出点力,是我的荣幸;给书香温岭建设加点油,是我的缘分。

新河中学校长陈航波为《书生心路》这本书撰写的序言中写道："特别感谢江富军先生，这里，无论讲台一线，还是主持《汗牛栋活页》，数十年致力阅读推广，以甘坐冷板凳的教育情怀，担起了点亮心灯、润泽生命的大爱使命……即将退休，于他而言，退出岗位，阅读依然！阅读没有完成时，正如《书生心路》，行者无疆、最美旅途！"

是的，"点亮心灯，润泽生命"，这是所有阅读推广人的一种神圣"大爱使命"，我们期待着江富军先生在阅读推广的人间"最美旅途"上行者无疆，走得更远更远，将播撒书香，阅读推广的"心灯"点得更亮更亮……

第13章：书声琅琅聆清音

初识郭永军老师是在2023年6月上旬的一天上午,当我走进温岭市图书馆时看见大屏幕上,一位仪表堂堂的中年男子正在用磁性满满的声音带领一群朝气蓬勃的孩子们诵读诗歌。站在我身旁的陈冰馆长用手指着说:"这位领读的老师就是郭永军先生。"可以说,我和郭永军老师是未见其人,先听其音,而且其音曼妙悦耳,入脑入心。

《温岭日报》记者张安女士采写的《他用声音传递情感,让温岭遍布书香》一文中写道:郭永军老师朗读的声音浑厚自然,豪迈如大江东去,柔情似小桥流水。

作为一名语文老师,他经常组织班会,通过朗诵课文的方式,鼓励学生拓展阅读,诵读经典,用琅琅的读书声,去感受朗读的快乐、书香的悠远。

作为温岭市朗诵协会的主要成员,他曾经多次走进校园开展"朗诵经典·读响校园"课文名篇朗读会。

郭永军老师认为,朗读可以让文字拥有温度,可以拓展时间的宽度并挖掘文字的深度。

"用琅琅的读书声,去感受朗读的快乐、书香的悠远"这就是郭永军老师多年坚持阅读推广,为书香温岭建设添砖加瓦的一种生命底色;也是他数十年始终如一的执着和坚持。

2002年郭永军老师调入温岭市实验学校负责语文教学,1年后,他就确立了研究课题《新课程下课外阅读指导的思考与实践》,学校领导高度重视他的课外阅读创意,落实了建设阅读环境的一系列重大举措,每天晚饭后学生坚持30分钟进行自主阅读成为铁律,课外阅读滋养整体素质,成为全校的共识。

在郭永军老师的持续推动下,温岭市实验学校专门建立了"读写中心",该校的课外阅读和读书活动曾经多次在温岭电视台、台州电视台、浙江少儿频道、央视《新闻30分》等媒体上亮相。

郭永军老师说:

记得2003年年底的那个下午,我正在教初三年级两个班,又接手任教初一年级。于是作为"言语交际"一项重要内容的"好书推荐"就此拉开序幕。李镇西老师多次在其著作《花开的声音》《风中芦苇在思索》《从批判走向建设》中提及一学期引导学生读完一本书的做法对我的启迪很大:初中一年级是重要的开端,这个切入点遵循了学生的身心发展规律,既能弥补大多数学生小学阶段未能圆满完成的重要一课,又可作为继续攀登经典文学阅读的新起点。

于是当时我也有了一起与学生尝试一下课外阅读的强烈冲动;因为有对儿童文学的高度认同感,所以就选择了当时颇受好评的《草房子》这本书做样本。

因为学生没有"好书推荐"的经验,所以只能由我亲自开头。那天就带着第一版的《草房子》,用了最原始的方式——朗读,开始了有关阅读的"言语交际"。"……秃鹤的秃,是很地道的。他用长长的好看的脖子,支撑起那么一颗光溜溜的脑袋……"《草房子》第2页这段文字已经刻进了脑子里,所以秃鹤一出场就引发了同学们极大的阅读兴趣!当我将书读到第3页时,学生就忍不住大笑,随即就跟着秃鹤一起"发狠"——因为在书中他又受到了别人的嘲弄。

看到同学们的兴趣得到足够的激发,我就及时停下讲书,引导他们结合已读的内容进行深入交流。然后,一连串好奇的问题扑面而来,急于想知道下文的内容成了学生最为关切的问题。于是我就不失时机地闭上了书,卖起关子:"欲知后事如何,且听下回分解……"

当然,我也适当地向他们透露一些关键信息:作者是北京大学教授曹文轩先生,主人翁桑桑在书中和我们初一同学年龄相差无几……后来,《草房子》没能坚持在那个学期全部朗读完成,因为不久就有好些同学去书店买来了属于他们自己的《草房子》。全班同学都看完了,江晓红、陈海华、林煊、江杰等同学又按捺不住心中的冲动说要写信给作者曹文轩老师,还有书中的人物:桑桑、纸月、秃鹤、杜小康……每位同学都认真地写好了信,接着来的第一件事仍是叫他们先大声朗读一遍,互相之间听听有没有从文章中传递出对作者或书中人物真挚的感情,用心修改后再工整地誊抄在信纸上,放寒假前全都被装进寄往"北京大学中文系"的信封,连同我自己写的一封信。

2004年的春节后,在学校开学不久,我们竟然真的收到了来自北京大学中文系的回信——曹文轩老师的亲笔回信!他写了简洁的交流和鼓励阅读的话语,同时还有几本赠书,时间是同年2月26日。依然是"大声朗读",在初一年级第二个学期的"言语交际"之"好书推荐"活动中,我将这封信和那些书与全班同学共享,那个状态真的是一片沸腾——原来读书可以读出这样精彩的收获!

其实,这盘阅读"精彩菜"刚刚只是开始,我们这一"读"不仅推开了《草房子》之门,而且推开了学校课外阅读之门,推开了温岭市"作家进校园"之门,也推动了温岭的中小学校园阅读指导由点到面稳步前行。

2004年4月15日，我们成功邀请曹文轩老师到校讲学，当晚给全校师生（从小学一年级到初三学生，从各门任课老师到普通的生活老师）在当年的温岭师范报告厅做了一场精彩的讲座，并在4月16日举行的"新课程下的课外阅读专家报告演示会"中给来自台州全市的初中语文老师们讲学；2005年和2006年他又连续两次到温岭市讲学，被我邀请到所任教班级的教室与学生面对面交流，亲自大声朗读他的作品《青铜葵花》和正在写作中的《大王书》系列……曹文轩老师的莅临指导对我们的校园阅读起到了推波助澜的促进作用。

随后我们又邀请曹文轩、黄蓓佳等作家到教室里，学生自由选择感兴趣的话题与作家互动，真正做到了课内和课外密切衔接、读者与作者直接沟通。每学期一次的"大家面对面"活动，推进了阅读活动的深入，激发了学生的阅读兴趣，增进了阅读交流。

从2004年到2014年，已先后有曹文轩、张之路、董宏猷、周锐、黄蓓佳、梅子涵、赵冰波、管家琪、秦文君、黄亚洲等一大批知名作家来校讲学，进行课外阅读指导。"作家进校园"活动推动了阅读活动的深入发展，激发了阅读兴趣，增进了阅读交流，不仅使校园书香浓郁而且带动了温岭乃至台州许多学校有效持续进行至今。

同时，学校通过开展读书节、评比校级读书大王、班级读书之星等活动，将阅读活动序列化、日常化、仪式化，努力培养使阅读成为每个学生的一种生活方式。

后来我又仔细阅读了天津教育出版社出版的世界阅读理论经典《朗读手册》，才知道"大声朗读"有那么多的奥妙，书中说到美国"阅读委员会"在1985年就发布了一项名为《成为阅读大国》的报告，在主要的研究结果中，有两条简单的论述很震撼人心：一是给孩子朗读，能建立孩子必备的知识体系，引导他们最终踏上成功的阅读之路,朗读是唯一且最重要的活动。二是证据显示,朗读不只是在家庭中有效,在课堂里也有显著效果。所以"朗读应该在各年级都进行"。

于是乎,我们学校的每个班级在推荐好书时都开始"读"了起来,大声地"读"起来,"好书荐读"成了学校一道独特的风景,也进一步推动着学校课外阅读成为一道亮丽的风景。

2009年4月2日"国际儿童图书日",我们向全校同学发出倡议:在这一天,大家静心看完一本最精彩的书,享受醇厚的书香和精神的营养;在这一天,大家热情互赠一本最喜爱的书,传递美好的感受和思想的启迪;阅读经典,阅读思想,阅读文化,阅读精神;阅读书籍,阅读生活,阅读社会,阅读人生;从今天起,亲手制订一生的读书计划,与经典为友,与大师为友,与知识为友,与真理为友;从今天起,愿大家拥有更丰富的藏书架、阅览室、图书馆,在学校、在家庭、在社会……

2011年,曹文轩老师在北京大学出版社又推出了一套"美文朗读"的作品集,每一册中附有他亲自朗读和著名播音员联合示范的光盘。他在每本书的扉页写道:"朗读是一种高雅的姿态,朗读是一种神圣的仪式。"

他在序言《朗读的意义》中写道:"朗读——通过朗读,将他们从声音世界引渡到文字世界。"

我认为,现在的孩子有福了,他们能亲耳聆听作者的声音传递着他灵魂深处的思考。朗读既可以帮助学生加深对经典文本的理解,同时也可以帮助他们感受我们民族语言的声音之美,从而培养他们对母语的亲近感。

"大声朗读"推开了课外阅读之门,推进了学生自主阅读的有效开展,这恰恰是学生对文学作品由"感性化"到"审美化"的发展。这期间,老师在组织活动过程中的"有效提问"和"串联语设计"可发挥着更大的辅助作用;"大声朗读"原著文字也是提高教师和学生"朗读艺术"的一种良好途径,因为有些经典作品有名家示范充分展示了朗读的艺术和技巧。

即便到了初三,我们仍在坚持课前的"佳作品读",坚持学生每周一次的"好书荐读"——我们坚持的仍是当年最原始的方式:大声读出经典书籍中最精彩的语段。大声朗读着,让最真实的声音走进成长的心灵;大声朗读着,让最本色的语言融入鲜活的生命。这一系列阅读活动得到了浙江师范大学蒋风、韦苇、王尚文和方卫平等多位专家的当面指点,得到了丁琦娅、李晋萍、黄晓慧和江国平等众多师友的鼓励和助力。

郭永军老师还将所在学校开展课外阅读的经验向校外延伸推介,至今已到温岭市内和台州各县市几十所中小学进行了"课外阅读"指导交流。

2012年10月,他受北京新阅读研究所朱寅年先生邀请,在新阅读群为全国几百位关注中学生阅读的家长和老师义务做讲座《好书让少年挺拔成树——闲谈初中生的自由自主阅读》;2013年2月,他受温岭市文联邀请,在阁楼读书会举行公益讲座《放假了,让孩子们看最适合的书》……

郭永军老师指导的温岭市实验学校飞翔文学社及《飞翔》刊物是展示学生读写水平、播撒读书种子的一个良好平台,创建10年时间,学生中已有100多人次获国家级征文大奖,近400篇习作正式发表于国内知名报刊,近百篇佳作入选正式出版的书籍。

郭永军老师组织的30多场文学讲座,让1万多人次的实验学子感受阅读的魅力,汲取文学的精华,参加读写活动连连获奖,中考平均分连续10年稳居第一;在一批文学大家的熏陶下,该学校培养了一大批小"名家":2006届毕业生周力被复旦大学提前录取,阮如蔚就读于北京大学中文系;2007届毕业生蒋伟鑫夺取2010年温岭市理科高考状元,陈青晔夺取2010年温岭市文科高考第二名;2008届毕业生蒋文威夺取2011年温岭市文科高考状元。

"真正意义上阅读的开始是初中。刚入初中时,学校就兴起了阅读热……后来学校请了著名作家、北京大学教授曹文轩老师来做讲座,北京大学就这么自然地走进了我们的心中。紧接着,我们就兴起了曹文轩热,疯狂地看他的书。我记得有这么一个秋天的下午,我窝坐在小矮凳上,津津有味地看着《红瓦》,眼睛发酸脑袋发晕都不肯停下……"就读北京大学中文系的阮如蔚这样回忆当年阅读对自己的影响。

2003年年初,郭永军老师就拟定了一份切合教学实际和学生个性发展的"温岭市实验学校初中阅读书目"。经过3年的实践检验后,在2006年的修订稿中,又细分为"初中必备书目""初中共读书目""初中分册必读书目"和"初中专题阅读推荐书目"四项。

在温岭市实验学校的12年阅读推广坚持,让"在校每天自主阅读半小时"的理念成为教育界的常识。即便在越来越卷的当下,温岭的很多初中学校也仍然坚持着这个朴质的阅读行动。

2015年8月,郭永军老师受张华君校长邀请,调入温岭市第三中学。同年9月,他在该校开始带第一届学生,以"诵读激趣"开启新的阅读推广。

2015年秋天,他受"山海诵读会"的诗意召唤,带着热爱诵读的学生郭旭、叶成、陆贝阳、陈波尔等,周末驾车到台州市椒江经典影视制作中心录制诗文朗诵音频,在公众号上推送分享,逐渐燃起了学生、家长和当地诵读爱好者的朗诵热情。后来到石塘民宿读,到临海山野读,到台州市图书馆读;读李白、苏轼、戴复古,读海子、舒婷、江一郎,读中外经典、隆重节日、二十四节气……简单赤诚的少年心是"山海诵读会"的根基,它至今依然是整个台州市最具影响力的诵读品牌。

9年来,郭永军老师在温岭市第三中学的阅读推广又有了新创造和新突破。

2016年,他在班级开展"诵读激趣"的基础上,成立了"读立少年"朗诵团,这是温岭市首个校园朗诵社团。"读立少年"的身影在校园、公园、社区、新华书店、青少年宫和大型活动中闪亮登场,其中的佼佼者在台州市级及以上的诵读、演讲、课本剧等比赛中频频获奖,2024年的节目已顺利入围第六届中华"诵读中国"经典诵读大赛的国家级赛程。

通过"读立少年"活动,他有力地推动着朗诵艺术在温岭校园和社会活动中往更高层次发展。

邀请作家进校园在该校也成为每次"迎春读书节"的重头戏,郭永军老师邀请当地作家杨邪、若水、张明辉、藏马等与孩子们面对面交流、细读佳作、现场评改;邀请中国好编辑、优秀的儿童文学作家孙玉虎到学校;为孩子们分享三中学子杨渡成为中国最优秀的"00后"作家的秘诀;2023年,邀请外婆家在温岭的著名作家黄亚洲先生给孩子们讲述传奇的家族往事;2024年,邀请知名学者余世存先生带孩子们走进《时间之书》,并聘任他为校园文化建设顾问。

通过开展"名家导读",有力地推动着少年阅读的视野由文学扩展至文化,让本土文化人近距离地引领少年们稳步前行。

在语文组郭亦民、陈良菲和王谦等几任组长的大力支持下,郭永军老师在2016年开发"探访二十四节气"课程,让孩子们走进自然、记录生活,推动着语文组教师们大胆践行"语文的外延等于生活的外延"的大语文学习理念;在2017年组织孩子们积极参与温岭市校园诗歌大赛,推动着"功夫在诗外"的写作思想在新时代少年身上扎根、发芽并茁壮成长;在2018年主编校刊《北山河》诗歌特刊,通过二维码等方式让校园静态的诗歌墙通过整合后动起来,推动着新的媒体传播为校园优质文化发挥特别的作用……他先后指导蒋泰然、江畅、郭承轩、邓熙媛等学生夺得温岭市成语大赛"三连冠";2023年,他指导的学生杨智豪被评为省级"小小书香达人";2024年,他指导王一一、邵启轩、曹予瀚、徐苏杨等多位学生在《台州少儿文苑》上连续发表习作,中考成绩也屡创佳绩。

通过自主阅读、主题阅读、项目化学习和课程学习相结合,有力地推动了学校语文教学的改进,让更多孩子由小读者升级为小作者,由小跟班成为小领队,由在校的学生成为精神独立的少年。

调入温岭三中任教以来,郭永军老师还多次主持教师的"北山读书会",负责"北山河啃读坊",努力推动教师的阅读与工作、生活有效相融;编拟适合学校实际的阅读书目,一直推动学校的校园文化建设和图书馆优化设置,让温岭三中的和美校园成为每一个读书人欣然奔赴和乐意回归的温暖家园。

郭永军老师先后被评为温岭市首批全民阅读推广人、台州市公共图书馆"阅读之星"、台州市全民阅读专家指导团成员、浙江省中小学阅读指导师。

如今他的阅读推广活动,已经通过学生的传播由学校走向家庭、社会,先后通过QQ群、微博、微信等新媒体的传播已经由温岭走进全国同道中人;从初中生扩展至0~18岁的儿童;由推荐好书到参与编写好书;他身边的许多同事、朋友广受感染,如今已经有更多的"读书人"加入这项播撒读书种子的活动中来……

在温岭市全民读书月活动组委会的大力推动下,温岭市公益阅读推广站"太平喜阅吧"由郭永军老师于2015年4月19日牵头创建,针对当时儿童的自主阅读亟须指导、阅读氛围不佳和一般家庭的亲子阅读缺少交流和分享空间的现实问题而设立。

9年来,在梁玉萍、周冰清、颜瑛瑛、李碧辉等阅读志愿者的热心坚持下,"太平喜阅吧"在多个公益场所开展了100多期好书共读活动,直接惠及到场的孩子上万人次,并孵化了多个学校和文化礼堂的公益亲子阅读点。"太平喜阅吧"的子项目"喜阅畅读吧"在2022年暑假诞生,在爱"读"的朗协会员和爱"书"的阅读推广志愿者联手推动下,尝试以"诵读"方式为孩子们开拓更开阔的精神天地。

说起爱上朗读的原因,郭永军老师谦虚地说:

> 作为土生土长的温岭人,我的普通话基础并不好。20世纪末进入台州师专学习后,在夏崇德、郭文国、叶云鹏和王正等老师规范扎实的教育下,我才改掉了许多受本地方言影响的发音习惯。参加工作后,在张冰清和杨月萍等老师的指点下,我才慢慢地对朗诵艺术有了一点感觉。在高龙中学教书时,退休教师陈锡玄老先生以音乐教师独特的方式教语文,对我影响极大。所以我也一直坚持有感情地为学生读诗、读文。20多年前,在箬横镇中学工作时,在林文彬校长鼓励下,大胆地与学生挤出时间共读整本书;后来在温岭市实验学校,在林素瑛、张启明、江良军、江伯法等师长的热心支持下,与学生们因共读《草房子》而与曹文轩先生结缘,也牢牢记住了他说过的一句话:无数的人问我"究竟有什么办法让孩子喜欢阅读?"我答道:"通过朗读,将他们从声音世界引渡到文字世界"。

> 温岭市创作诗歌队伍的兴旺和广大群众对诵读的喜爱,也是吸引和鼓舞我爱上诵读的一个重要因素。在温岭市有一群普通人在慕毅飞先生的"爱诗吧"坚持每周诵读诗文,王自亮和伤水先生也曾光临畅谈一晚。2017年3月底举行的一场别有情味的"世界诗歌日·烛光诗会",男女老少各尽其能,在场人员无不发声,沉浸在浓浓的诗意之中。

> 2017年7月底,在江维中先生、舒宁晖先生和汤琴文女士的全力支持下,我和诗人戈丹策划了首届"海角诗会"。在台风擦肩而过的大海面前,在平静又奔腾的波涛召唤下,我们在大自然中放声朗诵

经典诗文。

"山海诵读会"或许是台州最早也是最有影响力的民间诵读团队,在创始者瞿刚冰先生的热心带动下,我们在线上或线下参与多场朗诵会:"春天的信"——江一郎诗歌朗诵会、"生活如此简单"——徐怀生诗歌朗诵会、蔡天新诗文朗诵会、诗画大陈、诗画石塘、诗画天台……终生最为难忘的朗诵活动是2020年年初,面对突如其来的新冠疫情,我们迅速行动:2月1日,我们联合FM98.7台州综合广播、山海诵读会等朗诵团体,推出"听见——战'疫'进行时"朗诵专辑;到3月8日,通过"温岭朗诵"等公众微信号共推送35篇"抗疫"主题诗文朗诵作品,深受社会各界好评并得到广泛传播。

疫情阻隔了人们的相聚交流,我们又积极组织"春光正好,一起读书"云朗读和"山海温岭,我是美的传播者"环保主题云朗读比赛等活动,让书声琅琅在云端相遇。此外还有台州市教育局和台州市教育工会主办的8万教职工"阅读工程启动仪式暨读书分享会"、温岭市庆祝中国共产党成立100周年文艺演出、每年的"东海诗歌节"朗诵会和"中秋诗会"……

朗诵的最大魅力或许就是:在声音的陪伴下好好生活。朗诵活动不只是声音的传播,更是一种心灵的滋养。

对阅读推广的长期坚持源于郭永军老师自身对阅读的热爱和对"读书人"称谓的敬重。他拥有近万册藏书,他的藏书故事也颇为有趣。

面对在书房或立或卧的一册册熟悉的书籍,郭永军老师的脑际不禁浮现出一幕幕终生难忘的购书往事:

我清晰地记得,最早的那批书是刚开始参加工作时买的,那时,周末有空经常乘车到温岭市区逛书店。人民路上的老新华书店是首选,量多书足,经常一站就是大半天。后来零售报刊一度繁荣,许多好书也跟着上柜,文化馆周边、老邮电局周边,从人民路到虎山路,转上一圈,满载而归。那时买书总喜欢在扉页郑重地盖上书店的章,特别是私人书店,孔乙己书店、新月书店、席殊书屋……或蓝或红,都能给白纸黑字增色。

万寿路上曾有家图书超市,一开业藏书体量就超过其背面的老新华书店,精品书籍很多,基本上能满足一站式购书。后来,温岭市几家大型超市也开设图书专区,人本、三和、乐购都有,面向孩子为主,图文并茂。后来的后来,城区还剩几处报刊亭、几家以辅导书为主的私人书店;购书中心也走向多种经营,据说等城市新区开新店后中心将开启24小时不打烊的营业方式,想想还是挺美的。

那时,在温岭本地书店买不到的就要想办法邮购。《中华读书报》是最早的导读单,每周多版,好不痛快! 席殊书屋的会员刊中有许多好书猛料,"让流行成为经典,让流行选择经典"引领一时风潮! 杭州书林、99读书人、贝塔斯曼书友会、蔚蓝网、博库书城……最早的那些读书会员卡都设计得很用心,定期寄来的书讯成了另一种流行的导读方式,不定期去邮局签单领书成了我21世纪初期的必修课。接下来是卓越、当当的"网红"年代,京东则后来居上。进入网购图书的时代后,走进实体书店是一种休闲方式,顺便拍些好书当模本,再到网上选购,此举与女士上街买衣服相仿。自己的书房也渐渐地满当起来了……

郭永军老师堪称是一位非常时尚的藏书人,利用"多抓鱼""漫游鲸"等新媒体买书、售书,成为他的"拿手好戏"。

他说:"一不小心还可能会遇见珍品,谷衍奎先生编著的《汉字源流字典》(修订版)就是我久等了多时'收获'而来的。或许,到'孔网'上摆个旧书摊也是件挺有意思的事,但实在没那个闲工夫,只好等快递上门来请走一个个不宜再久留的旧书。毕竟,书要为我所用,人不能为书所累。这就是我的藏书观。"

郭永军老师不仅是一位读书人、藏书人,而且是一位著书人。他结合语文课教学,"孕育"5年,终于出版了自己的心血之作《探字寻根——文言词语溯源》。

《探字寻根——文言词语溯源》以160个初中文言文常用词语为主体,追溯《探字寻根——文言词语溯源》的本源,探索文言文学习的根本。

2014年6月,一次体检的意外让郭永军老师停下了忙碌的脚步,从此他用1年的时间自由地亲近文字、享受阅读,走上新的人生旅程。

从2014年暑假开始,他把流沙河先生的《白鱼解字》逐字细读,并做了详细的阅读笔记,从这本被誉为"现代版《说文解字》"中体验到了"探字寻根"的独特魅力。随后林西莉的《汉字王国》、左民安的《细说汉字》和陈政的《字源谈趣》等好玩的汉字溯源类书籍被重新捡起,《汉字源流字典》《字源》《说文解字》等大部头工具书也经常在桌前被细翻。

他笃信并践行"会阅读的孩子语文不会差"的认识理念,现在更坚信"懂汉字的孩子文言不会差"并从逐个解读汉字开始行动。

2015年10月26日,他在《温岭日报·青草地》教育周刊(初中版)开设首个教师专栏"汉字寻根",一字一课,讲解汉字的演变、本义、引申等,再结合课文,以生动形象、精准演练的方式探索中小学文言文学习的根本。

截止到2020年6月,他在《温岭日报·青草地》上发表了80篇"汉字寻根",图文并茂地详解了80个文言学习中的常用字。

2018年8月15日,在清华附中尹东老师和同事陈海亮老师推荐下,他在语文教学界极富影响力的"语文湿地"公众号上推出专栏——"探字寻根读诗文",以"探字寻根"的方式每周细说一个汉字,将近6年,从未停更。

郭永军老师2021年7月编著的《探字寻根——文言词语溯源》由天津科学技术出版社正式出版。

每一个汉字解读的背后是无数本专业书籍阅读的积淀，国学大师陈寅恪说："凡解释一字即是作一部文化史。"全国教育改革先锋教师、清华附中特级教师王君老师为他点赞：永军做了一件了不起的事！

这本书以160个初中文言文常用词语为例，具体说明了它们是如何由甲骨文、金文向隶书、楷书及简化字演变的；通过字形分析，清晰地解释了每个字的字形和字义的内在关系。

这本书从"探字寻根"到"义项例释"，讲解来源演变和词义发展，从本义到引申义再到假借义，方便学生使用。例句来自统编教材小学和初中各册的古诗文（并做特别标注），适当延伸至高中课文和传统典籍。在每个字中，师生共写"汉字故事"，在具体情境中学会辨析和运用；"成语应用"和"拓展演练"，结合中考导向，巩固学习的成果。

业内专家认为，《探字寻根——文言词语溯源》这本书兼具词典功能，适合教师导学和学生自学，是一本极具使用价值的参考书。

2023年6月，郭永军老师主编的《〈世说新语〉赏析》出版；2024年8月，他和夫人徐丽萍联手编著的《中考文言实词》也正式出版。

品读汉字，钻研汉字，让他站在学生的立场思考更为专业的文言文学习；品读汉字，钻研汉字，让他把解读汉字魅力的课堂在杭州名校的课堂上现场呈现；品读汉字，钻研汉字，让他先后成为"语文花开""语文合唱团""万唯中考"等品牌图书的特约作者；品读汉字，钻研汉字，让他从一个自由的读书人成为日拱一卒、日研一字的写书人。

160个初中文言文常用词语的第一个词语是"安"字，郭永军老师解释说：甲骨文的"安"字，外部是一座房子，里面端坐着一位面向右边，双手敛在腹前的女性，表示女子居家而安宁。在金文中，女子的坐相改为左边，坐姿也不明显了；小篆中的"女"难觅坐态，貌似站立；经隶变后，外部的房子变成了宝盖头；楷书写成了现在标准字体的"安"字。

郭永军老师在《探字寻根——文言词语溯源》指出"安"的本义为"安静"后，又从义项例解释、汉字故事、成语应用、拓展延训等四个方面说明了"安"字是如何由甲骨文、金文向隶书、楷书及简化字演变的；通过字形分析，清晰地解释了"安"字的字形和字义的内在关系。其他159个初中文言文常用词语也是这样逐一进行条分缕析，并且颇有艺术趣味地进行"解构"的。

郭永军老师说："中国汉字文化博大精深，每一个字都是文化，只有深入了解汉字的演变、历史，才会准确使用汉字。这就是我为什么要撰写这本书的根本原因。"

早在学生时期，受陈武韬、林海鸣、池太宁、解从志等老师影响，郭永军老师就喜欢上了跟汉字相关的书。平时看到这类书籍，他都会收藏，做批注，记笔记。这么多年来，他收藏了几百本相关的书籍，为了写这本书，他翻阅了大量的书籍、资料，寻找最可靠的依据。

《探字寻根——文言词语溯源》堪称是郭永军老师多年知识积累和教学实践练就的一部文字"功夫书"。

一位记者曾经询问郭永军老师："您最满意的作品是什么？"

他非常坦诚地回答："目前还没有。因为一直还没有做到，所以我一直在寻求创造'满意'作品的路上。我期待更多的孩子在学校、乡野、图书馆、山海间、比赛舞台、线上线下等各种场合读出一片真情、展示真实的自我。我期待在更多的学校课外阅读中听到立体的声音，让更多的纸质书籍长上有声的翅膀，让更多的好书带着'美声'遨游徜徉在人们的心灵世界"。

在我们的访谈结束时，文雅儒气的郭永军老师以幽默诙谐的口气对笔者说："我和您有缘。您看我的《探字寻根——文言词语溯源》研究的第一个汉字就是'安'字，它和您的姓名最后一个字恰巧是同一个字；我这本书又恰巧是在天津科学技术出版社出版的，《书香中国看温岭——浙江省温岭市全民阅读采风录》这本书也是在天津科学技术出版社出版的，这是一种多么有趣的巧合呀。您说咱俩是不是很有缘分啊？"

笔者立即含笑作答："咱俩确实很有缘分，这是一种人世间非常难得的书香缘！"

说完，我俩顿时不由自主地笑了起来，开心爽朗的笑声好似汇成了温岭书声琅琅旋律中一段美妙动听的小小插曲……

第14章：儿童阅读探路人

　　颜瑛瑛这个名字第一次进入笔者的眼帘是在温岭市妇联王静主席推荐的儿童绘本导读师名单中，我俩的第一次见面是2024年6月中旬在温岭市妇女儿童活动中心的绘本阅读教室里。

　　因为半小时后，颜瑛瑛老师还要给孩子们进行绘本课指导，我们的访谈就直接进入了阅读推广的主题。

　　这位说话快言快语，行事利落的"80后"非常坦诚地告诉笔者："我从小就对儿童绘本十分着迷而不得，从事幼教工作后看到了精彩的儿童绘本后更加懂得了绘本阅读对孩子心灵成长的至关重要，特别是我当了妈妈后，更是不断地给儿子买绘本，读绘本，如今10岁的儿子已经拥有了各种儿童绘本1万多册。我们母子经常一起大声朗读绘本中的动人故事，那种美妙的情景就像站在姹紫嫣红的百花园中共同聆听花开花落的声音。"

　　笔者十分惊讶，一位年轻妈妈给儿子购买1万多册儿童绘本，这不是一般的年轻妈妈能够轻易做到的。颜瑛瑛正是因为从小就怀着对儿童绘本的一片挚爱，正是因为深刻理解绘本读物对儿童成长的重要意义，所以她不仅舍得给儿子购买大批的儿童绘本，而且多年倾心于儿童绘本阅读的研究和探讨,并且在儿童阅读领域取得了颇为引人注目的成就。

颜瑛瑛老师说：

2008年进入温岭市方城幼儿园后,作为一名新教师的我感受到了浓浓的书卷气息。幼儿园非常注重幼儿的阅读兴趣和习惯培养,当时所使用的一套教材是"分享阅读"系列课程,那时的我仿佛进入到了一个陌生又崭新的世界,爱好阅读的我忍不住去接近有着丰富教学经验的老教师们,向她们学习如何落实阅读环节,探讨如何开展老师和幼儿的互动阅读。阅读的种子在那时就已经在我的心田里悄然种下,直接影响了我以后的阅读品位,不知不觉地带着对孩子来说是否足够有吸引力、是否结构清晰、价值点是否可以挖掘等审视的眼光挑选儿童绘本。

儿子出生后,我为他买了第一本儿童绘本《好饿的毛毛虫》,在挑选绘本的过程中,我发现原来绘本的层次这么丰富,内容这么奇趣,它们不以高深的面孔出现,却亲切可人、温柔动人,连我这个大人都忍不住一再翻看,每每有所发现时内心泛起涟漪,心想,如果把这些经典的优质的绘本带给我的孩子,带给班级里的孩子,对他们的心灵成长来说将是一笔非常宝贵的财富。

《好饿的毛毛虫》图画艳丽、故事富有变化、形式和结构非常有设计感,于是按图索骥我又买了该书作者艾瑞·卡尔的《棕色的熊,棕色的熊,你在看什么?》《1,2,3到动物园》《好安静的蟋蟀》《好忙的蜘蛛》《好寂寞的萤火虫》《好慢、好慢、好慢的树懒》等,同时也发现了李欧·李奥尼、五味太郎、汤米·温格尔、大卫·香农等作者的诸多优秀作品。

好的儿童绘本怎样才能读出它应有的价值呢? 我开始阅读绘本理论专著,如松居直的《如何给孩子读绘本》《松居直喜欢的50本图画书》《幸福的种子》等,艾登·钱伯斯的《说来听听:儿童、阅读与讨论》《打造儿童阅读环境》,佩里·诺德曼的《说说图画——儿童图画书的叙事艺术》,梅·福克斯的《为孩子朗读——改变孩子一生的阅读秘方》等,更有美国杰出学前教育专家薇薇安·嘉辛·佩利的系列书籍,示范了如何与孩子们开展共读和游戏,如何在故事里探索世界。在这些儿童绘本大家的带领下,我不停地学习,不停地了解好书也开始不停地挑选和购买绘本,对绘本的认识和喜爱像滚雪球一样越滚越大。

于是,我在公众号里开始记录阅读和实践心得;挖掘儿童绘本中的价值点,从不同领域切入,在大中小不同的年龄段开展阅读活动,开展课题研究;积累原创阅读教案、课件等资料和案例,撰写论文;在微信群上传播共读视频,创建视频号分享阅读过程;在社区和妇女儿童活动中心开展亲子阅读活动等。

我一直努力尝试把在儿童阅读领域的探索过程记录下来,分享出去。在把喜欢的绘本做成一个又一个阅读活动的过程中,我对儿童阅读理解也越来越深,儿童阅读活动呈现上也就越来越有意思了。

颜瑛瑛老师说:

回顾这几年做的关于儿童阅读的事儿,简单、微小、平凡,却饱含着我的喜爱和追求。

不管是班级里的孩子还是活动中心的孩子,他们都是从小被绘本"喂养"长大的孩子,家长对阅读都非常重视,和他们在一起读绘本非常合拍,时常能获得某些在预设之外的惊喜和启示。

在我做过的儿童阅读课中,有单纯要分享一个故事给孩子的,如《花婆婆》;有借助图画书进行多方面延伸的,如《5只好老鼠造房子》；有在阅读中进行讨论、思辨的《不喜欢水的鳄鱼》；有阅读文本之间的组合、链接、比较，如《彩虹色的花》和《小种子》；也有对文本规律进行赏析的创编的，如《松鼠逃难记》等。

在小班开展的一次讨论活动中，孩子们翻阅和比较《彩虹色的花》和《小种子》两种绘本，他们发现了两者之间的不同：作者不一样；书的大小不一样。《彩虹色的花》环衬是彩色条纹，《小种子》环衬是一颗颗小石头；《彩虹色的花》的主角是七色花，是彩色的，《小种子》的主角是巨人花，是红色的；《彩虹色的花》里的花有6片花瓣，《小种子》里的花有12片花瓣。相同点是：都讲到雨、雪、阳光、风；它们都发芽了；它们长在草地上，长出了叶子，然后开花了，都有红色的花瓣等。就讨论结果的呈现，可以分析看到里面包含了：季节的更替、植物生长的必要条件、生长过程、与周围生态环境之间的联系、自然环境的变化。这份来自5岁孩子的文本讨论记录，充分验证了艾登·钱伯斯的观点：儿童具有天赋的评论能力，而且自成一格。我深以为然！

我和孩子们共读《你要去哪里？》，书里的小男孩一路走一路看，孩子们说："这是无字书哎！"尽管在前一页和后一页出现了文字，我觉得这应该也算是一本无字书。作者体贴地不打扰小男孩一路走一路看。11个大跨页，不同的路途和见识。我们按部就班地沿着小男孩走的路，走到最后。又沿着箭头相反的方向，回到了家。真是轻快、自在又简单啊！但是孩子们发现这些黑色的路正反面居然可以连接起来，第二天，一个孩子带来了家里的《你要去哪里？》，要和我一起把书拆分成一页一页，拼接起来变成一段很长很长的"路"。一开始是铺在地上，后来贴到了墙上，所有的孩子经常会去走一走、说一说，有的还用画笔添加自己在上学或放学路上的所见所闻，和小伙伴聊得特别起劲！最后创作了属于自己的长长的手卷书,一人一个故事。

颜瑛瑛老师说:

我小时候生活的小镇仅有一个书店,卖的也是屈指可数的教辅图书,长大后更是没有机会接触到儿童绘本。很幸运,工作之后我能和孩子们一起阅读一本又一本儿童绘本,这算得上是人生中最美好的事情之一。

日本儿童文学家柳田邦男说:"人的一辈子有三次读童书的机会,第一次是自己是孩子的时候,第二次是自己抚养孩子的时候,第三次是生命即将落幕,面对衰老、疾苦、死亡的时候。我们都会出乎意料地从童书中读到许多可以称之为新发现的深刻意义。"作为成年人,我们的成长是不断失去天真、好奇和想象的过程,但是在儿童绘本中,我们再次和自己心中那个6岁的孩子相逢。

2024年,社交平台上关于"重新养自己一遍"的讨论非常热烈,我想,儿童绘本就是我们再养一遍自己最好的媒介,用他/她的眼睛重新打量孩子们所遇到的每一个人和每一件事,发现成长中的困惑和欣喜。

记得6年前我带小班,班级里的"小种子悦读驿站"每周为孩子们提供绘本借阅服务。开张的第一周,出了一个美丽的小意外:周五该归还的书有一本没到位,原来是那本书——《大森林里的猎人》破了。再次拿到手里时,这本书有点惨又有点怪,惨的是这本书已经皮肉分离,破成了两部分,怪的是没有被破坏的痕迹,为什么会这样呢?我询问接送孩子的奶奶。奶奶说:"这本书孩子早看晚看天天看,翻坏的!"这本书对一个小班上学期的孩子而言,吸引力那么大?我从封面到封底,整体到细节反复看了好几遍,一个中午的时间我都在研究这本书，以自身感受和孩子视角去看、对比和分析，我看到了吸引孩子翻烂一本新书的理由，也让我看到了对好绘本的喜爱不分年龄、不分性别、不分主题。我们不应以成人狭隘的眼光看待孩子的阅读喜好和水平。

这个绘本对孩子来说确实是有吸引力的，它们可能是：

人物形象好。风靡全世界的蓝精灵，他们聪明又可爱，很难让人不喜欢，这群大森林里的猎人大耳朵、长鼻子、小眼睛，很接近精灵的形象。小精灵住着迷你房子，用着迷你家具，穿着迷你服装，最重要的是他们行踪神秘，也许就住在我们小区里的某一棵大树上，也许在遥远的远方，对神秘的追寻令人着迷。数一数，有七个，让人联想到整日在森林里扫荡的他们后来会不会救了美丽的白雪公主。面对不同物种的人物形象和特点，他们一定有自己敏锐的感受力。

事件神奇。七个猎人手里拿着望远镜、长矛、铺盖卷、地图、背包、拐杖、放大镜，是去干什么呢？打猎还是寻宝？他们会通过这些工具找到些什么？未知。路上会碰到什么？也未知。对过程和结果充满好奇的孩子忍不住翻开书本一页页地往下看这场神秘的冒险之旅。

情感互动。小矮人也有我们日常生活中邻里关系、亲子关系、伙伴关系及敌害关系。孩子对各种关系有自己的理解，也是敏感而好奇的。他们能感受到分别时亲人的牵挂、困难时伙伴的团结互助、合作时的分工与责任、面对敌人时的勇敢和智慧，还有获得食物后分享的喜悦。作为社会中生活的一分子，他们在默默关注，试图理解社会性行为。

动态变化。七个人物开始并不以小矮人形象登场，因为同伴、房屋和物品都是成比例出现的，一开始感觉不到他们是小矮人。直到大树出现这一页才发现角色的渺小，在蜗牛和蘑菇出现的那一页有了更明显的对比。之后,小矮人的动作一直在变化,灵敏地变,就像一刻都闲不住的孩子。不一样的动作活灵活现,孩子的视线一直随着七个小矮人移动。

画面暖人。全书都是暖色调,从封面开始,然后是充满冒险期待的红色环衬,甚至对于小矮人来说是敌害关系的动物也使用大面积的暖色,孩子不会觉得这场冒险之旅令人害怕。唯一的一页夜晚也仅是灰中带黄,黑夜中的剪影更显得小心又有趣。

细节抓人。细节决定成败,书中的细节很多,体现着无字书的特点和作者的创作风格。比如,小镇上众多小矮人和房屋造型绝不重样;动物身上的毛发、纹路、利爪写实逼真;每个场景中的表情和动作夸张又合理,最可乐的是小矮人偷走食物后不忘行个绅士礼,小小的动作体现了小矮人的乐天幽默的本性;最值得说一说的是七个小矮人手中的七件物品从头到尾贯穿始终,几乎是一条明线,最后象征探险的七件物品延伸了下一个故事。

吸引孩子的除了以上原因,可能还有我也不曾读到的某个点。但是吸引一个幼儿园小班孩子的这本无字书,为什么不是我认知里的那本《点点点》,而是人物众多、情节复杂的这本书?孩子能够连续看好几天,是不是代表孩子能够接受高于他们认知的书籍?对他们来说,只要内容是他们感兴趣的,有挑战的阅读他们也能够接受,甚至乐此不疲。

儿童阅读有时候就像一块磁石,吸引到许多我们根本想象不到的可能,当孩子开启了这样的阅读,他们在其中的成长也是有无限可能的。但是这种可能体现出来的效果和速度一定不会像学画画一样,一节课后就能给出一个作品,像音乐课,学完后能唱一首优美的歌曲那么显而易见。也不能让家长在询问孩子时:今天你学到了什么?孩子就给出一个准确的回答。但是它会在某些瞬间让人感觉到它的存在,当你感受到阅读中的某个点突然触发了孩子经验中的某个联结而发出的表达时,就仿佛听到了花开的声音。

颜瑛瑛老师说:

儿子3岁时,我给他讲《红气球不见了》的故事,故事主要内容是:红气球软软的、圆圆的、红红的,像个可以拥抱的宝贝。红气球给阿布带来了很多的快乐,所以,阿布无论去哪儿,都要带着它。可是,有一天晚上,红气球不见了,把阿布孤零零地留在了黑暗中。没有了红气球,阿布很难过。后来阿布在黑暗中得到了猫头鹰、鸽子、蜗牛、虫子的安慰,他们陪着阿布去找回红气球。虽然最后红气球没能找回来,但是阿布却得到了十个好朋友。儿子听完这个故事,突然抱着我号啕大哭。原来之前我们给他买了一个熊大气球,回到家就在开门的一瞬间,气球没拿好飞走了,越飞越高!我们说:"没关系,下次再买一个就是了。"当时他没有哭闹。直到这个故事出现,让他的情绪找到了出口。我们才知道原来那时他的无能为力没有表现出来,但伤心和不舍却一直憋在他的心里。以后,每次读这本书时,他都会说:"妈妈,我的熊大气球也不见了。"这件事情对我的触动非常大,很庆幸遇到这本绘本,其中的画面激发了他的记忆,让负面情绪最终得以宣泄!

孩子成长当中会遇到不同的事情,产生不同的情感,有时候连他们自己都不一定意识到的时候就被放入了潜意识中,如果没有和这个绘本产生共鸣,情绪没有及时得到宣泄,积压起来可能会产生不可知的心理阴影。

后来,我和课题组的老师谱曲、填词,把这个绘本讲给班级里的孩子听,在一起寻找红气球的路上,四次相遇,重复的台词,反复哼唱感受朋友们的对话,尝试站在阿布和朋友的角度去理解当下心情的转变,孩子们理解红气球不见了我们要去找回来,找不回来也没关系,我们祝福红气球,然后与朋友们开心地生活在一起。读到封底时,我们发现红气球和月亮在一起,生活得很好。一个孩子提出问题:"会不会是月亮看到红气球陪着阿布一起快乐地生活,他也想要一个这样的朋友,于是叫走了红气球呢?"大部分孩子都在思考这个问题的时候,另一个孩子说:"现在可好了,所有人都有了朋友。"孩子们的脸上都是满意和赞同的表情。"我家里有一本很好玩的绘本叫《幸运的不幸的:小塞翁的大冒险》,里面的米洛给奶奶送伞,发生了不幸的事情,但是他又是幸运的,和阿布的故事很像。"其中一个孩子说道。"哪里像呢?""阿布失去了红气球是不幸的,但是他得到了好朋友是幸运的。"我忍不住为他鼓掌,说得太好了,这是孩子自己感受后的真实表达!

我很荣幸能切身感受到绘本故事给孩子带来的感触,这种感触又带动了其他经验,不断生长壮大,就这样我总是期待下次能再遇到这些美好的时刻。

虽然成人和孩子与绘本之间的距离是不一样的,当成人带着语言运用、思维能力、审美创造等不同目的开展阅读活动时,不妨仔细倾听孩子们的表达,思索他们表达背后的逻辑,我们会发现其实孩子与绘本距离更近,是他们带着我们进入绘本充满童趣天真的世界。

颜瑛瑛老师说:

在多年的绘本阅读中,我总是忍不住要和班级里的孩子一起分享好听的故事。

在一个普普通通的周五晚上,我在班级微信群里发起号召:"孩子们,你们要不要听睡前故事?我想开展共读,但是不知道能坚持多久,愿意参加的请进群。"(为了不打扰群里的其他家长,我建了一个新群)也许是为了给老师面子,十几个进来了,后来陆陆续续的很多家长也参与进来。我又有了新的设想:一颗故事种子(小班)——一棵故事小苗(中班)——一棵故事小树(大班),这样"串联"起来,如果坚持3年,绘本阅读的效果一定可观。我虽然不敢许诺,但是大家可以一起热爱。他们就这样被我划拉进了儿童阅读的阵营!

整体规划和设计:小班,面向全班孩子每日往同一个故事中"添加"一个元素,开展十几分钟的共读,将一周一次老师和孩子共读的视频推送给家长,这样孩子喜欢阅读,家长也了解了如何科学地与孩子开展亲子阅读;中班,师幼合作准备易于操作的简便小舞台,几人合作,随手取用,讲述绘本内容,形成一个又一个"绘本微剧";大班,以主题阅读或实践活动为主要创作内容,结合折、剪、贴等方式,动手制作可供反复操作与阅读的立体小书。即使是同一本绘本,孩子经验水平不一样,阅读策略不一样,他们收获的能力也不一样。

以幼儿都很熟悉的儿童绘本《蚂蚁和西瓜》为例,小班时,我们唱一唱、尝一尝、演一演,玩转绘本,吸引幼儿充分了解故事情节,喜爱阅读;中班时,老师用无纺布和BB棉制作超级大西瓜,孩子们画出搬、挖、推、背、拉、铲不同动作的蚂蚁,剪下来塑封起来,贴上雌雄贴,边讲述边把小蚂蚁粘在大西瓜上;大班时,我们用一张A4纸,通过剪和折,变成四页书,创作蚂蚁搬香蕉、苹果、面包等故事,回家后讲述,家长负责文字记录,我们三方合作完成一本别具一格的手作书。

我们都知道,一尾草、一朵花、一棵树都是从一颗种子开始的,当我们撒下一颗种子,就要对种子负责。走在故事的小路上,孩子们知道了故事可以这样读或那样读,可以这样讲也可以那样讲,故事也可以依据"我"的喜好随意变换样貌,最后成为"我"的故事。

莫波格说:"随着一个人慢慢长大,你拥有的知识越多,理解越多,你就越能够与一个美好的,但同时也是复杂而困难的世界相处。"诸多儿童绘本中,总有某一本承托孩子小小的幸福,只要我们愿意用心体察孩子的兴趣、思考和情感,那种幸福里天然藏着的成长秘密,不久都会成为孕育知识和智慧的小种子,而我们也随着他们重新学习看、听、感知、思考、打开成长的眼界。

颜瑛瑛老师说:

在儿童阅读这个领域,我就像翚龟一样不停地往前"爬",不知何时到达目标也不知前方会不会有属于我的庆典,但是促使我在这个领域不停歇的是一路走来不断收获的惊喜、感动和满足。

通过泛读、精读和拓展读三个分阶段阅读促使幼儿深入阅读一本绘本,在《5只好老鼠造房子》《风中的树叶》《红气球不见了》等绘本共读中开展了教师讲读、幼儿小组读,从语言、科学、艺术等不同领域拓展读,使幼儿在阅读中收获多元体验和经验。聚焦阅读课堂,开展了"图hua书"推进儿童阅读经验连续发展的实践,三个hua包括了欣赏图画书的"画"、培养讲述能力对话的"话"、衍变到图画书创作变化的"化",幼儿享受到了每个hua带来的体验。

每个hua阶段可以做的还有很多,还可以更加细致,再次聚焦,我整体规划了三个阶段的阅读课程。三个阶段的实践分别是小班添加式共读,利用碎片化时间开展游戏式的绘本故事共读,培养幼儿的阅读兴趣,并以视频的形式分享给家长,示范如何开展有目标有计划有重点的共读;中班微剧讲述,通过花样小剧、盒子小剧和纸上小剧,以轻便灵巧的方式呈现给幼儿,幼儿同伴合作边操作边讲述故事,跟随孩子的兴趣,操作材料从一开始的老师提供到合作制作,最后幼儿能根据需要自制讲述材料；2024年在纸上小剧的基础上继续深挖，开展了"幼儿手作书创作"的实践研究，以两周一本的频率，已经制作了23本，这是今年正在开展的一项实践。中间在2020年疫情期间还穿插做了一个线上"轻阅读"活动，家园合作在家里开展阅读和相关游戏延伸活动。

　　一个完整的三个年龄阶段的课程设计，为儿童阅读积累了大量的资料和经验，其中的阅读内容和策略是螺旋上升的。每一年都有相应的课程规划和具体实施，积累的相关教案、案例、课件、视频等资料，也可以继续滚动，为下一轮的优化打下基础。

　　在幼儿园内，我会抽出时间每周开展1~2次阅读活动。在2018年，我有幸加入温岭市儿童阅读推广之"太平喜阅吧"，在温岭市妇女儿童活动中心每周日开展绘本阅读活动。在近千人次阅读义工的热心支持下，主题鲜明、内容丰富、形式多样的绘本阅读活动，至今已开展141期。其中，2023年，共推出绘本阅读活动27期，参与人数约540人，极大地激发了幼儿特别是低幼家庭的阅读兴趣。对大部分家长来说，参加"太平喜阅吧"阅读活动不仅让其了解亲子阅读教育理念和具体实践方法，还看到孩子在其中理解力、想象力、表达力、思维力等都得到了发展，在温馨快乐的共读氛围中，孩子自然而然爱上阅读，各方面能力得到发展，这成了所有"喜阅人"和家长们都喜闻乐见的事。

　　园内园外开展的阅读活动让我看到了长期坚持的同一批孩子的水平和不同批次孩子水平的差异，由此看到了坚持阅读带来的明显效果，也会根据不同孩子的阅读水平进行提前预设和调整。另外，我会通过线上公众号、微信群、视频号等进行展示和示范，通过线下的活动开展来落实阅读分享。两个场地两种形式都给了我很好的锻炼和积累的机会，促使我在其中不断思考、调整和优化，积累共读经验。

在2024年的中级儿童阅读指导师平台,应远川教育研究院创始人张建老师的邀请,我们以对谈的形式聊了我和班级孩子们开展的手作书创作过程和作品。我带着孩子们创作手作书不是一时兴起的,它是结合阅读方面的思考和实践之后自然而然的成果,是3年阅读课程实施以来的物化呈现。

手作书的内容生成。围绕事件追踪跟进。如《今天我是一粒黄豆》,主要事件是安安不肯睡觉,妈妈想方设法让安安躺下来,这件事被作者编进了故事里,幼儿看得津津有味听得咯咯直笑。紧接着教师引导幼儿用剪刀剪出弧形和方形楼梯,一格一格地画出安安和妈妈对话的场景,每一格画上安安或妈妈,两个人斗智斗勇轮流上场,每个场景一环扣一环。在故事复述时幼儿自然找到起点,像走楼梯似的,一格一格往上走,一直走到安安睡了才算到达终点,不知不觉一个故事就复述完了,最后家长倾听幼儿讲述配上文字,合作完成楼梯书。最后在外面包上卡纸,幼儿绘制封面,就是一本可以打开的"楼梯书"。

抓取特征设计组织。绘本中的角色、物品或场景都各具有特点,可以抓取其明显特征展开想象形成内容创编。如《不!我不是小树枝》中竹节虫海蒂因其酷似树枝的身形和颜色被其他昆虫当成了小透明,当它围上彩色围巾,海蒂出现在昆虫们的视线中并与他们玩在了一起,即使后来没有了彩色围巾海蒂依然是它们的朋友。劣势有时候也是优势,幼儿想象昆虫学校中不同的昆虫和海蒂玩有趣的游戏,比如蜜蜂和海蒂玩捉迷藏,比比谁藏得好;蚂蚱和海蒂打篮球,看看谁先进球;海蒂横躺在小水坑上帮助小蚂蚁过河等等。幼儿把A4纸横过来折成4等分,每格里都是长条形的空间,这是抓取海蒂瘦长的身形特征。再把不同昆虫对半剪开贴在双开门外面作为封面。

利用导图分析结构。在《特别的我》主题下,幼儿用"我喜欢……"向同伴介绍自己的喜好,可以制作以自己为中心向四周辐射的典型网图,幼儿画出来之后介绍就能非常清楚。为幼儿提供一张A4纸,裁剪成正方形,用双三角的方法折出"房子"的形状,里面自然形成许多个小区块,类似网状思维导图,又像房子里的小房间,幼儿在正中间画上自己,四周画上自己的喜好和特点,最后用一张卡纸包住房子,在上面设计封面和封底,"房屋书"就创作完成了。以某个人物、物品、事件、项目等内容为中心展开的都可以用折一折房屋网图的方式呈现。

手作书的呈现样式。不同页数的规律探寻。手作书根据内容所需页数不同,呈现的样式各有不同,如一页两页的卡片类,四页的步骤类,五页的规律变化类,多页的折叠风琴类等。台湾作家林美琴的《绘本的读写游戏》、王淑芬的《一张纸做立体书》都给了我很多启发,材料简单、效果出彩,适合在人数比较多的班级开展动手制作,根据具体情况我也会进行一些调整和延伸。

可供操作的立体制作。幼儿喜欢阅读操作性强的立体书,比如揭秘翻翻书,每一页里的小门都去开一开,这个动作包含了想象、猜测和验证的逻辑思维。在《冬眠旅馆》中田鼠太太把树洞变成了旅馆,需要冬眠的花栗鼠、睡鼠、蝙蝠、大熊都来入住,阅读中幼儿了解还有哪些冬眠动物及冬眠方式,为他们设计形状和大小都合适的房间,在房间里准备冬眠需要用到的物品,比如蚯蚓的房间是狭长的,鳄鱼的房间里要有游泳池,蛇是盘起来冬眠的房间不需要太大等,如果根据房间大小和形状剪出房间的门,粘贴上去就是一种简单的"揭秘翻页书"。幼儿在房间上标上房号,并不画出房间里住着哪种动物,同伴互相翻看阅读时它就成了一本充满探索和好奇的揭秘书。《100层的房子》《谁藏起来了》《地上地下》等都可以用这种形式呈现。

具象造型的技法支持。我们向绘本中的独特造型学习,比如《神奇雨伞店》中的雨伞、《神奇糖果店》中的糖果、《彩虹色的花》中的花等都是具象的物品,在手作书创作中可以借鉴。比如《丰收的季节》主题活动时,幼儿用彩纸制作立体南瓜,立体南瓜是一种具象又可以翻页的造型,如果在里面添上画面就是一本南瓜书。幼儿回忆阅读过的《南瓜汤》,思考可以创编的内容,有的说想在里面画猫、鸭子和松鼠演奏乐器的,有的想画他们制作南瓜汤的步骤,有的想画鸭子出走之后发生的事情,个个都有自己的创作思路,南瓜造型别致又切合主题。

手作书的调整优化。手作书的内容和样式能匹配上了,但是孩子的接受度和作品成功率会出现"水土不服"的现象,这告诉我们还需要再调整再改进再优化。我会通过异书同构进行情境优化的方式去改进,比如绘本《我要妈妈》,幼儿用马克笔的粗头画出蛇妈妈曲里拐弯的身体,在蛇妈妈身上设计好玩的项目,如钻山洞、过小河、滑滑梯等,当平面的纸折起来作为小书时,会有好多条折痕出现,折痕形成的区块里有些有好玩的项目有些则是空白。于是,在也是小蛇为主角的《克里克塔》故事中调整了创编和折叠的顺序,先折出区块再画出不同区块中蛇妈妈的身体,保证每个区块里都有好玩的项目。导图梳理故事结构。从一开始的ppt图片到后来简单思维导图梳理,如桥形图、流程图、树状图、气泡图等,在格子里的故事系列讲述中,幼儿通过在格子里绘画故事,知道了故事的起因、经过、结果,经过里面又有重复的、起伏的情节,他们逐渐了解了一个故事的基本结构。支架分层,成效优化。比如绘本《小老鼠的探险日记》,我们制作了日记书,并经过了三试三调。第一次创编,小组合作在同一张纸上设计每天发生的事情,趣味性浓但各自为政,幼儿单独讲述时讲不清楚其他伙伴的意思。第二次创编,人手一张分好的格子动物图片供创编,但设计的内容没有连贯的路线,不同的探险地点比较跳跃。第三次创编,要求先有探险路线后有道具设计,使事件描述变得有序、有趣。

手作书的实践效果。在自己班级1~2周出一本手作书,幼儿经验是连续的,在其他没有开展手作书活动的班级或孩子报名来上课不是那么固定的公益课堂中,可以明显看到自己班级幼儿的思维、讲述、创编等能力明显高于其他班级的幼儿,我深刻感受到了坚持陪伴带来的效果。每次开展阅读活动,幼儿总是能够非常顺畅地沿着既定路线学习又能够提出自己观察和想法,给予我新的启发和互动,碰撞出更加别致的点子来,他们的阅读能力和表达能力远远超过了为这个年龄制定的发展目标。

手作书创作感想。一是出发比到达更重要。手作书制作是一个在重复中找到规律和变化,在试错中调整和总结经验,和孩子一起小步前进的过程。

二是理性在外随性在内。阅读首先是一件有预谋的事,也就是长远规划和设计,其次是享受碰撞带来的灵感和惊喜,促使源源不断的新作品产生。

三是不设限才有无限可能。年龄段目标和领域目标都告诉我们要朝着这个目标前进,但是在幼儿园和小学两个阶段,阅读和写作中间会有一个断层,除了识字、书写,孩子们进入小学之后写话和习作的基础也是可以提早打下的,超过我们原有认知的孩子应达到的水平。

一个美好的阅读希冀。我很喜欢的作家贾尼·罗大里是一个很热爱和尊重孩子的作家,他说可以笑着学会的事情,不要让孩子哭着学会。从小班开始,我们阶梯式陪伴他们在阅读中感受故事的趣味、了解故事的结构、大胆讲述、体会创作的成就和满足,今后他们就会喜欢一个故事从自己的手中、自己的笔下诞生,甚至以此为乐。

目前已经开展的23本不同的手作书背后都有不同的故事和精彩,每一次都是新的体验,每一次都能看到我和孩子们的变化。我产生了向薇薇安·嘉辛·佩利学习的念头,如果把我和孩子们碰撞出来的每一次精彩都记录下来,会不会有可能或者说有机会形成属于我们的书,这样我们共同创造的精彩就可以留在书里,希望有一天能实现这个小小的美美的心愿。

在这一届孩子们中开展不同形式的阅读活动,我一直收获着惊喜和感动,看到了孩子们爆发出来的超强能量,久久不能平静,于是又进行了儿童诗创作的续集,孩子们的表现让我看到了超越他们这个年龄本身的能力,我的脑海中突然冒出一句话:孩子们能够做到的就不是超纲,他们的能力和水平达到了就可以再往上跳一跳,我何其有幸成为他们的助力。

2024年9月,这些孩子就要成为小学生了,我们一起阅读过的绘本,开展过的讲述和创作活动不一定能和学业成绩成比例增长,但是不妨碍我们对它的喜爱。我们一起挑选了喜欢的、容易表现的故事,在毕业会演的大舞台上展演,剧本是自己设计的、道具是根据孩子们的作品等比例放大、样式是老师和家长共同制作的、一周若干次排练一个都不能少……2个多月,全班幼儿、家长和老师尽心尽力地为我们的阅读时光画上句号。我们没时间感伤和不舍,因为我们都知道大家会带着这些美好的回忆勇敢地踏上求学之路。

回顾和孩子们一起徜徉在绘本精彩世界的快乐时光,颜瑛瑛老师的两只眼睛更加明亮,对自己思兹念兹的事业更加信心满满。

儿童阅读之于我如同玫瑰之于小王子,为它着迷,为它付出,为它辛劳,为它欣喜,为它倾注了时间和精力,因而它在我这个阅读推广人的生命中变得尤为重要。在儿童阅读领域一直"折腾"和进取,过往的所有都是现在的基石,现在所做的事情也将决定未来的方向。一个人最好的学习体验来自参与某种形式的设计、创造、发明或自我表达,尤其当他所创造的东西对自己或者身边的人有某种特殊意义时。

作为一个老师,作为一个家长,能与孩子相遇并一路同行,我想我是一个幸运儿,孩子会长大,会松开我们的手,走向属于他们的新世界,而儿童绘本阅读则是我能想到的陪伴孩子,送给孩子的最美好的一份富有精神营养的珍贵礼物。

第15章：读书达人张新海

说来十分有趣，笔者采访张新海先生的读书故事时，我俩还未曾见过面呢。

张新海先生的读书故事入选《书香中国看温岭——浙江省温岭市全民阅读采风录》，是温岭市商务局党委书记黄建先生特别推荐的，他在电话里告诉我："张新海老局长是温岭市有名的读书达人。"随即安排该局办公室的李昱锜女士和我对接联系。

小李在电话里说："我们张局长还出版过散文集呢。"随后她就把联系电话发给了我。

我和张新海先生电话一聊，竟然喜出望外：我俩都参过军，都在连队当过文书，都是在部队练就的"笔杆子"；我俩又同时都是爱写散文的人，也都出版过散文集。或者说，我俩都是阅读推广人。

张新海先生说：

世界上风靡着一首歌《You Raise Me Up》，中文译名为《你鼓舞了我》。一首歌，居然在全球以125种不同的语言传唱；一首歌，竟然在全球有100多位顶级歌唱家、艺人在翻唱。不同的肤色，不同的脸面，不同文化背景的人们，同唱一首歌，绽放同一种心声，其艺术魅力无与伦比。

山高人为峰。铭刻着《你鼓舞了我》精神的精髓，向往着《你鼓舞了我》精神的精彩，接力着《你鼓舞了我》精神的精华。《你鼓舞了我》中的"你"，我用书声、书签、书道、书香、书桌、书卷来诠释，那一丝丝、一缕缕、一阵阵从书山间透出的芳香，沁人心脾，伴人成长……

鼓舞一：校园飘荡的书声

无论你身居高位，还是富甲一方，无论你身处逆境，还是奔波生计，无论你领军业态，还是传道授业，曾经校园飘荡的书声总是使人难以忘怀。或憧憬，或赞许，或悔意，书声琅琅，令人感慨、感动和感恩。

温岭地处浙江东南沿海，三面临海，人杰地灵。银丝乡贤告诉我：20世纪六七十年代，温饱问题尚未解决，几乎家家户户都在为下一顿用什么果腹而发愁。对一个贫苦家庭的孩子，当时上学读书竟然成了一种奢望。而今，我可以高高兴兴地读书了。

依稀记得，在箬横镇的一所小学校里，当老师从书本里一个字一个字、一个句子一个句子，一小段一小段，一篇又一篇文章，一遍又一遍教你朗读课文，从叽叽喳喳、咿咿呀呀学习开始，逐步学会了识字断句。从声响忽高忽低、忽长忽短、忽快忽慢，渐渐地懂得了用深情融入字里行间的道理。

第一次戴上红领巾的时候，列队、宣誓。尽管受那时生活条件限制，小学生戴红领巾仪式的场景十分简陋，但是，仪式感却是满满的。稚嫩的脸庞，在红领巾鲜红色彩的映衬下，显得格外精神抖擞。

老师们总是用红色书页言传身教：那是鲜红旗帜的一角，是无数革命先烈用鲜血染红的，少先队员，要做共产主义革命事业的接班人！纯真的童心，接受革命传统的洗礼，闪耀出一道厚植红色根脉的光芒。

严格的家教，老师的培养，我从小学入学到高中毕业，一直担任班长。或许，班长的"紧箍咒"促使我多读书、读好书。每当成为同学家长夸耀的"别人家的孩子"，心田里有着莫名的骄傲和自豪。虽然，那个年代没有德智体美劳素质教育的讲究，但是，走在学业方阵前列，倍感自豪。自豪之余，没有懈怠，总会自加压力奋力争先。

日积月累的学业和班会工作，锤炼了我独立工作能力、组织协调能力、文字和口头表达能力。

而今，箬横中学今非昔比，业已成为培养飞行员苗子的基地，校园硬件设施齐全，环境优美，着实令人骄傲。

陈人斋校长曾经是政治课老师，我对他印象非常深刻。在我看来，他拥有校长、党员、老师的三重身份，从他身上，我读懂了"言传身教"的深刻含义。几十年后，我们在一次会议中相遇，心情特别激动。于是，采访并撰写了一篇《我们身边的"党像"——记优秀共产党员陈人斋》，文章发表在中共浙江省委组织部主办的《共产党员》杂志上。

当我手捧高中毕业证书走出箬横中学校门时，紧接着就奔赴山东省临沂市郯城县部队的营房。

在去部队的路上，挂包里、背包间、随行包中，都夹带着高中的书本，规划着在部队里挤点时间看看书，准备着报考军校。

功夫不负有心人。也许是机遇，也许是努力，赶上报考军队军事院校的好时机。1984年9月，考上南京陆军学校。书籍，又一次伴随着我成长。

军校的窗口前，时常活跃着看书的身影，从教室到宿舍，从图书室到操场，从新华书店到课桌前，读书成了日常，成了习惯。

训练场上，在烈日下半小时的立正持久训练，习以为常。汗珠从头顶流淌，宛如"屋漏痕"一般。正立的姿势，呈现塑像一样神态。射击场上，举枪练习，准星上挂着水壶，右臂在颤抖，全身在震动，衣背上汗水凝成白霜。全副武装五公里越野,每跑一步,就是努力争第一、不掉队的信念,双腿仿佛机械钟表上紧了发条似的。流汗,几乎是军人的"专利",一句平时多流汗、战时少流血,让人们体味得真真切切。

如果说,一年四季在于春,那么,青春期遨游书海,扬帆书海,夯实了我是党的人的思想根基,夯实了我是人民子弟兵的思想根基,夯实了献身国防事业的思想根基。让书本里的文字化作阵阵书声,本色间透出一丝书香,本领中荡起一缕书香,本分上飘着一阵书香,那芬芳书香熏陶了处于青春期可塑性极强的黄金时期,锻造着钢铁意志般的品行和风骨,青春诗行里多了一行行无悔军旅生涯的字眼。

感恩! 小学的启蒙、中学的启发、大学的启迪、部队的历练,校园里营房里每一个角落总会飘荡着琅琅的读书声。那声响似音符蕴含激情,刚柔兼备,编织成青春年华最美的乐章,绽放成人成才、建功立业的华彩。

鼓舞二:火线入党的书签

人生,谁都有记忆的书签。我也不例外。1979年对越自卫反击战是旨在惩罚侵略行为。随后与越南展开了长时间的边境拉锯战。从1984年开始,对越自卫反击战进入"两山轮战"时期。作战主要集中在云南的老山和者阴山地区。这场战役持续了近10年,可谓是20世纪最漫长的战役之一。

我所在部队是一支具有光荣革命传统的英雄部队,其前身是左权独立营。1942年5月25日,左权在辽县麻田附近指挥部队掩护中共中央北方局和八路军总部等机关突围转移时,壮烈牺牲。9月18日,经晋冀鲁豫边区政府批准,为永久纪念在辽县殉国的左权,辽县改名为左权县。也是在这一天,辽县独立营正式易名为左权独立营。后来,这支部队历经战火洗礼,多次扩编、改编,与百将团、朱德警卫团一起隶属于中国人民解放军第12集团军第36师序列。

1984年7月15日,我所在部队奉命开赴前线。

开拔前,战友们纷纷用刀划破手指写了血书,我也不例外,写下了"生做人杰,死为鬼雄"这句话。请战,不只是献身国防的态度和决心,更是考验为祖国、为人民甘洒热血,保卫祖国安宁的雄心和壮志。

我随部抵达云南省文山县境内,连队驻扎在德厚,我和战友们借宿在一户阿婆家。

参战时,我担任团直属队无座炮连军械员兼文书。除了参加战时军事科目训练,平时履行军械员职责,每日定期检查武器装备情况,落实战时思想动态了解、收集和汇总,做好战时战士档案的填报归档,一件件事情,绝不是小事,决不可打马虎眼。

深夜,伸手不见五指。突然,紧急集合号响起。一瞬间,起床、穿衣、打背包,携带冲锋枪、子弹袋、防毒面具、水壶、雨衣、钢盔,迅速跑向集结地。列队后,立即跟进急行军。

战时,地图上标注位置,限定在几点几分到达指定位置,早到、迟到都是违反军令。山路崎岖,有些山坳根本就没有路,硬是让先遣队穿插走出一条路。尽管有照明手电,战争环境不能任意使用灯光,手电只能成为摆设。行进时,只得借着月光摸索着、看着纵队前面战友,一个挨着一个跟进。

跟进、跟进、再跟进。不可以掉队,万一掉队,跟在我后面的战友就会因为我的掉队而迷失方向,延误战机,后果不堪设想。不可以掉队,无论钢盔在滴水,还是双腿不得力,都要跟上队伍,赶上队伍才是硬道理!

什么是累,切身感受了!什么叫苦,切身感悟了!

每当想起战地急行军往事,那些书面上的累字、苦字,仿佛仅仅只是字面上的意思,只有亲身体验,只有知行震撼,只有极限挑战,才会有真正意义上感觉、感受、感悟。由此,读书,需要把自己摆进去,融入那种场景、情景,情景交融,或许读通、读深、读活!

一天傍晚,连长毕荣卿找我谈话:新海,你的入党申请书党支部早已收到了。现在,我代表党支部同你谈话。经过一个阶段的考察,认为你符合吸收为中共预备党员的条件,欢迎你加入党组织,我们一起战斗。首批火线入党可不一样啊,也不简单,这份入党志愿书你抓紧时间填好。

于是,我对照入党志愿书栏目的要求,一个项目接着一个项目地认真填写。因为战时没有桌子,我就趴在地铺上填写。其中一栏"对党有哪些需要说明的问题",我毅然写下:假如我在战斗中光荣牺牲,请追认我为中共正式党员。

1984年8月10日,在对越自卫反击战"两山轮战"期间的前线,我光荣地加入中国共产党组织,成为一名中共预备党员。

是的,在和平年代,火线入党的人屈指可数。我并不因此以思想进入红色"保险箱"里、躺在"功劳簿"上自居,成为党的人,就是听党话,跟党走,矢志不渝!

转业到地方工作后,台州市直机关党工委组织开展先锋战士主题征文活动,我把火线入党的经历撰写成一篇文稿,被评为一等奖,《台州晚报》全文刊发我的署名文章《火线入党》。

人生,谁都有记忆的书签。只是这份记忆的书签显得非常特别而弥足珍贵,让火线入党的书签,在心中打下深深的烙印。

鼓舞三:《心海》随笔的书香

主政温岭市文联期间,从文学创作的层面看,小说、散文、诗歌、民间文学、诗词,每个门类都有领军人物,而且队伍庞大,公益活动活跃,文学作品屡见报刊。有的门类创作强劲,成果颇丰。比如,诗歌创作领域,以丁竹为代表人物,在中国诗坛首创了海洋诗派,以《三角帆》杂志为阵地，创作了一大批精品力作，也培养了一大批诗人，在出作品、出人才的道路上越走越宽广，享誉国内诗词文学界。其他门类的业绩也不逊色，各有所长，各具特色。于是，致力于开垦《温岭文丛》的"处女地"。

感谢文学界同行的信任和鼓励，我也参与撰写出版了《心海》散文作品集。

挑灯夜战，我搜集整理了往年的随笔材料，筛选了一些发表和未发表的稿子，进行重新修改。同时，集中一个月的业余时间，集中精力创作了新的随笔作品。

书名起作《心海》，基于两个方面的考虑。一个是与名字谐音，易记；另一个是《心海》反映的文思的心境像大海一样宽阔，富有诗意，具有张力。

全书按文稿的主题分类，以古韵芳心、俯仰铭心、文昌清心、乡土赏心、军魂驻心五大篇章布局，每个篇章写一首短诗阐释，起着向导员的桥梁作用。入书文稿，总体上把握两大视角。一个是以现代的视角看古典，另一个是用文化的视角看经济和社会现象，努力让读者入眼、入景、入心、入思，引发共鸣，增强文学感染力。

写作基本框架确定后，请挚友时任浙江省文学院院长盛子潮先生提提意见，出出主意。同时，也请子潮兄审稿。

初稿、二稿、三稿确定后，赴北京拜访著名散文大家魏巍先生，认真听取对《心海》散文作品集的意见。魏巍先生欣然亲笔题写了《心海》书名。老爷子拉着我的手，乐呵呵地告诉我："我还没给人题过书名呢，你是第一个，还是散文作品集《心海》，很好！值得一读，也值得我一题。"

大家风范，后学敬仰。机不可失，时不再来。我又请魏巍先生题写了斋室名：雨辰轩。

2005年12月,《心海》散文作品集由中国文联出版社出版。同时,《心海》也作为《温岭文丛》7本丛书之一面世。台州市文联、台州市作家协会会同台州学院,组织专家学者研讨,发表《心海》散文作品集的文艺评论,并结集出版。

一直以来,总让自己看到、想起的那些有趣的、有理的、有益的事情,记录下来,形成文字。

我深知,作为党员领导干部,时刻不忘一个肩膀扛着忠诚、一个肩膀扛着担当,铭刻弘扬社会主义核心价值观的主旋律,传播爱国民族精神和创新时代精神的正能量,心怀感恩,情注笔端。

我深知,作为浙江省作家协会会员,在县级市层面,拥有这个"头衔"的人屈指可数,努力让自己在新的进程中具有更强的专业素养,坚守务实起跑线,不做无病呻吟,不搞闭门造车,紧贴主旋律,传播正能量,不负美誉。

《心海》散文作品集,立足大散文理念,笔墨触及记叙文、说明文、议论文,倾力细化。记叙文着墨,尽力让笔触神驰写人、写事、写景,生动而风趣。说明文定向,有意触及事物说明和事理说明,让事理阐释明明白白,清清楚楚。议论文布局,思接时政、评论、申论,力求微观、中观、宏观的思想高度逐层递进,引人入胜,发人深省。

有道是,水无定势,文无定法。思忖着,创新的时代,更加需要认真对待每一篇文章的思想、风格和手法,在散文创作队伍中,努力成为一名有追求、有风骨、有爱心的作家,不负时代、不负成长、不负大众!

鼓舞四:翰墨丹青的书道

少儿时喜欢写字画画。置身于20世纪六七十年代,书画几乎空白。生长在集镇,书画更是奢求。此时此地,所拥有的只是几分钱一小瓶的黑墨,几分钱一支的毛笔,水彩颜料都要托人到县城才能买到。至于，诸如书画墨汁、宣纸、国画颜料、大中小号羊毫狼毫毛笔……压根儿没听过、没见过、没用过！

军旅生活，真正是培养人的摇篮！在部队，身边的战友来自全国各地，有来自城市的，也有来自农村的，每一个战友都有不同的特长。

忙里偷闲，时间挤一挤总是可以的，如果利用业余时间向身边的战友学学自己喜欢的东西，业余爱好不就更加丰富了吗？渴望知识的原始动力，驱使我向身边有专长的人学习，不耻下问，日积月累，终于初步掌握了书法基础知识和中国画基础知识。

著名书法家戚庆隆，曾荣获第四届中国书法展金奖。戚老有幸成为我书法的启蒙恩师，特别是传授了颜楷与印章融合的独门绝活，进而，促使我从习作走向创作。打那以后，更加痴迷于汲取真草隶篆线条美感的养分，逐步攀登师古与出古、尚意与尚神的高标。

著名画家吴夕兴，院校派画家，从版画转向以洪泽湖为主题的中国画创作，以工间写风格，开创作品空灵、诗意的内涵。吴老有幸成为我的中国画启蒙恩师，他擅长用符号化的创作元素进行画面的构成，描绘并凸显天人合一的境界，深深地影响着我对山水国画创作的方位取向。

时过境迁，恩师的教诲，夯实了书法、中国画基本知识的基础，强化书法上用笔、结体、章法的运用，入古为上，临摹不辍。同时，善于将书法线条运用中国画，以写入画，先从花鸟起步，转而专攻山水，强化画的机理和色彩搭配。领会用二维平面营造三维立体空间的技艺，领悟用静止画面营造动感的技巧，进而让画像传递人文情怀，增强艺术感染力。

主政文联期间，天时地利人和，书画创作迎来了新的春天。

基层，迫切需要用书画来美化场景，营造文化氛围。同时，书画家有义务、有良知，需要深入基层一线为大众提供书画服务。基于此,我牵头组织温岭市书画服务队,常年深入一线举办书画笔会,现场创作,作品用于布置基层单位工作场景。据估算,举办书画笔会百余场次,现场创作作品800多幅。

与此同时,经常组织书画家赴台州各县市区开展书画笔会活动,促进了县市区书画艺术交流,也活跃了文艺组织的凝聚力和战斗力。书画笔会的传播力和影响力,远远超过了预期,好评如潮,得到了上上下下的充分肯定。时任中共温岭市委书记王金生说:"文联活动很活跃,赶在台州前头了!"

非常荣幸,我有幸被评为浙江省先进文艺工作者,受到浙江省文联和浙江省人力资源和社会保障厅的联合表彰,成为当时近5年时间台州市基层文艺唯一受表彰的先进个人。殊荣,不只是个人的荣誉,更是温岭文艺界的荣耀!

在做好本职工作的同时,我潜心于山水国画创作,逐步形成了花青山水、红色山水、泥金山水三种山水国画的风格,受到业内和社会各界的好评。四尺全张以上尺幅的山水国画创作作品至少500多幅走向社会,走进厅堂。

2014年9月,温岭市行政中心新址落成,根据时任中共温岭市委书记陈伟义的指示,创作了一幅题为《家山红韵》的山水国画,高200cm、长800cm巨幅红色山水中国画。经当时市委常委集体审定后,悬挂在温岭市行政中心一号会议室。

书画艺术,从儿时喜欢,到业余爱好,逐步走向艺术殿堂,欣慰之余,感慨万千。一个人的时间是有限的,精力的投向与投量似乎决定着事项的质量。如何充分利用碎片化业余时间,集中精力,长期坚持,这样,才能有所作为。借用天道酬勤的格言,艺道酬勤,同理,书道酬勤,绝不是一个人、一群人的感悟,而是被大众所接受和认同的公理。问题是,如果以书道酬勤律己,那么,长效机制是核心,是毅力,是韧劲。面对"快餐式"的社会节奏,拥有毅力和韧劲似乎是一种奢望,且不说成功、成效、成就,就态度而言,书道酬勤不失为根治当下"躺平""内卷""摆烂"的良方。

鼓舞五:笔耕格子的书桌

学生时代,写作文是一种练习、一种兴趣。当时并不知道这一写就被一辈子套上了!

在部队,领导选拔人才,首先看笔头好不好,似乎成了不成文的规矩。担任文书后,其基本职责就是写文章,虽然不是前瞻性的学术研究,但是,多数还是实用的应用文。然而,正因为有如此这般非一日之功的铺垫,才有写好文章的基础。

担任部队秘书工作后,写作成了家常便饭。这写文章的绝活,全然得益于写作班子的传帮带。的确,"军队秀才"的笔头不是一般的硬,其起家本钱、看家本领、传家法宝的招数,就在于为领导决策提供第一手材料。

担任36师政治部秘书时,当时的潘瑞吉政委和吴品祥师长,总是经常带着写作班子研究材料,手把手开展传经验、帮思想、带作风,特别是从立意的思想高度到典型事例的筛选,从观点的润色到行文的节奏,从领导关注的动态到提供信息的对路,一丝不苟,反复推敲、修改。后来,我在充分调研的基础上,撰写的《关于军队信访工作几点思考》在第12集团军政治部《政工简报》加按语专刊发表,上海大学主办的《秘书》杂志做了转载。

行伍十六载,转业到家乡,在市委办公室从事信息工作。曾撰写了《关于抓落实的辩证思考》一文,《台州日报》理论版头条做了刊发。时任中共温岭市委书记周五来高兴地对我说:"不愧是温岭一支笔。"鼓舞,总是暖暖的,活化了笔耕之乐!

我同时主笔中共温岭市委党务信息,在做好《温岭信息》普刊、特刊、内参撰编工作外,全力以赴上报中共台州市委党务信息和直报中共浙江省委党务信息。

压力,也是动力,更是活力。每天上班,就像扫描仪一样,对全市工作口全方位扫描,捕捉信息。同时,第一时间掌握全市性重大会议的工作部署及进展情况,重点关注效果、做法、经验。第一时间重点了解市委主要领导工作动态,重点了解上级领导考察、视察、调研的工作动态。在此基础上,筛选信息,评估价值,撰写信息,及时上报。

功夫不负有心人。温岭党务信息直报,重在把中共温岭市委领导的工作思路,各条战线好的工作业绩、成效、做法、经验,第一时间向省委报送,主动协助,力争上稿,让中共温岭市委的好思路、好做法、好经验,走进省委领导的视野,为领导决策服务。

温岭市作为中共浙江省委党务信息的直报单位,名列全省20强。我个人被评为全省先进党务信息工作者,受到中共浙江省委办公厅的表彰。1998年9月底,赴北京参加由中共中央办公厅主办的全国党务信息工作培训班培训。

写作,不只是文字,而是角色定位、角度把控。我本着对党忠诚的理念,积极主动地履行拿起笔来的职责,以背景大、口子小、观点新、内容全、事实真、数据实、特色明、文风好、时效快为写作底色,逐字逐句反复推敲,倾力做好了解、掌握实事、实情、实质,争当为领导决策服务的行家里手。

我主政文联期间,借力台州市文艺名家展(演)示工程的载体,牵头举办了林梦作品音乐会,全程伴随在浙江音乐厅、台州市、温岭市举办的个人专场音乐会演出、研讨活动,迄今,林梦作品音乐会成为台州市文艺名家展(演)示工程的艺术样板。

牵头举办了田燕君作品音乐会,全面、系统展示田燕君音乐创作的理念和风格,其传播力、影响力,受到业内和社会各界的广泛赞誉。

举办了陈彩霞越剧专场戏曲活动。彩唱、乐队、合唱同台,演职人员过百,凸显传统越剧的传承和弘扬,开垦戏曲舞台展演的先河。

举办了季世华先生诗词研讨会等大型文艺专场,搭建平台,鼓励文艺名家展示出人才、出精品的成果。

我的身边,拥有许多榜上有名却十分低调的挚友,默默耕耘似乎就是标识,他们的建树和作为,总是在鼓舞着人们。

"金剪刀"奖获得者柳怀瑾,业余置身剪纸艺术殿堂,坚守非遗传承初心,彰显出人文的风骨、风情和风采。

"金蓝领"奖获得者、台州市劳模江音,从温岭起步,一步一个脚印,不仅荣获全国美业形象设计大赛的冠军,还成为国际级、国家级美业形象设计的评委。殊荣,着实让人敬佩,让人敬重,让人敬仰。

作为浙江省音乐家协会的会员,我也积极投身于歌曲的创作。作词作品有《放歌温岭》《温岭政协委员之歌》《工匠筑梦》等50多首。与李昱锜合作作词,我谱曲的歌曲《啊!清风》,获得了注册音乐作品版权。

书桌,用方格纸一格一字地书写着,书写着所见、所闻、所想,抒发胸怀,笔耕不辍,乐在其中!

鼓舞六:夕阳映照的书卷

2024年6月,我满43年工龄,光荣退休了,夕阳在向我招手。没有太多的余暇去顾及人生的末班车是什么模样的。

面对大学生考编的申论、面试辅导,沉浸在公务员、事业编、国企上岸的幸福感中,能为大学生在人生的十字路口上指点迷津,不失为一大幸事。

面对山水国画创作,能为单位、家庭补壁,神游艺术世界,同样不失为一大幸事。面对小提琴成人速成教学,陶醉在纯粹的音乐世界,独乐乐与众乐乐和谐,也同样不失为一大幸事。休闲无闲,忙里偷闲,夕阳映照的生活格外惬意,分外迷人。

岁月静好,好在厚植不为浮华所动的一种定力。好在拥有一段丰富的人生经历、阅历和资历历练的铺垫,绝不躺在红色"保险柜"高枕无忧,坚守忠诚、担当、奋斗和初衷。

夕阳红,红得通透,红得闪光。秘书,这个职业先后十几年,虽然占据了人生最宝贵的青春年华,但是养成了认真读书的好习惯,养成了勤于思考的好习惯,无论何时何地同样融入血液,不光有益身心,更加有助奋发继续读好老年发挥余热的这本厚厚的书。

军旅情怀之心常在。咱当兵的人就是不一样。战火洗礼,更加珍惜祖国的安宁;和平时代,更要继承发扬军魂,充分展示军人的风采。

艺术情操萦心常在。山水国画、小提琴、钢琴,无止境的艺术,不在功名的求索,乐趣就在动动手指,转转身子,修身怡性,不失为雅事一桩。

书卷情结痴心常在。中外名著偶尔翻翻,传世经典,手不释卷,老有所乐,乐在开卷。

今年8月上旬,笔者在温岭和张新海先生第一次见面时,他送给了我一幅他画的青绿山水作品和一本散文集《心海》。我把他独具风格的画作送给了一位爱字画的朋友,唯独留下了他的散文集《心海》。

《心海》中的后记给笔者的印象十分深刻:"物欲横流的时空,身边匆匆的人流日理万机地拼命着挣钱,那三辈子也用不尽的铜钿总在鼓鼓的口袋里呆着,身累;多元思潮的感召,周围悠悠的文友夜以继日地为真善美笔歌,纯真的心灵,在理性地宣泄着心象、心迹和心境,心绪得以抚慰,'精神贵族'们这般高傲地为着生活而生存着,心累。

"虽然身累总比心累实惠,但是,我这个傻瓜却钟情着心累。……有道是'世事洞明皆学问,人情练达即文章。'倘若做学问、写文章之类能根治心累,那么,就固执地迷恋这一'偏方'。"①

笔者认为,这就是张新海先生坚持读万卷书,行万里路获得的大彻大悟! 这就是张新海先生追求的崇高精神境界!

在我俩握手告别时,他充满深情地说:"'寒鸡不待东方曙,唤起征人踏月行。'如果,我的书声、书签、书道、书香、书桌、书卷可以鼓舞人,那么老班长,让我们在崇尚书香、追求书香、彰显书香那充满人间大爱的美好时光里一起共勉吧!"

---

① 张新海:《心海》,中国文联出版社,2005,第289—290页。

第16章:陈睿读书故事多

今年初夏的一天,笔者邀请温岭市农业农村和水利局党委书记、局长谢立明推荐入选《书香中国看温岭——浙江省温岭市全民阅读采风录》一书的优秀阅读推广人。

他毫不犹豫地说:"您可以采访一下我们局里的陈睿站长,他的读书故事非常多"。

随后笔者和陈睿站长按约定时间在温岭市农水局的小会议室见了面。

说来非常有趣,我俩一见面就互相赠书。我赠他的是《柔石与鲁迅:柔石在鲁迅身边的900天》;他赠我的是《温岭耕地质量》。从两本书的内容来看,我们是"敲锣卖糖,各干一行"——我是一个文化职业的"码字人";他是一位青年农业专家。

陈睿打开了话匣,聊起了他的读书故事:

在尘封的记忆里,祖父的小书桌印象深刻。童年时代的读书萌芽算起来,应该是自祖父而起。祖父过世时,我才两岁。对于他老人家的音容笑貌,我没有留下任何记忆。长大之后,才听祖母、父母说起,他最疼爱我这个孙子,常常抱着我上街沽酒,说要等我快快长大,教我读书写字,只可惜突然中风,继而与世长辞,才令老人家的这个"教孙读书"的计划半路中断。

在那个并不富裕的年代,祖父留下的遗物不多,记忆中箬横老家除了倚墙放置多年,却从未见用过的一架老旧的织布机,便是小楼墙边的一张书桌,这却是我小时常用,且最感兴趣的。

说最感兴趣,其实也并不是因为这张桌子的奇特,因为木桌子历经沧桑,桌面早已坑坑洼洼。小时写字本来不好,握笔又重,纸张又薄,每每用力书写时,常因桌子上的小洞而折断铅笔头,影响我的正常"发挥",所以对它并没有什么好印象。

小时的我,最爱的是这张桌子的抽屉,因为没有上锁,打开后简直是小孩子的宝藏。这里面有好几方印章,形状各异,有椭圆形的,长方形的,还有接近正方的。且材质各异,有浑身通白透明的,有米黄色的,还有一方碧绿光滑,且质地异常地坚硬,其他的都刻有曲折的篆字,就这块没有雕刻,说是留给我的。现在想来,这些都应该是价值不菲的印章,可那时的我,只是把它们当作漂亮的小石头,放在桌上当弹珠"射击"的标靶,享受印章被击倒时胜利的喜悦。后来又开始和小朋友玩起皇帝大臣游戏,把它当作"圣旨"中必用的玉玺,算是发挥了它的本初作用。可也就是因为那时的游戏,令印章散失殆尽,最后只剩下那块碧绿无字的,因为"没用",才得以幸存至今。

除了印章,抽屉里还有几支毛笔,有些笔管上还有好看的刻字,笔上有漂亮的装饰。另有一叠裁好的宣纸,上面画有人物线条、花鸟虫鱼。那时,毛笔被我蘸了墨,四处涂鸦,事后又不知去洗涤,结果笔毛干成一坨,我便拿剪刀去修笔尖,没多久这些秃笔就被我抛弃了。而那些纸张,则根据具体的画像,被我剪了下来,做成纸板,很快在与小朋友们的比赛中消耗殆尽。

再后来,父亲发现了我的"暴殄天物",却并没有责备于我,而是给我讲起祖父读书的故事。

祖父生于清朝末年,长于一个小山村,在那个物质资源和教育资源均极度稀缺的年代,他因为爱好读书,以笔墨为友,以诗书为伴,可惜他的藏书都在"文革"中焚尽。但他不仅写得一手好字,还会篆刻、作诗,还因此当上了当地的保长,成为村民眼中的"秀才"。他急公好义、思路清晰,复杂的村务在他执中调理下,治理得井井有条,因此在老一辈村民中享有极高的声望。他还很有学习能力和经济头脑,中年时只身赴外地学习纺布、染布技术,随后毅然放弃村里的祖业,举家从山乡迁至城镇,办起染坊,并且创业成功。

父亲的话,加上平时耳闻家族长辈的不断提及祖父"事迹",当然,也随着年岁的增长,令我逐渐明白,祖父的不懈努力与成功,其实都源自于读书学习。无论时代如何变迁,读书都是通往智慧与成长的必经之路。我也为懵懂无知损毁他的遗物而懊悔不已。

陈睿说:

父亲的五斗柜我一生难忘。父亲是家中独子,自小就受祖父祖母宠爱。但生活中的溺爱,却并没有减轻对待读书学习的严苛。父亲经祖父传授,他的毛笔、硬笔书法俱佳。他还有一帮非常要好的同学,在这些人眼里,父亲是个读书种子,也是学校的高才生,只是因为那个特殊年代,才丧失了深造的机会,但他仍是大字报、板报的绝佳写手,深得同学们的一致赞誉。

父亲给我取名为"睿",我一直不大认同。因为字的笔画太多,小时的我不但把它写得又大又难看,还因为笔画繁复,书写耗时也比旁人多,令我实在懊恼。后来父亲说取这个名字,是因为纪念一个历史人物,他叫张謇,江苏南通人,不仅是状元,还是实业家、教育家、书法家。

说实话,小时的我对父亲说的这"家"那"家"并没有多少深刻的体会,但因为从小跟着大人看戏,身穿红袍、帽插宫花的状元郎还是懂的。于是我开始渐渐认可这个名字,若有人问我名字的来历,便搬出状元的名头。"取这个名字的人,就要好好读书,长大了做状元。"这句话如同种子一般,在我幼小的心田生根发芽,让我对书籍、对学习充满了无限的好奇与向往。

我还记得20世纪80年代松门的家,条件还不是太好。说是家,其实是当时国有企业分配给职工的一间宿舍,三十多平方米,白墙四壁,除了贴满报纸外,便是父亲手书李白的《将进酒》,那是写在长长的做实验用的坐标纸上的一幅行书。除此之外,家里能与文化有关的家具便是一个五斗柜。

这是一个多用途的柜子,柜顶放着家中唯一的家电,一台可以连接唱机的海燕牌收音机。柜子有五个抽屉,其中四个是用来放置衣服和一些杂物,最底下的那个满满地放了许多书。抽屉里面分为两边,一边有成套的马恩著作、毛选,以及各式的单行本、小红书。翻开书,里面时不时可以见到父亲在空白处做得密密麻麻的批注,只是小时的我对它们丝毫没有兴趣。我的注意力全在抽屉的另一边,那是一堆的连环画,在20世纪80年代也称为"小人书"。

记得儿时,每当夕阳西下,父亲便会从抽屉里找出一本"小人书",用那双清澈且充满智慧的眼睛望向我,眼里满是温柔与期待。他会轻轻地唤我过去,用他那充满磁性的声音,为我讲述书中的故事。从《三国演义》的烽火连天到《红楼梦》的儿女情长,从《水浒传》的英雄豪气到《西游记》的奇幻旅程,每一个故事都犹如璀璨星辰,点亮了我童年的夜空。

父亲不仅讲给我故事,更教我认字,教会我阅读。在传授知识同时,更以身作则,教会了我读书的态度与方法。他常说:"读书不在于多,而在于精;不在于快,而在于悟。"他自己也总能在繁忙的工作之余,抽出时间,或伏案疾书,或掩卷沉思,那份对知识的渴望与追求,深深地感染了我。我开始模仿父亲,尝试着去理解书中的每一个字、每一句话,甚至每一个标点符号背后的深意。在父亲的影响下,我养成了爱读书、善思考的好习惯,书籍成了我生命中不可或缺的一部分。

陈謇说:

我的小书箱也颇有故事。20世纪80年代是"小人书"发展的黄金时代,配套的文字精练浓缩、浅显易懂,或简单或复杂的黑白线条直接勾勒出我的童年,承载了我不少的美好记忆。

随着学习的深入,学龄前的我对"小人书"的喜好也是与日俱增,时常缠着父亲去新华书店买。当时所有的新书都是闭架售卖的,读者只能踮着双脚,眺望书架上放了什么书。加之生活在小地方,所谓的"新华书店"尽管只是当地供销社的一个柜台,也买不到多少新书。好在那时父亲跑销售,出差的机会比较多。他每到一地,就会去当地的新华书店,给我带上一两本的新书。并且让书店销售人员在上面盖个销售章,而他在每一本的扉页上,还会写上"某年某月某日购于某地"的字样。不过随着时间的推移,特别是当我学会写字后,这一任务便由我给承包了。目前我能找到自己最早书写的字迹就是在五岁的时候,歪歪扭扭地在某本"小人书"上记载着的购书时间和地点。

当时的"小人书"通常是几分钱一本,放在那个年代,也算是很奢侈的消费。好在双职工家庭类同今日的中产阶级,买书是可以不用皱眉的。渐渐地,"小人书"越买越多,也越积越多。既有《春苗》之类具有鲜明时代特征的作品,也有成套的四大名著、《东周列国志》《聊斋志异》等传统题材,甚至还有新近流行的《萍踪侠影》等香港武侠小说、日本电影《血疑》等。没多久,我家成为周边小朋友们最爱的打卡地,甚至还吸引一些大人来看书。家里的凳子不够用,小伙伴们就席地而坐,一边喝着国有厂附带生产的橘子水,一边惬意地阅读。

书多了,直到五斗柜的抽屉也放不下了。这时祖母拿出一个木头箱子,给我用来放书。箱子很大,曾经通体上过黑色的漆,但漆胎并不均匀,箱面还微微泛着浅棕色的光泽,应该是被岁月温柔地抚摸过,所以透着古朴与沉静。箱子是原木精制而成,木纹清晰可见,细腻而生动。箱角经过精心打磨,圆润而不失坚韧,箱盖以传统榫卯结构巧妙连接,开闭之间,活动灵活,没有常见的吱呀声响,足以感受到当年匠人对完美的执着追求。在箱子侧面安装有两个把手,方便搬运,正面可以上锁,正好满足我对"安全"的需求。

五斗柜放不下的"小人书",这下子终于有了安放之处。我给每本书编了号,用数字章盖上三位数的号码,然后按号次整齐叠放在箱子里。并且我还编了个目录,把号码与书名对应起来,抄在一张白纸上,然后贴在箱子的内盖之上。为了方便寻找,我还进行了分类,不过当时年纪小,还不懂正规的图书分类法,只能按喜好进行排序,排在前的自然是《西游记》《三国演义》之类,最后几名是看不大懂的外国电影一类的。

为了防"盗",书箱不仅上锁,还高高地放在衣柜之上,让一个小朋友既够不着又搬不动。从此之后,每当有小伙伴来我家的时候,我都让他们先一起出力,把重重的书箱搬下来,然后由我负责打开锁和盖子,再让他们从书目中找出想看的书,由我取出供他们坐地阅读,看完后也由我放回原处。当时我还宣布两项原则,一是不准外借,二是不准涂画。自从有了这个小书箱,我家移动的"小图书馆"就变得有模有样了,并且因为"管理"得当,快四十年了,书本还大多保存完好,极少有损坏现象。

陈謇说:

我的"铁书立"也值得一提。通过阅读大量的"小人书",不仅扩宽了我的知识面,也让我因此掌握大量的词汇量。所以等我上了小学,才发现当时一二年级的语文课知识点早已经尽然掌握,一般的组词、造句、作文也都不在话下。此时,家里的"小人书"早已反复翻看,小学课文也已不再满足,无书可看的我,更加无比地渴望阅读,这样的情况一直到小学二年级的一天才发生了改变。

我至今依然清晰地记得,当时班主任老师临时外出,由数学老师代课,因为那天课时多,教学任务很快完成。她便宣布下节课可以去校图书室借书看。那是我第一次来到我们小学的图书室,按照现在的眼光来看,所谓的图书室位于主教学楼边上,一点都不大,也不像样,就是由一排瓦房里的一个大房间改造而成。室内有六七排的木制书架立着,再悬挂着几盏昏黄的白炽灯。室外长廊则张贴有几位名人的画像,每个画像下面是他们的格言,在长廊之外,便是我们学校的花园。不过对于当时才八岁的我来说,那个小图书室已经是我当下发现的最大宝藏,那空气中弥漫着的是书本特有的香气,远甚于室外的花香,而那书架则是我极想探索的知识海洋。不过,按当时学校的规定,我们还不能自由翻找,只能排队在一张桌子上放着的一堆书籍里挑选。同学们借的基本上都是"小人书"或是一些儿童读物,轮到我的时候,突然发现书堆里有一本厚厚的《西游记》,那是我第一次见到原著,我眼前一亮,就是它了!把它交给管理员老师登记,老师望着小小的我,投来疑惑的眼光:"你看得懂吗?"我当时用无比坚定的语气对她说:"没问题!"

虽然《西游记》算是明朝的白话小说,根本算不得正宗的文言文,但里面的人物、故事我早已了然于胸。可这样的原著对于八岁的我来说,四百年前的文字、巨大的篇幅还是有相当大的难度。那也是我第一次正儿八经地接触成人的书籍。不过,我还是花了一个月,逐字逐句地啃下了这部巨著。阅读过程中有遇到不认识的字词、不懂的句子,便请教身边的大人,不过那时我一个人住在外公家,他们文化程度有限,助益不多,更多的时候,我是通过查《新华字典》《成语词典》,才磕磕绊绊地完成了通篇的阅读。

一本《西游记》读下来,我认识的字更多了,还附带着"解锁"了一项新技能,那便是快速查字典。记得当时学校教的都是按笔画部首来查,我因为查得多了,基本可以跳过这初始步骤,直接进入正文页面,所以比一般的人要快许多。也因这本《西游记》,我渐渐地不再满足于"小人书"的阅读,大约小学三年级开始,我把我的小人书书箱全面封存,开始进入纯文字版的书籍阅读期,《十万个为什么》《雷锋日记》《三国演义》还有好多七八十年代的励志小说,都是在那时看的。

当时国企待遇还不错,每年不以现金形式发放独生子女费,而是折成玩具或书籍任由孩子们选择,我是全厂子弟中少有不选玩具的。不过这一时期,我拥有的书籍只能缓慢增长,许多还是从各处搜来、借来的,数量虽然不多,但都是我爱不释手的。由于当年寄宿的外公家里也没有个书架,书堆在一起存放也不够整齐。于是,妈妈便买了个黑色的"铁书立"放在我平时做作业的桌子上,自此书本都被我整齐地归置起来。那个时代的我,总觉得这两个黑色的家伙就是一对守护知识的忠诚卫士,用它们沉稳的姿态,承载着沉甸甸的书籍,让每一本珍贵的文献都能找到属于自己的位置。而当我小心翼翼地看着它、走近它,将手指滑过每一本书的脊背,最终选中一本封面泛黄、边角微微卷起的故事书,那种期待和满足令人激动万分。

陈謇说:

我的第一个书架也承载着读书故事。很快,进入了20世纪90年代,中国经济开始高速增长,但快速发展的生产力也正深刻地影响着旧的生产关系,中国社会也在剧烈阵痛中重组变革。当时同班同学家庭,已经出现很多"豪气"的老板,而我的父母一个下岗,一个停薪留职,家庭收入与之相差悬殊。而此时,我升入中学,对知识的渴求与日俱增。父亲再也不能像我小时那样,每有新书上架就出手购买,而是不得不掂量掂量才不到百元的月工资,谋划着家庭各项支出比例。

幸好,那个时期国家放开了图书经营权,国营的新华书店已不再是唯一的选择。并且私营书店全新的经营方式也令顾客耳目一新,它允许读者进入书店内,在书架上任意挑选、翻阅。不仅购书氛围发生翻天覆地的变化,书籍的种类也得到了极大地丰富。传统文化、宗教书籍、人文读物应有尽有,甚至以往的"禁书"也堂而皇之地摆出售卖,文化市场一片繁荣。我和那个时代的许多青年一样,争相传阅《围城》《读者文摘》等书刊,尤其追逐《祝你成才》《名人名言录》这类畅销书籍。

与此同时,人到中年的父亲也敏锐地抓住时代提供的机遇,快速地从下岗潮中跳入了下海潮,开始了他的创业之路。显然,回报也来得非常快,与当年在国有厂时相比,他的收入成倍增长。他也很快脱下中山装,穿上皮夹克,还配上了大哥大,家庭的经济状况也为之焕然一新。于是,我也有了一定数量可自由支配的零花钱。此时去书店，也终于可以不再是尴尬的"光看不买"。那阵子，我买了《四书》《左传》《史记》《诗经》等中华传统经典著作，还买了《战争与和平》《安娜·卡列尼娜》《简·爱》等世界名著。

这期间，由于书越买越多，我们家也终于买上了第一个书架。那是当年十分流行的竹制书架，我记得是八十元，在那时也不算便宜。书架的每一根竹条都用火烤过，并经过精心打磨，还刷上清漆，呈现出湿润的光泽，也散发着淡淡的自然清香。书架共分四层，我按照古代文学、现代文学、外国文学、教辅用书进行分类，错落有致地摆放着各类书籍。书架就放在我的床边，每当夜深人静，我总会翻开一本，看上一会，让思绪随着文字飘远。那时，我总觉得每一本书都像一个生动元素，共同编织着知识的梦境。

这段日子也成了我读书的"井喷"期，开始了大范围大规模的阅读。可也是在这期间，当时的学校还是极度反对学生看课外书，对带书进校现象是严惩不贷。记得那时班级里流行着金庸、古龙的武侠小说，被缴、被撕的书本不计其数。即便是我在课余时间看主旋律小说《保卫延安》，被班主任发现的结局依然是无情地当众撕碎。纵然在这样的"高压"态势之下，我的读书热情依然不减，只是从公开转入地下，从学校转入家中。中学几年，我愣是把"二十四史"、外国主要的名著粗略地看完，还精读了《论语》和《红楼梦》，背诵了《唐诗三百首》《宋词三百首》《古文观止》中最精要部分。我还因此自学了旧体诗词和文言文的写作，还有效地反馈在学习成绩上。整个高中阶段，我差不多能保持文言阅读不扣分，历史科目成绩也一直名列前茅，以致在高二分班时，还一度想选报文科。

进入大学之后，我才发现之前的我犹如井底之蛙，大学图书馆才是真正的知识的宝库、智慧的殿堂，我也从没见过如此书架如林、藏书万卷的宏大景象。惊奇和震撼之余，在整个充满活力与梦想的大学时代，图书馆成为我最常光顾的地方。

刚进校时，学校的图书馆还是一座老旧的苏式建筑，周围环绕着郁郁葱葱的乔木和精心修剪的灌木，但墙面已略显黯淡，木质门窗也早已斑驳，可即便在其身上刻着岁月的痕迹，却依然散发出古朴典雅的气息。特别是在室内，每当柔和的阳光透过门窗投射下来，就感觉每一处细节都渗透着历史的沉淀与文化的底蕴。不过没过多久，学校就启用新图书馆，当时馆内拥有国内最先进的多媒体设备和计算机检索系统，现代化气息十足。而在宽敞明亮的大厅里，一排排整齐的书架之间，配备的是大量舒适的阅读桌椅，且冷气充足，学习环境一流。从此，同学们都把图书馆当作自习的首选。每天下课，我就和大家一样，纷纷涌入这片知识的海洋，用书本或背包"圈地"，抢占一个读书位。

我最喜欢在二楼找一个靠窗的位置坐下，那时阳光正好，微风不燥。在这里，高耸的书架犹如通向未知的迷宫，每一本书都是一个新世界的入口。

记得有一年，为了完成开题报告，我几乎把所有的休息时间都泡在图书馆里，从晨光初照到夜幕降临，我埋头于浩瀚的书海，翻阅着各种专业文献和参考资料，经常为了查证一句话、一个数据而看完整本书。而每当从中获得一个新知，解开一个难题，或是完成一大段论述之后，内心的喜悦和成就感便如潮水般涌来。

1998年9月，同根同源的原浙江大学、杭州大学、浙江农业大学和浙江医科大学合并，新的浙江大学宣告成立。那时，学校还宣布一个好消息，原先五个校区的图书馆可以凭学生证任意出入，图书也可以通借通还。也正因为最初合并之时，每个校区还保留着各自迥异的鲜明风格，这更加令我流连忘返。那年，我的阅读范围也有目的地在其他校区延伸。比如在西溪校区，人文方面的藏书最丰，在这里阅读，能让人感受到人性的温暖和美好。那时的时间仿佛被刻意地放慢了步伐，让我有足够的时间去思考、去领悟、去成长。

　　大学时代，图书馆像是给我打开一扇通往知识的窗户，也成就我很多读书的第一次。比如第一次看到民国书刊，第一次看到外国文献，第一次看到如此全的杂志，也有第一次使用计算机来查询资料。总之，大学四年，我的读书时间更多了，读书的范围更广了，读书的质量更高了。

陈睿说：

　　我的书房变迁记也蛮有趣儿。参加工作之后，我被分配到基层。那时，工资收入虽然不多，可工作量也并不太大。正因为第一次有了可自由支配的收入，又有了充足的闲暇时间，那时的我迎来了人生新的一段购书潮和阅读期。

　　这期间，我开始恶补业务知识，既从头温习本专业土壤学、植物营养学、化学分析相关书籍，又开始涉足作物栽培、植物保护、信息技术的入门著作，还深入查阅温岭本地及周边县市的专业论文。同时，我对传统文化继续保持着兴趣，《阅微草堂笔记》《声律启蒙》《幼学琼林》《历代小品笔记》《格言联璧》等书籍都是那个时候买的。

　　也正因为我参加了工作，家里的经济条件也开始大为改善。2002年，我们便买下了第一套商品房。装修的时候，我就下决心一定要给新家安排一个书房，安放一张书桌，并打造一组超大书架来存放我越来越多的书。很快，梦想便得以实现。书房有一扇窗，地面铺设了木质的地板，安放了一张宽大的书桌和一张舒适的阅读椅，整面的墙壁都做了书架，并且采用开放和封闭相结合的方式，既方便取阅，又能保持空间的整洁有序。因为书架足够大，书本开始按照政治、经典、诗词、历史、小说、散文、业务分类摆放。书房还有一幅书画作品,一盏复古的台灯,几个充满艺术感的中式小摆件。在这么一个既实用又美观、既舒适又充满文化氛围的私人空间,每一次的阅读与学习都成为一段美妙的旅行。

事实上,这个书房利用率很高,我的好多学术论文和专业论著都是在这构思、撰写的。2007年儿子的出生,打破了书房所有的有关学习的用途规划。书房被逐渐占用,最后彻底被征用,成为放置孩子玩具、生活用品的杂物间。最后,堆放的杂物之多,以至于人都挤不进去、落不下脚。无奈之下,我只好在卧室里又买了一张书桌,作偶尔读书写字之用。当然,那时的我,并没有多少时间看书,只能尽力做到不把工作带回家。

陈謇说:

我儿子的书柜也有一段故事。因为儿子的出生,初为人父的我,既缺乏经验,又缺乏时间。期间,也因此中断了几年阅读和学习。不过,伴随着孩子的长大,又让我感受到了父子一起读书的快乐。

在我儿子很小的时候,我就注意培养他的阅读能力,入门课本是蒲松龄的《聊斋志异》。通常是由他打开目录,任意挑选一篇文章来作为当日的"课程"。具体是让他先朗读一遍,然后试着翻译成白话文,接下去再读一遍,期间有不懂的字词或典故,就来问我,或是自己查字典、词典。开始的时候,孩子总是会挑一篇短的,其实这不打紧,因为用不了多少天,短的就挑没了,剩下的越来越长,不读也得读。不过随着阅读能力的快速增长,读再长的文章也不再是什么障碍了。

我们一起背诵古人的诗词文章,并且崇尚读万卷书、行万里路的说法,通过自驾游来加深对文章的理解。因此,我们去岳阳背《岳阳

楼记》;去赤壁背《赤壁赋》;在九江背《琵琶行》;在赣州背《菩萨蛮·书
江西造口壁》……我们的足迹从古道西风的塞北,到杏花春雨的江
南,在重楼飞阁、古塔碑刻、轩榭廊坊、名人遗迹间更深刻地体会到
"跨越千年,宛若初见"的韵味,也更能探寻历史幽微,领略灿烂文明。

　　因为书房的废弃,我又买了个白色的书柜放在他的房间。书柜
很高,能放下几百本书。书柜里的书也经常换,第一个原因是随着年
龄的增长,阅读的难度也需要增加。比如把绘本换成注音本,再换成
儿童版、少年版,然后是原版、注释版、批注版。期间最典型的例子是
在小学六年级的时候,我们父子迷上了《红楼梦》。儿子先是看我小
时候的"小人书",继而是少年版,但很快就觉得不过瘾,开始翻阅我
早年买的简体原著。期间还跟着观看1987版电视剧,又听完蒋勋
先生讲红楼,再听刘心武先生的音频。后来,我们还买了影印版的
《脂砚斋重评石头记》(庚辰本),对照原著分析、精读。在反复翻阅的
过程中,我们和《红楼梦》相知相交,也从中获取了极多益处。期间我
们还去了上海淀山湖的"大观园",只为通过实地探访,解读经典的红
楼人物,领略书中辉煌的人文艺术之光。2020年寒假,听说国家博
物馆有红楼展,我们立马坐上高铁去往北京,只为亲见神交久矣的雪
芹先生遗物,感悟他的那些匠心独运之处。

　　书柜中的书经常换的另一个原因则是随着孩子年龄的增长,孩
子的兴趣也在发生变化。儿子在学龄前最喜欢看恐龙类的书籍,有
一段时间又迷上野外生存。上了小学,最喜欢的变成了《三国演义》,
对曹孟德是五体崇拜,《曹操传》《曹操全集》……能买到的曹操相关
的书籍也买了个遍,继而是《水浒传》,看完原著,又是《水浒后传》《后
水浒传》。到了初中,改投王阳明门下,心学常挂嘴边,《传习录》《王
阳明全集》看了一遍又一遍。等到了高中,我父亲年轻时的《马克思
恩格斯选集》《毛泽东选集》被他翻了出来,如饥似渴地读诵经典,父

亲早年批注之外又加了属于他孙子的批注笔迹。

陈睿说:

我家的书柜里书换了又换,但不换的不仅是这个书柜,还有就是爱读书的人。应该说在这个快节奏的时代,我和儿子十多年的学习经历仿佛是一曲悠扬的旋律,缓缓流淌在心间,记录着我们的成长与蜕变。如今,儿子已经长成了一个阳光、自信的小青年,他在学习上的进步和成长让我备感欣慰。但我也知道,这只是一个开始,未来的路还很长,我们将继续携手前行,在读书学习的道路上不断探索、不断超越,这段与儿子共同学习的经历,将成为我们一生中最宝贵的财富。

最后说说我们家的书斋。2022年,随着家庭条件的不断改善,我们又买了一套商品房。因为与父母分开来住,且只有一家三口,所以这里的房间显得有所富余。关于新房的装修,我和儿子达成高度一致,我们要建设一个属于我们的父子书斋。首先书房要一律建在东边,要有硕大的落地窗,可以望得见山、望得见湖。然后一个书房是不够的,要建三个。一个位于最北侧,即东北方。在这置一床瑶琴,焚一炷清香,再立一竖式书橱,摆放书法、音乐、绘画书籍,用于思考冥想,或是阅读有一定深度的、哲学性的书籍,这个书房的风格是中式的,桌子凳子要明式的。另一个位于房子中间,既正东方。设在这里的是主书房,一张长长的靠墙悬空的书桌要一直架到飘窗。书桌的左边摊毛毡,用于书法练习,右边摆放笔记本电脑,用于工作学习。桌上是两排简约的挡板书架,放置最常翻阅的书籍。而背后是整墙封闭书柜,放置最有价值的书籍。这个书房要北欧简约风,胡桃木色要贯穿始终,并选用肯尼迪椅。最后一个书房位于最南侧,即东南方。这里安放一个现代的书桌，椅子要带转轮的、能旋转升降、有透气靠背，专用于儿子做作业，主打一个舒适。

从我家南面望去是一汪碧水，清风拂来，水波粼粼。于是，我们给书斋取名"澄然居"。一则确是有水澄然，二则是心境澄然，三则是我们姓陈，陈、澄谐音。我们也请人刻了好多的印章，有姓名、斋名，也有刻上各式警句的闲章，现在也像祖父一般把它们放在书桌的抽屉之内。同时，我们也在书房里裱了一幅字用来明志，这是草书陶渊明的《饮酒》，"结庐在人境，而无车马喧。"在这个书斋里，沉浸在书的世界里，可以忘却尘世的烦恼与喧嚣，与古今中外的智者对话，感受思想的碰撞与交融。在这里，我们都可以成为自己世界的主宰，自由地探索、思考、想象，享受那份难得的精神自由与独立思考。

如今，我们父子的书斋始终弥漫着淡淡的墨香和纸张的味道，我想这是从祖父的书桌、父亲的五斗柜和我的"铁书立"以及儿子的新书柜一直传承赓续下来的一种浓郁的书卷气息。

今天，我又坐在我们的书斋里，翻开儿子刚看完的《理想国》，继续我们的阅读之路……

第17章:读书宣讲老劳模

说来很是有趣,舒幼民先生阅读推广的故事能够入选这本书,多亏了温岭市交通旅游集团党建办公室工作人员金缪悦女士的热心推荐。

金缪悦在提供单位读书活动经验时告诉笔者一条很有价值的信息:她们单位——温岭市交旅集团的老职工舒幼民平常就喜欢读书看报,因为工作业绩突出曾经获得"全国五一劳动奖章"、浙江省劳动模范、浙江省优秀共产党员、全国交通十大感动人物的荣誉称号。舒幼民先生退休后积极地投入到学习和阅读中,充分发挥自己的余热,是一位非常优秀的宣讲员,也是一位很有读书故事的人。

于是,笔者立即和舒幼民先生做了电话沟通,请他讲述一下自己的读书故事:

> 我从小就喜欢阅读,热爱阅读,把阅读看成工作和生活的一部分。那年代,没有像今天一样的阅读条件,学校也没有图书馆,能找到一本书看非常地不容易。
>
> 小学年代,我们的班主任、语文老师陈振君先生,尽管在那个不重视读书的特殊的年代,他也尽力地教好学生,给我印象很深,"一日

为师,终身为父。"

陈振君老师经常利用中午20分钟的读报课给我们读一些文章。从老师的读报中我懂得了许多道理和知识,人生的价值观慢慢形成,懂得什么才是真善美。就这样,我对阅读有了更多的热爱。

中学阶段,我对阅读更是充满了好奇和痴迷。学校有了图书馆,但借书十分困难。我主动帮助图书管理员打扫卫生,整理书籍,得到了能多看书的机会。

这时候又碰上了一位好老师、语文老师朱方葆。他成天让学生摘抄一些领袖名句、伟人名著。那年代,其他的书籍许多都读不到。朱老师知道我喜欢阅读,就把他自己摘抄的《资本论》《反杜林论》《列宁选集》《毛泽东选集》等节选和摘录送给我抄写。

我真是兴奋呀!学生年代,精力旺盛,就整夜整夜地通宵抄写。要知道,当年做学生的是不可能有钱去买书的,家里都非常的贫穷。只能用这种"笨"办法去把自己喜欢的书籍抄下来,存起来一遍遍地读。为了抄写一本书,又舍不得用笔记本,就把能够利用的纸张都利用起来,哪有今天这么好的读书学习条件啊。

我记得当年有一本书,书名叫《安娜·卡列尼娜》,是俄国著名作家托尔斯泰写的,在同学中被偷偷传阅。

在当年,这是一本禁书,被学校发现那是不得了的事。我软磨硬泡跟同学借,利用晚上时间抄写下来,白天送还,用了半个多月,硬是把这本书抄下来。后来发现自己的手指都抄得变形了。当年,我最爱去新华书店了,但因为没钱,买不起书,就是隔着柜台看上几眼书的封面也感到很高兴。当时,看到一部书名叫《艳阳天》的长篇小说,是著名作家浩然先生写的。我非常喜欢,可一看定价,吓了一跳,书分上中下,我还记得上部是九毛钱,中部是八毛钱,下部是八毛五分钱。天哪,我哪里买得起。但实在是太喜欢了,就把在学校吃饭的生活费省下来，一天只吃两餐，用几个月时间，终于把这套书买了下来。心里的高兴劲就甭提了，但又怕家长知道，那就不得了，就偷偷藏起来。在自己觉得最安全的时候拿出来抓紧看上几节。

也许是小时候练就的读书"童子功"，所以至今我都能把这部小说中的许多章节背诵下来。这部书也入选"新中国70年70部长篇小说典藏"。

儿时读书的经历，今天回想起来既心酸又甜蜜，想不到从小养成的阅读习惯竟伴随着我一生。我并不是阅读达人、藏书家，就是一个喜欢阅读的人。

到了上山下乡年代，我也是靠着阅读度过那段艰难的岁月。白天，繁重的农活累得喘不过气来；到了夜晚，借着微弱的灯光，尽情地徜徉在阅读的海洋中，许多经典书籍、中外名著带给我无尽的享受，让我忘记了白天劳作的辛苦。看到了外面世界的精彩，读到了人生的意义和价值观，领略着大千世界，感悟着人生哲理，感觉没有什么像阅读一样能带给自己如此的奇妙，我感觉生活真是太丰富了。物质生活的匮乏完全被阅读的乐趣所取代。在下乡期间，我曾经一个多月没有尝到肉的味道，但是阅读填补了我的生活艰辛。

今天，年近古稀的我还能乐观淡定地喜欢阅读，真的是得益于儿时养成的阅读习惯。

人生的价值观一旦形成，就会义无反顾地朝着有意义的目标迈进。

今天，我们倡导"富强、民主、文明、和谐、自由、平等、公正、法治、爱国、敬业、诚信、友善"的社会主义核心价值观。我深信，是阅读带给我朝着这个方向毅然迈进，并以此作为自己终生坚守的价值取向坚持到底。

那么，我今天在退休后坚持战斗在宣讲一线，为党发声、为新时代发言,讲好党的故事、讲好中国故事、讲好改革开放故事、讲好进一步全面深化改革的故事、讲好中国式现代化的故事,讲好温岭的故事,真的要得益于从小养成的阅读习惯。

舒幼民说:

我退休后,凭着对党的热爱、对事业的热爱、对宣讲工作的热爱,积极投身到自己无比热爱的宣讲工作中,发挥自己的宣讲特长,发挥好自己的余热。

当全身心投入到"不忘初心、牢记使命"主题教育、党史学习教育、学习贯彻习近平新时代中国特色社会主义思想主题教育宣讲工作中,我的心就随着波澜壮阔的百年党史而心潮澎湃,思想得到升华,心灵得到启迪。为浴血奋战的百年党史而感动,被筚路蓝缕的百年党史而感染,激发起要认真学习党史,宣讲好党史的信心和决心。自己的心、自己的感情被百年党史浸润着、感动着、激励着,就能跟听众的心碰撞在一起,把百年党史化为党员群众心中的感动。

怀着对党的无比热爱崇敬,对党的事业的兢兢业业,对党史宣讲工作的兢兢业业,自己成为一名基层宣讲员和驻堂讲师。

为了写好一个宣讲教案、宣讲提纲,有时需要通宵达旦才能完成。为的是呈现给广大基层党员群众一堂生动完美的党史宣讲课。比如,为了给大家宣讲好中国共产党伟大精神谱系中的井冈山精神、长征精神、抗战精神、延安精神、抗美援朝精神、科学家精神、抗疫精神等,我认真研读党报党刊,查阅中央文献资料,精心撰写宣讲提纲,力求以最生动、最全面、最精辟的语言把党的伟大精神传递到广大党员群众的心坎里。

每一次的宣讲,我都当成是学习的最好机会,提升自己宣讲能力水平的最好机会。

认认真真地准备，认认真真地宣讲。每一次我都会提前早到达宣讲会现场，为的是近距离地和社区、村居、学校、企业、文化礼堂的党员群众聊聊天、叙叙旧。跟社区的大伯大妈聊我们今天的幸福感、获得感、平安感，当听到大家生活得幸福美满时，我的心也随着他们开心高兴，这是我们党领导得好，给我们带来了幸福的好日子；当跟农民党员朋友聊起村里的发展时，特别关注乡村振兴、共同富裕的话题，先富要帮后富，大家一起走共同富裕的路子；当跟学校的孩子们聊起话题时，我们一定要传承党的红色基因、红色根脉，让红色精神代代相传；当跟企业的党员和职工聊话题时，要在学党史过程中，用党的百年奋斗史激发我们的发展信心，在新发展阶段、新发展理念构建新发展格局，为社会经济的发展多做贡献。

做好每一次党史宣讲，都要认认真真，一丝不苟，精益求精。用伟大建党精神铸宣讲之魂。每一次的宣讲不能因为自身的原因而落下，有一次，由于通宵熬夜做宣讲提纲，早上发生眩晕，下不了床，我心中想，绝不能耽误已定好的宣讲课，让这么多渴望获得伟大党史精神的党员同志失望，我咬紧牙关，坚持提早到场，给大家献上了一场生动感人的党史宣讲课，受到大家的一致好评。时刻听从党召唤，这是每一名共产党员应有的品质，更是对党忠诚的坚定表现。

特别是通过党史学习宣讲，每一名共产党员都要提升"我为群众办实事"的思想觉悟与能力水平，这是我们党史学习教育的落脚点。通过党史学习教育，我们要做到"学党史、悟思想、办实事、开新局"，做到"学史明理、学史增信、学史崇德、学史力行"。

为了宣讲好伟大建党精神，我认真学习习近平总书记在庆祝中国共产党成立100周年大会上的讲话，认真写好宣讲提纲，做好心得笔记。追寻精神之源，我们奋勇前行。坚持真理、坚守理想，我们一以贯之。

党从成立的那一刻开始，就把马克思主义的真理与信仰，把共产主义的真理与信仰，把社会主义的真理与信仰铸进了自己的红色基因和灵魂中，高高飘扬的鲜红党旗标志着共产主义的伟大理想。为了这个伟大的理想，为了坚守这个伟大的真理，一代又一代共产党人以身许党、信党、爱党、护党，为真理可以献身，为信仰可以牺牲。井冈山的星星之火发出的就是真理之光；延安窑洞的烛光点亮的就是理想之路；湘江河畔的英勇突围就是理想在闪光；长征途中的雪山草地就是信仰在伴随；真理理想就是我们前进的火种、引路的灯塔，一经点燃，革命理想高于天，万水千山只等闲。巨大的精神力量喷涌而出，这种力量引领我们战胜一切艰难险阻，克服一切风险挑战，创造一切人类奇迹，这是被我们的历史所证明的并将继续被证明的。

追寻精神之源，我们奋勇前行。践行初心、担当使命我们百年传承。从上海兴业路出发，从嘉兴南湖启航，党的初心始终不变，使命始终坚守，为中国人民谋幸福，为中华民族谋复兴，百年奋斗路上，初心愈加鲜明，使命愈加担当。在百年奋斗史上，初心和使命始终是一条红线，不能有丝毫的偏差，不能有丝毫的走样。人民的安危、人民的利益、人民的幸福始终是党的根本宗旨。不管是顺境还是逆境，无论是湘江战役还是"半条棉被"，不管是六盘山上的高峰还是黄洋界上的炮声，无论是腊子口的激战还是西柏坡的出发"赶考"，不管是上甘岭的坑道坚守还是老山前线的"猫耳洞"，无论是焦裕禄破旧的藤椅还是雷锋"永不生锈的螺丝钉"……初心就在他们的身上一代一代传承，使命就在他们的肩头一代一代接力。

从站起来、富起来到强起来，我们的初心没有改变，人民的福祉愈来愈好，我们的使命没有改变，实现民族复兴的步伐越来越强大。坚守这个初心和使命，我们党才能在濒临绝境中突出重围，在困境逆境中毅然奋起。

追寻精神之源，我们奋勇前行。不怕牺牲、英勇斗争是我们的傲然正气。内忧外患中诞生的党，民族危难时走来的党，从一出生，一落地就担起了救国救民的重任，举起了民族复兴的旗帜，在不怕牺牲、英勇斗争中挺起了脊梁。我们遭遇了太多太多的磨难，"四一二"反革命政变，没有吓倒中国共产党人，我们掩埋好同伴的尸体，擦干血迹，建立自己的工农武装，继续前进；湘江战役，红军将士的鲜血染红了江水，我们没有退缩，继续北上；遵义迎曙光，跨千年雪山，越茫茫草地，三军会师吴起镇，进军延安宝塔山；十四年抗战，不驱敌寇，誓不休止，百团大战的威猛，平型关的大捷，地道战、地雷战让日寇闻风丧胆，八路军、新四军驰骋太行山上，转战江南江北，蓬勃旺盛、倔强峥嵘，恰似泰山顶上一青松；三大战役，"为了新中国，前进！"人民军队以威武之师横扫千军如卷席，辽沈、淮海、平津，中国人民解放军以"将革命进行到底"的英勇气概，打过长江去，解放全中国……

今天，我们回首惊心动魄的抗疫战斗，千百万共产党员把党旗高高举起，插在战斗的第一线。不怕牺牲、英勇斗争，与生俱来的红色血脉流淌在9900多万共产党员的心中。

追寻精神之源，我们奋勇前行。对党忠诚、不负人民是每一名共产党员的崇高品德。铿锵的誓言中，对党忠诚，永不叛党！多少共产党人刀架脖子，面不改色心不跳，大义凛然赴刑场，这是共产党人最宝贵、最首要的政治品质。瞿秋白、夏明翰、杨开慧、方志敏、江竹筠、刘胡兰、杨靖宇、赵尚志……千千万万的共产党员，为了党的事业，为了民族复兴，对党绝对忠诚，对人民绝对忠诚，书写了一曲曲感天动地的英雄壮歌。之所以品质如此高尚，精神如此忠贞，因为我们的党——中国共产党始终代表最广大人民群众的根本利益，与人民休戚与共、生死相依，没有任何自己特殊的利益。江山就是人民，人民就是江山,为了民族复兴的伟业,铸就了共产党人崇高的品质、忠诚的品质、大义凛然的品质、视死如归的品质。

为了坚决响应习近平总书记向全党发出的伟大号召,我更是认真撰写了一篇几千字的学习心得在宣讲时与大家分享共勉。

坚决响应习近平总书记向全党发出的伟大号召,我们就要坚决做到牢记初心使命。初心使命从党诞生的那一天开始就镌刻在党的红色基因里,植根在党的红色血液中。中国共产党的建党精神具有非常鲜明的时代特征,坚持真理、坚守理想,践行初心、担当使命,不怕牺牲、英勇斗争,对党忠诚、不负人民。这就是中国共产党的精神之源。追寻源头的足迹,我们从百年奋斗史中看到了伟大的井冈山精神、伟大的长征精神、伟大的延安精神、伟大的抗战精神、伟大的西柏坡精神、伟大的抗美援朝精神、伟大的雷锋精神、伟大的焦裕禄精神、伟大的大庆精神(铁人精神)、伟大的抗疫精神、伟大的科学家精神……

中国共产党伟大的精神谱系都是一颗颗闪闪发光的初心。我们每一名共产党员一定要在新征程的途中,永葆共产党人鲜明的政治本色,忠诚于党,忠诚于人民,让光荣传统发扬光大,让红色血脉世代传承,为红色党旗增色,为红色党旗增辉。

坚决响应习近平总书记向全党发出的伟大号召,我们就要坚决做到坚定理想信念。理想信念是一个共产党员最鲜明的政治本色、政治底色。当我们紧握拳头,向党庄严宣誓时,就把坚如磐石的理想信念,铸进了自己的灵魂中,要用一生一世的坚守来兑现誓言、践行誓言。是要经得住风和雨、血与火、顺境与逆境、生与死的考验的。

人最宝贵的品质就是遵守自己的诺言,践行自己的诺言,哪怕付出血与生命的代价。有多少共产党员,为了坚守对党的理想信念,甘愿赴汤蹈火,甘愿以身赴死,甘洒热血写春秋。

理想信念是共产党人对未来的向往和追求,是共产党人的政治立场和世界观在奋斗目标中的集中体现。以理想信念坚守初心使命，是激励中国共产党人不断战胜风险挑战，克服艰难险阻，奋勇前进的根本动力。有理想信念，夏明翰才能赴死写下"砍头不要紧，只要主义真"；方志敏才能在敌人狱中从容写下《可爱的中国》；中国工农红军才能在绝境中血战湘江，奋勇突围，杀出一条血路；江姐才能在黎明前的黑暗中含着眼泪为新中国绣红旗……做一个中国人，要有中国人的志气、骨气、底气，做一个共产党员，更要有自己的理想信念、初心使命。当确立了理想信念，就要用一辈子来坚守。坚守，就要有坚如磐石的决心；坚守，就要用一言一行、一举一动去滋润理想，践行信仰；坚守，就要时刻做到自重、自省、自警、自励，用共产党人的最高标准衡量自我，砥砺前行；坚守，就要用行动来检验自己是不是一个真正的共产党员，是不是一个纯粹的共产党员。

坚决响应习近平总书记向全党发出的伟大号召，我们要坚决做到践行党的宗旨，永远保持同人民群众的血肉联系。江山就是人民，人民就是江山，每一名共产党员都要做到始终同人民想在一起、干在一起，风雨同舟、同甘共苦。成为一名共产党员，就要时刻准备为人民付出自己的一切乃至最宝贵的生命，这是每一名共产党员面对党旗郑重许下的诺言，一诺千金，就要用一辈子来兑现诺言。我们有为了人民的利益而死，重于泰山的张思德；我们有做"一颗永不生锈的螺丝钉"的雷锋；我们有群众心中的"活雷锋"王兰花；我们有点亮乡村女孩人生梦想的优秀人民教师张桂梅；我们有一生忠于党、赤诚为人民的周永开；我们有新时代青年党员干部的优秀代表黄文秀……他们就是共产党员的先锋、共产党员的模范，他们用一生践行宗旨，全心全意为人民服务，与人民休戚与共、生死相依，把人民的利益看得高于一切，当人民需要的时刻，他们可以义无反顾地付出一切，他们可以英勇无畏地献出生命，他们是共产党员的楷模，是人民群众心中真正的共产党员。我们一定要以他们为榜样,兢兢业业做人民的老黄牛,为实现人民对美好生活的向往不懈努力,努力为党和人民争取更大光荣!

每一次宣讲课结束,我都会来到大家中间,再次聆听大家的意见和建议,为的是把下一次的宣讲课讲得更好。当一些党员同志紧紧握着我的手说,党史课讲得很精彩,很动人,很受鼓舞时,我的心无比高兴,我都会跟同志们说,这是我们的党史感人肺腑,因为我们党的百年奋斗史就是一部"不忘初心、牢记使命"的伟大历史,是一部催人奋进的伟大历史,是一部充满伟大精神的伟大历史。

舒幼民说:

我一定继续努力地把我们党的伟大历史学习好、宣讲好,让她滋润着人们的心田,在人们的心中生根、开花、发芽、结果。

走得再远都不能忘记来时的路。我们要认认真真地、系统地、全面地学习重温中国共产党党史。百年征程波澜壮阔,百年初心历久弥坚。我们要从学习党史中领略伟大的中国共产党的诞生、成长、壮大;我们要从学习党史中领略伟大的中国共产党的伟大、光荣、正确;我们要从学习党史中领略伟大的中国共产党永远把人民放在心中,永远与人民同呼吸、共命运、心连心;我们要从学习党史中领略伟大的中国共产党在习近平新时代中国特色社会主义思想的指引下,带领中国人民,为实现中华民族伟大复兴的中国梦而不懈奋斗的伟大风采。

我们学习党史,宣讲党史。作为一名宣讲员,首先要怀着对党无比崇敬的深厚感情,怀着对革命先辈的崇敬心情,才能把党史学习好、宣讲好。要用党的百年奋斗史坚定我们的初心,筑牢我们的使命。把党史讲到广大党员和群众的心坎里。百年党史,浸润着党与生俱来的红色基因。今天,我们学习党史,宣讲党史,在传承中发扬,信仰的火种就能熊熊燃烧,红色基因就能融入血脉。

让红色火种生生不息,宣讲者要做到真学真信,才能让党的百年奋斗路上铸就的红色精神散发出时代的魅力。

让红色火种生生不息,宣讲者要激发教育感染的力量,让伟大精神可感可知。

让红色火种生生不息,宣讲者要融入群众,真情投入,让镌刻在党的百年岁月年轮上的时代精神遍地开花。

宣讲党史,我们要为伟大的党而感到无比的自豪,要以习近平同志为核心的党中央带领我们向着中华民族伟大复兴的中国梦奋进而感到无比的自豪,要为我们这个伟大的国家而感到无比的自豪。只有内心发出由衷的自豪,才能把党的百年奋斗史讲好,才能把中国共产党的故事讲好。让我们的听众入心入脑,才能让我们的广大党员干部在学习党史中不断提高政治判断力、政治领悟力、政治执行力。学党史,讲党史,永远在路上。我退休后,每年在基层宣讲近50场次,每年在省市级主流媒体和公众号发表的时评有近百篇。

我喜欢宣讲,也喜欢阅读。追梦路上,我们要坚定理想、铸就信仰、净化灵魂,与时代共奋进、与人民同呼吸,让我们一起来阅读吧!从阅读中感悟时代的脉搏,从阅读中紧跟时代的脚步,从阅读中加快追梦的步伐。

阅读勾起了我无数美好的回忆,记得小学中学阶段,学校专门设有读报阅读课,老师、同学轮流朗读文章,一些刻骨铭心的章节段落至今还能娓娓道来,难以忘怀,人生的价值观在阅读中潜移默化地培植铸就,灵魂在阅读中得到净化,获得升华。

我们从《钢铁是怎样炼成的》一书中读到了人生奋斗的意义;从

《雷锋日记》中读到了人生价值的含义；从《青春之歌》中读到了追求共产主义理想的坚定；从《红岩》中读到了革命英雄主义的情怀；从《可爱的中国》中读到了祖国母亲的博大情怀；从马克思、恩格斯的《共产党宣言》中读到了"一个幽灵，共产主义的幽灵，在欧洲游荡"；从毛泽东的《实践论》《矛盾论》中读到了辩证法、方法论；从习近平的著作中读到了我们进入了中国特色社会主义新时代……

从学生时代就养成了读书阅报的好习惯，那时候家贫，买上几本心仪的书，真的是如获至宝，借着微弱的灯光，捧着心爱的书籍，细细品味、咀嚼，这种阅读经历心酸又甜蜜，刻骨铭心。

我还记得那时有一本叫《闪闪的红星》的小说在同学间争相传阅，为了践行按时还书的诺言，曾花了几个晚上通宵达旦把整本书抄写下来，留着细细阅读。现在条件好了，出版的书多了，我们更没有理由放弃阅读，更应多读书、读好书。

我们要读经典的书，读好书。一本好书就像一场春雨，滋润着人们的心脾，使人自强自立起来，变得诚实友善，使步履匆匆的人生笃定前行，行稳致远。现在，手机、互联网、新媒体众多，捧起一本好书认认真真阅读的人渐渐少了，这就需要我们把全民阅读精神召唤回来，让大家在工作之余、闲暇之余，少点饭局牌局，静静心，忘情地投入阅读，不要急功近利，而是把阅读纯粹作为一种爱好、兴趣与享受。

一个有着文化素质的人必定喜爱读书。今天的人们根本不存在无书可读的窘境，各类书籍在书店的书架上琳琅满目，网上售书也是应有尽有。问题的关键是要真的想从阅读中提升自己，必须要有一颗平常心。

真正的阅读，要持有一颗平常心，要求精不求全。不要寄希望于在一夜阅读中成为什么、得到什么。只要你持之以恒地坚持阅读，它就会潜移默化，于无声处起到改变人的作用。俗话说："读书变骨相，开卷化性情。"一部优秀的作品,往往就能塑造一个人,改变一个人。

记得儿时那个时代,图书匮乏,得到一本好书极为不易。记得当时得到一本《钢铁是怎样炼成的》,如获至宝。其中主人公保尔说的一句话"人最宝贵的是生命,生命对于我们只有一次,一个人的生命应该这样度过:当他回首往事的时候,他不因虚度年华而悔恨,也不因碌碌无为而羞愧——这样,在临死前的时候,他能够说:'我的整个生命和全部精力,都已经献给世界上最壮丽的事业——为人类的解放而斗争。'"激励了不止一代人。那一页页,那一章章,清晰如昨,记忆犹新。对于兢兢业业、踏踏实实走好人生道路的人们来说,这句话真正起到了无可替代的作用,阅读真的是可以塑造人、重塑人、塑好人。

我认为,阅读是细水长流的事,是水到渠成的事。不是急功近利的事,只要心里想阅读,一年哪怕认真读上几部,也会有很好的收获。

我近期读了去年获得茅盾文学奖的几部作品,收获满满。一部《宝水》读了还想读,不忍放下,中国的农村全在书中。

至于藏书,我本人是一个普通的退休职工,家庭经济条件很一般,也不可能大量买书藏书,但喜欢的书也一定会买,一年也要花上两三千元,一些文学书、中外名著,每届的"茅奖"作品都会买,还有一些时事学习资料、报刊等,都会买一些阅读。

让阅读成为习惯,成为全民的习惯;让阅读成为风尚,成为全社会的风尚。当我们每一个人把阅读当成习惯,心灵徜徉在阅读的深海中,灵魂深处就会静谧下来,就如天空经过雨后阳光的洗涤,七色彩虹悬在天际,整个世界显得无比美丽。当全社会把阅读当成风尚,社会就会少却无数的阴晦与烦躁,变得阳光、变得快乐、变得成熟、变得正能量满满。

实现共同富裕示范先行,精神富有当先行。浙江担起实现建设共同富裕示范先行的时代使命,温岭也在争当共同富裕示范先行的排头兵。我们要撷取优秀的传统文化、优秀的书籍来滋养自己,从阅读中获取奋斗的动力、幸福的源泉。

我们要深刻全面领会习近平文化思想,在实现共同富裕的示范先行中,以高度的文化自信和文化先行,以战略的眼光和视野,全面审视共同富裕的文化高地,在共同富裕中实现精神富有,在现代化先行中实现文化先行。

共同富裕,精神富有,文化先行,阅读引领。把握共同富裕的鲜明特征,我们不能单纯地认为共同富裕就是让老百姓的钱袋子鼓起来,车子房子好起来。当然,实现共同富裕离不开这些,但我们更不能忽视文化建设对于共同富裕的重要意义,更要重视精神富有对于共同富裕的特殊意义。

实现共同富裕,既要擦亮城市文化的名片,更要展现乡风文明的底蕴。试想一下,一个城市,一座村落,连自己所具备的文化都没有得到应有的传承和发扬,实现共同富裕就没有了文化基础,没有了文化基因,没有了文化积淀,就不能健康持续发展。

以文化为引领,以文化来润富。不能富了"口袋",穷了"脑袋",富了外表,穷了里子,要"口袋""脑袋"一起富,外表里子同样美。要富出味道、富出品位、富出成色,从阅读中寻找精神慰藉,从阅读中感悟人生真谛,从阅读中探索真理力量,从阅读中标定前行方向。

阅读,于无声处提升境界,净化心灵,从现在起,让阅读回来吧,回归到我们的生活中。

阅读,让我们温暖;阅读,让我们自信;阅读,让我们坚定;阅读,让我们从容;阅读,更让我们奋斗。让人生在阅读中启航,让人生在阅读中找到方向。

第18章：“日读三章”江文辉

在媒体报道温岭市或者箬横镇新气象、新人物的文章和照片中，人们常常可以看到撰稿人和摄影者江文辉的名字。

2002年“六一儿童节”前夕，爱心企业家黄正富先生为温岭市箬横镇中心小学赠送一批书籍。笔者和箬横镇人民政府的新闻通讯员江文辉先生一起负责为中央媒体提供赠书现场活动的照片和说明文。

江文辉先生从拍摄照片质量到说明文的精炼以及发稿的速度，都得到了中央媒体朋友的好评。

笔者心中不禁赞叹：江文辉先生堪称是基层新闻战线一位多面手和快枪手。午餐时间一聊天才知道，我俩原来都是喜欢写散文的人，由此结为文字之交的朋友。

江文辉说，我是一个嗜书如命的人。二十年捧书不倦，每天“日读三章”，每日“日记一文”；二十年初衷不改，坚持将读书作为人生的“必修课”。

他在讲述自己读书故事的文稿中写道：

箬横镇是生我养我的地方。年届三十有六的我，可以说是一个社会公众人物。有人说,这是因为我是新闻通讯员,是行业内的"拼命三郎";有人说,这是因为我是"80后"作家,是坚持近20年创作的提笔小生;也有人说,这是因为我是文史研究工作者,是孜孜不倦徜徉地方志海里的新生代"老学究"……

不管哪一种说法,我都觉得,这中间的核心在于一个字,即"书"。我对于别人怎么看我,向来是不很在意的。但对于书,却是如妻在侧、如母在堂、如子在膝,"日读三章",我师自成。至今仍是我的"座右铭"。

先贤有云,"书中自有黄金屋,书中自有颜如玉"。我想,我就是居于黄金屋并且自得其玉的人,从懵懂小子到"白手起家",皆因书而结缘;从今日之业到未来所成,也离不开书之鞭策。自然的,嗜书如命、捧书不倦是熟知我、了解我的亲朋好友对我最美好的赞誉。

对于读书,我打小其实是厌倦的。父亲是一名尚武的农夫,习得一身南拳精髓。所以,在很小的时候,我和哥哥等一干兄弟们就被逼着站桩、扎马步。

本以为自己会随着父亲的脚步,将来成为一个爱用拳脚打抱不平的人,不承想我十岁那年父亲遽然走了。

这对于仰慕情深的我来说,无疑是晴天霹雳。面对家中顶梁柱顿失的窘境,我似乎突然间长大了一样,不仅性格上开始变得文静好思,而且模样上也略显少年老成。

当然,对于一个即将迈入青春期的少年来说,这种变化未必就是好事。我开始陷入沉思,一发不可收拾,一边心恨苍天为何如此不公,一边暗想未来之路将怎么走。在找不到答案的家徒四壁面前,我患上了严重的心理抑郁疾病。

譬如那时候,电视机明明关了,我却总以为没关,楼上楼下跑了数十遍,开来关去数十次,实在无法子,扇自己耳光自言自语说:肯定关了,肯定关了,这才作罢。

俗话说,人生虽有挫折,但知己从未离开。果然在2004年,我的人生发生了巨大变化。那一年,我以微弱的分数差距考进温岭市松门中学。

在此期间,由于家庭的变故,我小学下半阶段与初中读书成绩越来越差,偏科也越来越严重。本想着这辈子可能再无"出头之日"了,却未料到会遇到真正意义上的第一位导师潘俊瀚先生。

那时候我就读的高中语文老师是个"体弱多病"的人。可能是医生的建议,潘老师但凡有空,就会打一套太极拳。有时候,上课上到一半,也会随兴来一技,并会和同学们分享太极里的哲学知识。

潘老师的可爱,也激发了同学们的读书兴趣。在他的影响下,我渐渐爱上语文。潘老师看在眼里,也有意无意地点拨我。久而久之,在高中阶段我爱上了阅读。

可能是潘老师见我孺子可教吧!就把他珍藏的"读书人"三字理念传授给我。这在我后来的关于《论读书》中有所收录,即"我认为人与书的关系不出有三。第一,无关系;第二,书读人;第三,人读书"。

潘老师从学生的读书"锐气"向我推荐,一本书应该怎么读?怎么去选择读?进而从懵懂识字阶段,逐步走进"书读人"的境界,了解书在讲什么?怎么讲?最终把自己融进书的世界,"人书合一",身临作者之境,寻觅书海秘密,寻到此书意义在哪里?自身所读所得在哪里?努力使书中意气外化于形,内化于神,转化于行,达到"遇到好意境的时候,随之拈花一笑;遇到死水谷的时候,伴之哀愁连绵……书就是茶,书就是生活,无印刷体,也可好读,有印刷体,也是好读"的境界。

在潘老师的授意下,那段时间我日夜一有空闲,就会手捧教科书。一段时间后,老师给了我一本《三国演义》。与现在的孩子们五六年级就读遍四大名著相比，那时候的我确然是晚得不得了。

读《三国演义》，我是认真的，也是有别于他人之读法的。那就是读一本《三国演义》，几乎翻破一本古汉字文言字典，更摘满整整五本读书笔记。期间，遇到不懂的、难理解的，还不忘抓住潘老师不放，拖延他下班的时间进行讨教。

一个学期下来，《三国演义》看完了。在潘老师的建议后，我进入到看《三国志》的阶段。与《三国演义》相比，内容的细节描述、精彩的人物情节，《三国志》自然无法比拟，反之且字眼晦涩难懂。

放弃阅读的思想从我脑海里不断显现。但潘老师看在眼里、明在心里，直接把我喊到他的办公室，单刀直入地问我《三国演义》人物万八千，你都能准确把握其中的人性吗？难道是小和尚念经，一遍则过、充耳不闻吗？

在潘老师的引导下，我慢慢咀嚼品尝到了《三国志》晦涩间更富思想性，更有价值观、世界观的甜头儿。

如出一辙、如辙在心。深度的阅读让我懂得了自己与书中人物的差距，慢慢寻找到了既然在自然世界找不到黄金，就在书中找黄金的道理。

之后，我彻底发了疯，以至于其他英语、物理、化学、生物等任课老师都有"意见"，劝我非高考的书少看一点，还是以学业为主。

可我却认为，高考固然重要，但阅读一样重要，养成好的阅读习惯、掌握精湛的阅读技巧，对学好任何一门课只有裨益，没有坏处。

在高中的三年里，我先后读完"二十四史"、《清史稿》及四大名著，使自己养成了连读十遍即能背诵文言短文的能力。此外，在书中学到的逻辑思维等知识也运用到其他学科上，除英语之外的所有学科成绩"噌噌噌"地往上走，从原有班级里垫底的水平跃升至班级前五名。

也正是如此,从高中一进门就担忧自己能不能考上理想大学的我,此时已经信心倍增。我知道,这都是阅读给我的力量。

在高考前夕的一个夜晚,潘老师找到我,跟我讲起清彭端淑的《为学》。虽然这篇名著在课堂上有所讲解,但那一夜,我似乎真正明白了其中所云"天下事有难易乎? 为之,则难者亦易矣;不为,则易者亦难矣。人之为学有难易乎? 学之,则难者亦易矣;不学,则易者亦难矣"的辩证道理,自己也切实融会于心,转化于行。

高考成绩一下来,母亲高兴得哭了。她反复呢喃:"我这辈子也没有想到自己的儿子能考上大学,而且还是家族里第一个大学生。"

母亲的话是淳朴的,也是一种鞭策。那年暑假,我开始了边打工边读书的经历,也从那刻起,我真正把"日读三章""日记一文"变成了人生"必修课"。

此外,已经在作文写作中小有名气的我,此时更是加大磨砺之力。我边临摹边运用,边访师边游学。一个短短的暑假,我行经大江南北数个城市,参加各种品读活动;又创作大量散文作品,有的作品被选用到《考试指南报》等教辅资料中,所记录的学习感言、阅读摘要达五六本。

江文辉说:

大学终于开始了。走进千亩级的校园,我顿觉自己是多么的渺小。来不及太多思考,我便跑进了图书馆,一头扎进书堆里。

我的大学前身是杭大分校,藏书甚多。来到这里后,我突然愕然了。这里藏书之多,远超我的想象。而大学课少的实际情况,也让我增加了阅读的机会。正是应了鲁迅先生在给友人杨霁云的信中说的一句话:"我还是喜欢北京,单是那一个图书馆,就可以给我许多便利。"

就这样,我除了上课、勤工俭学外,没有一刻钟是停留在寝室躺平或外出游乐场游玩的。渐渐地,我一个大一学生竟然进入了图书馆管理老师的视野,并被聘为一名图书志愿管理员。

这个志愿管理员虽无任何工资,却拥有一项开门关门的"特权"。每每夜深人静,所有的学生都从图书馆走了,唯有我仍留在那里,多看书一小时;每每晨光初现,爱书的学生尚未到达图书馆,我又提前一小时进来,再多看书一小时。

慢慢地,我涉猎的书籍越来越多,从教育学到心理学再到婚姻学,凡是越没人翻的书,我翻得最勤;凡是被翻得破页的所谓爱情小说,我一本也不会去碰。这样的时间差,这样的读书差,我成长了,并慢慢进入到许多教授的眼中。

不过,反面的情况也越来越严重。一些不明就里的同学认为我是"疯子",蓬头垢面不说,还哑口无言,甚至怀疑我成了"读书糊"。慢慢地,我被孤立起来,直到大学二年级时她的出现。她比我小一届,家里的情况和我差不多,高中的学习环境也非常相近。在见我的第一刻,我们似乎就彼此惺惺相惜。

我们的认识,是因为一本书。她要借,可惜被我事先预约了。没办法,她花了很大的工夫找到我,希望我能让给她。

对于女孩子,那时的我是没办法拒绝的。无奈下,我忍痛割爱把这本书转借给了她。但她后来竟然把书给弄丢了。鉴于这本书是登记在我名下,自然我来承担赔偿是无可厚非的。

可她却来劲了,非得破坏规矩,要把书的登记记录改成她的名字,赔偿也由她来负责。就这么一件简单的事,结果弄得很复杂,最终我们都被记了分。

不打不相识,最初我们相互有埋怨,最后又彼此理解,最终互生情愫。

自打那一刻,她用的我的"特权"在图书馆里复刻我的故事。在夜深人静时,我们亲昵无间,又彼此分享书中的感悟。如今回忆,当年的情景宛若神雕侠侣一般。

在她的引导下,我的英语水平终于过了关,也开始去看纯英文的书籍。在我的带领下,她也试着去写文章,慢慢也有作品散见于报刊媒体之上。

大学的三年生活,我读的书是前半生最多的,所创作的文学作品也是最多的,其中有一年的刊发量竟然达到500多篇,《人民日报》《收获》《读者》等多有刊发。一夜间,我似乎成了学校的香饽饽。

大三那年,我的处女散文集《夏去秋来的海防》正式出版,打破了学校自办校以来在读大学生出文学类书籍的纪录。

此后,由于《夏去秋来的海防》折射出来的光环影响,我先是被某商会单位直接选用,配车又配房,再是进入到学校所在地的作家协会,一步步往上晋升。到大学毕业时,已经成为中国散文家协会会员、中国散文学会会员,还兼任《中国散文家》的校对员。

这些看似成功的经历,其实都是我平素阅读的积累所绽放的。但事与愿违的生计压力,却让我又活得很累,起码原本以为可以抱得美人归的我,在毕业之后竟然受到她家人的盆盆冷水,终而远离伤心地,回到了家乡创业就业。

江文辉说:

2010年,可以说是我的人生分水岭。那一年,我收到时任温岭市副市长丁琦娅的邀请。我也不知道她从哪里得到我的电话号码,第一通打来就和我聊了许多关于文化建设的问题,并希望我能回到温岭老家为家乡的文化事业建设做贡献。

此时,情场失意的我,突然接到家乡抛来的橄榄枝,很干脆地接受了。那一年,我毅然放弃了月薪1.2万的工资回到温岭。

事与愿违的是,现实很残酷,当时我并没有找到心仪的工作,只得到了一大批丁琦娅副市长送来的有关温岭历史研究等各方面书籍。

我陷入了沉思,但并不后悔于这样的抉择。当然,这其中我的奶奶是最大的功劳者。她本身就是大户人家出来的千金小姐,却因特殊原因嫁给了身无分文的爷爷。

奶奶很睿智,看出我的挣扎,就拿来了她珍藏多年的《弟子规》给我看。这本书我早年就看过,但从奶奶手中拿过来再看,却意义非凡。

我重拾,再重阅。听着奶奶分享她奶奶曾经的故事,我豁然开朗了。"首孝悌,次谨信。泛爱众,而亲仁。"简简单单,对比此时自己的心境,完全可以以"泛"而"爱",以"孝悌"之首,而全信义之名。

就在重拾信心之际,我主动打电话给丁琦娅副市长,决定留在温岭,不管什么工作都可以,只要留在温岭,只要能为温岭文化建设做出贡献即可。

话音刚落,时任温岭市石桥头派出所所长陈钢锋就给我打来电话,说看到了我的简历,希望我能到所里上班。

而这一通电话,就是让我扎根温岭的明证。当时,陈钢锋刚刚走马上任,恰巧他也是一位深爱读书,喜好文化的人。

一见到我,陈所长就露出了一脸爱惜人才、相见恨晚的模样。那一天,我们初次见面,却相聊甚欢,及至深夜也不肯结束话题。

在聊到派出所文化建设、书香单位创建上,我的建议他频频颔首,并在第二天举行的单位大会上公开破格提拔我,雷厉风行地开展单位的文化改革。

可能是缘分吧,在陈所长的支持下,我成了单位里的阅读领航人。民警、辅警也慢慢地在我的阅读习惯中汲取营养,无论再忙也静得下来、再累也不忘捧书一读。

读书习惯有了,风气就变了,群众的满意度也就提高了。石桥头派出所以文化人、以书"悦"人之法也被温岭市公安局看到了。市局领导多次到所调研,同行单位几经组团取经,慢慢地名不见经传的石桥头派出所不仅名声大噪,而且成为温岭市公安系统的标兵单位。

期间,我也遇到了我的人生另一半。她酷爱读书,对于我的一系列阅读引发的故事尤为倾慕。渐渐地,她也加入到了我的行列,时常为怎样形成全面系统的书香单位氛围而出谋划策。

从阅读中集众智,我们合力办起《石桥头公安报》,使之成为全台州首份定期弘扬公安廉洁文化、宣传和谐警民关系的镇级政法类报纸。这份报纸精心推广的"黄警官说防范",成为浙江省公安系统率先通过情景式演绎宣传防范盗抢骗的警示类教育栏目。

此外,大家还结合夏日露天电影、进户民主座谈的方式,彻底让警民"一家人""一家亲"蔚然成风。

由于工作成绩突出,陈所长被调任至温岭市温峤派出所当所长,我也尾随而至。曾经的好搭档,又在一起;曾经的好经验,又重新在另一个地方生根发芽。温峤相对于石桥头,不仅管理的区域更大,涉及处理的各类社会矛盾事件也多且杂。

为了改变风气,阅读这味良方再次入驻。温峤派出所成立警察读书吧,建立所训机制。每日读书成了警员们的好习惯,一大批维护社会治安论文、调研文章被国家、省、市各级媒体刊用。到第三年时,更是惊动时任浙江省公安厅领导到场调研。

这些都是书籍的力量带来的改变。我也在其中的工作关系中接触到了越来越多的温岭本土文史资料,透过阅读这些资料,进而一步步研判,分析佐证,就跟破案子一样,一大批温岭先贤的故事、文化遗迹浮出水面,譬如石桥头的黄壶舟与民族英雄林则徐的廉政故事,曾获评浙江省公安厅廉政征文比赛优秀奖。

都说世界是在改变的,人生也会随之前进着。在公安战线5年的职业生涯中,我因阅读结识了一大批志同道合者,也因之让自己从一名单身汉转身成为丈夫、父亲,更使我的小家成为书香之家,让自己变身为"温岭市百姓学习之星"。

在调任至温岭市箬横镇人民政府时,我家的大宝已经到了读幼儿园的年龄。可能是受我与妻子的影响,大宝从小就对书籍产生浓厚的兴趣。这其中,我家里的藏书柜则是立了大功的。

我从大学毕业回到温岭工作后,除部分藏书捐赠给派出所用于书香单位建设外,留下的数千册各类书籍都摆放在书房里。那时候,家里条件不允许,为了给孩子一个单独房间,书房也多了重身份,那就是大宝的"闺房"。

所以,我家大宝从尚未走路时,她的玩具除了书还是书。到她幼儿园时,她竟然"神奇"地能够背诵《三字经》《弟子规》《唐诗三百首》《宋词三百首》等书中不少片段,我的母亲忍不住开玩笑说:"家族里的女秀才可以看见了"。

大宝一路成长,我们夫妻一路陪伴。如今的她,比当年的我强大许多,不仅擅长阅读,各科成绩名列班级前茅,而且在舞蹈等艺术领域迸发出令我始料未及的天赋,小小年纪就多次代表温岭市在台州相关才艺比赛中获得冠军等名次奖。

在大宝的带领下,小宝也是如此。每每一家子空下来了,就端坐在一起,人人捧一本书。身为爸爸的我"日读三章""日记一文",身为母亲的妻子则"日读一章""周记一文",身为孩子的大小宝则跟着读、学着写……其乐融融的家庭氛围,让书香之家等各类与阅读有关的荣誉自2019年起连年花落家门。

第18章:"日读三章"江文辉

2020年,因工作需要,我从乡镇文联工作中开始兼任新闻报道工作。相对于文联中的文史研究来说,新闻报道工作更具考验性。温岭市箬横镇是省级中心镇,拥有户籍人口近15万。

而此时,我在疫情期间"临危受命",繁重的工作一下子打乱了我的阅读计划。尽管如是,我马上改变阅读策略,那就是将"日读三章"计划随早、中、晚进行科学划分,"一记"之事则留于睡前完成——哪怕这一章只有一页纸,这一记仅仅只有四五百字。

就这样慢慢地坚持,新的习惯开始自然孕育养成。如今,我这种早中晚看一看书、睡前写一写每日之事的习惯仍保留着,虽与以前一股脑放在一个时间段的习惯有所不同,但现在觉得这种分开阅读、统一记录的方式,还是挺实用的。

为了把新闻工作做好,从2020年开始,我又增加了另一项兴趣,那就是读报。在以前,读报仅仅是我偶尔的行为。但从此刻起,这也成了我每日的"必修课"。

一大早起来,与许多年轻人一样,上卫生间不忘拿手机;与他们不一样的是,他们在刷短视频,我却在浏览电子报和各类新闻媒体APP。

掌握当下信息,是当代人对未来最好的一种负责行为。在创作新闻作品时,我慢慢从读书延伸至读人。写新闻看似简单,但想写好,必须掌握事件主体。而这一主体,就是事件所影响的人,抑或说是人所影响的事件。

在近4年的新闻报道工作中,我慢慢养成了不列提纲,先问其人,再运用书里的知识幻化到读人的境界,继而一步步实现框架合一,最终形成一篇篇赶得上时效,掌握住关键点,接得住采访对象,领导和群众认可的新闻作品。

这其中,有件小事令我记忆犹新。那就是一名九旬老先生陈人斋,他毕生从事教育事业,晚年又笔耕不辍,完成一部村史志书。

面对这样的一位德高望重者,一般通讯员是不敢随意下笔的。而我却反其道而行,从陈老先生日常如何参与村庄文化建设、怎样深耕关心下一代工作领域着手,并反复阅读其毕生著作,以小事件洞悉他的内心世界,就像写文交友讲故事一般,最后提笔仅用一小时就完成了文稿,并且得到了陈老先生的高度认可。

至今,陈老先生常和身边人评价与我的关系,称我们是爱书人之间的"忘年交"。他如是评价,确实也这般在做的。隔三岔五间,他就会拿来他的阅读感言给我欣赏,我也会拿着我的阅读心得与之分享,无论是书本中的还是报纸杂志里的。

温岭市箬横镇,是一个海滨小城镇。除了外出求学与部分就业时间外,我基本上都留在了这里,从小时候不那么了解它的前世今生,到今天著书立言记录它,甚至编著《箬横历代乡贤简略》《箬横地名简略》等一系列书籍来纪念它,这对于我来说一种满满的成就感和幸福感。

江文辉说:

我认为,这都是阅读所折射出来的人生价值。而这一价值,也让家乡人记住了我,更让我有机会去回报于家乡人。

所以,自温岭市文化礼堂工程如火如荼开展以来,我一直坚守在草根讲师、国学讲师、阅读推广人的岗位上。

箬横镇88个村居,我每周必有那么两三次在村里或给党员讲党课,或给老人讲安全,或给后备青年干部讲文艺,或给小朋友讲励志故事。每一节课,我都喜欢拿出一本书与大家分享,尽可能用通俗易懂的话语让大家懂得书中所提之要旨、所表之含义、所藏之蕴意。

也许是我主管镇文联工作的缘故吧,在我的带领下,箬横镇文联各文艺团队的骨干力量也沉浸到了反哺农村文化礼堂丰满"精神家园"的行列中。大家通力合作,书法家用《三字经》引导留守儿童、"小候鸟"提笔习写"人之初、性本善";音乐家用音符教材为音乐爱好者拉响 do、re、mi、fa、sol 的旋律……潜移默化之下,文艺班在文化礼堂里遍地开花,文化礼堂的农家书屋、家庭图书分馆更是人来人往。捧书的人越来越多;拿手机刷视频的人越来越少,一个书香城镇正在慢慢崛起。

看着这些变化,我是心满意足的,但离真正的文化强镇建设、书香城镇建设还是任重而道远。

看着窗外的云卷云舒,未来的路,我很清楚。只要坚持到底,用我的嗜书如命,"日读三章";用我的捧书不倦,"日记一文"去影响身边人,我相信,越来越多的家乡人会拥有属于自己的阅读"选修课",进而拥有自己的阅读"必修课"。

这就是我,一个看似在平凡岗位上却肩负着不平凡事业的人,一个舍得用毕生力量倾注于阅读世界,以"黄金屋""颜如玉"分享于芸芸众生的青年阅读推广人的故事。

——如果还有20年,还有40年,我依旧如故,如故而为。

第19章:播撒书香美名扬

温岭不仅是我国的第一缕曙光初照地,还是我国著名的"帽业之城",温岭生产的编织草帽成为深受欧美国家消费者拥趸的名牌产品。

浙江久旺麻世纪科技股份有限公司是温岭市帽业的领军企业,该公司董事长、总经理黄正富先生是闻名遐迩的"帽子大王",更是一位在乡村倾心播撒书香的人。

黄正富先生现任温岭市帽业商会名誉会长,温岭市民营企业协会副会长,曾经当选温岭市两届政协委员,近年来先后获得了"温岭市首届十佳阅读领航人""台州市好人""书香中国万里行优秀阅读推广人""中国微笑彩虹公益大使"等荣誉。

笔者在该公司的"久旺书吧"看到一排排书架摆满了政治、文化、社科、少儿等书籍;墙上张贴着"一日无书,百日荒废""最有书香能致远""书籍是全世界的营养品"等名人读书名言;橱窗展示着企业获得的黄正富先生的各种荣誉证书和奖牌,还有《人民日报海外版》《光明日报》《中国新闻出版广电报》和《中华读书报》等中央媒体对黄正富先生播撒书香,阅读推广事迹报道的系列报纸。

翻开黄正富先生多年来捐助的社会公益事业记录,几乎每一项活动都和乡村播撒书香事业密切相关。

早在2012年,他就和著名农村问题专家童禅福一起深入到全国各地农村调查采风,后来又积极支持了童禅福先生《走进新时代的乡村振兴道路——中国"三农"调查》一书的出版,并且多次将这本书赠送给社会各界读者。

2019年4月18日,他向温岭市石桥头镇中心小学赠送了10000本优秀图书。他在赠书仪式上说:"农村的孩子只有认真读书获得知识,才能真正改变人的命运。身为一个农民企业家有责任、有义务帮助农村的孩子从小多读书、读好书,为农村孩子读书成才尽一点心意。"

2019年7月,他向陕西旬邑的马栏革命纪念馆赠送了2000册刊有老一辈无产阶级革命家习仲勋同志和人民群众心连心的长篇散文《马栏有棵连心树》的《散文海外版》。

2020年夏天,他又出资支持童禅福先生出版了《我为什么要写〈中国"三农"调查〉》。

2021年4月,他向陕西革命老区旬邑县委、县政府赠送了3000册介绍旬邑(马栏)革命历史和绿色生态以及风土人情故事的散文集《我从老区旬邑来》。

时任陕西省委副书记、省政府省长赵一德在西安专门接见了黄正富先生,对他关心支持旬邑(马栏)老区文化发展的善行义举予以充分的肯定。

2021年5月9日,他向浙江省温岭市石桥头镇16个行政村的农家书屋赠送了《我从老区旬邑来》《走进新时代的乡村振兴道路——中国"三农"调查》等一批优秀书籍。

2022年4月18日,他向罗荣桓、徐向前、陈毅元帅曾经战斗过的沂蒙革命老区沂水县王庄村等农家书屋赠送了入选全国农家书屋推荐目录的《暗夜灯火——打开历史尘封的红色记忆》等一批优秀图书。

2022年6月1日,他又向自己的家乡——温岭市箬横镇的8所中小学和幼儿园赠送了一批孩子们喜欢的优秀图书。

2022年8月20日,他向老一辈革命家方志敏曾经战斗过的革命老区万年县图书馆赠送了《我从老区旬邑来》《暗夜灯火——打开历史尘封的红色记忆》等一批优秀图书。

2022年12月26日,他向井冈山革命老区赠送了5000册红色主题图书《在希望的田野上——井冈山乡村采风作品选》《我从老区旬邑来》。

2023年4月21日,他向浙江省宁海县柔石纪念馆等单位赠送了1800册优秀图书《柔石与鲁迅:柔石在鲁迅身边的900天》。

2023年4月25日,在2023"垦读台州"全民阅读活动暨"书香中国万里行·台州站"活动启动仪式上,他联合温岭农村商业银行、华神建设集团有限公司、温岭市城东街道爱心企业共筹款100万元,成立阅享公益基金。

2023年12月15日,他出资支持了"书香中国万里行走进井冈山(罗浮镇)"暨十周年庆典活动。

书香中国万里行组委会授予黄正富先生微笑彩虹公益大使和书香中国万里行·优秀阅读推广人两项荣誉称号。

书香中国万里行组委会的颁奖词写道:"黄正富先生是一位在农村播撒书香的农民企业家。他先后出资支持出版了红色主题书籍《我从老区旬邑来》《柔石与鲁迅:柔石在鲁迅身边的900天》《在希望的田野上——井冈山乡村采风作品选》,并且无偿赠送老区和家乡人民;他还慷慨出资支持书香万里行走进台州(温岭站)和书香万里行走进井冈山罗浮镇的大型采风活动。"

黄正富先生通过大力支持和积极参与这些活动推广了优秀图书和阅读文化,鼓励了大众的阅读兴趣,进一步扩大了书香中国万里行在全国的影响力。

2024年12月,他和全国知名阅读推广人樊国安先生一起策划并出资支持了《书香中国看温岭——浙江省温岭市全民阅读采风录》的出版。

权威人士认为,《书香中国看温岭——浙江省温岭市全民阅读采风录》是全国第一部系统介绍县级行政区域全民阅读推广工作的书籍,也是温岭市历史上第一部记录"书香温岭"建设的书籍。温岭市的阅读推广人一致称赞:黄正富先生为家乡书香文化的贡献功德无量。

黄正富先生和妻子胡素贞女士不仅积极鼓励自己的儿女刻苦读书,而且热心扶助社会上经济困难家庭的孩子读书。多年来,他们夫妻和女儿黄鑫萍、儿子黄鑫波相继资助了10多个经济困难家庭的孩子从高中一直到大学毕业的学费。

黄正富夫妻还在企业建立了一个200平方米,藏书数千册的"久旺麻书吧",为200多位职工提供了一个工余读书的好去处,不仅打造了企业的书香文化,而且丰富了广大职工的精神生活。

黄正富夫妻还出资和提供场地在箬横镇成立了黄亚洲文学纪念馆,展示著名作家黄亚洲的著作和手稿以及书画作品,如今黄亚洲文学纪念馆已经成为温岭市和箬横镇的一张金灿灿的文化名片。

多年来,黄正富先生向陕西旬邑、江西井冈山、万年、山东沂蒙等革命老区以及温岭各地的农村学校、农家书屋等,捐赠了6万余本书籍,出资支持了《我从老区旬邑来》《我为什么要写〈中国"三农"调查〉》《在希望的田野上——井冈山乡村采风作品选》《柔石与鲁迅:柔石在鲁迅身边的900天》《书香中国看温岭——浙江省温岭市全民阅读采风录》等5部红色主题和阅读推广内容优秀书籍的出版。

黄正富先生对播撒书香,阅读推广的公益事业坚持时间之长,投入资金之巨在全国农民企业家中是首屈一指的,是极为罕见的。为此,中宣部"学习强国"平台发文赞誉黄正富先生是一位在全国乡村"倾心播撒书香的人。"

　　笔者认为,黄正富先生历时12年坚持播撒书香,推广阅读的精神动力源于他真挚浓重的书香情怀,"三农"情怀和老区情怀。

黄正富先生说:

　　小时候因为家里生活困难,只读到初中就和父亲、大哥一起开始做草编帽子的生意。

　　虽然不能在学校继续读书了,但是在我少年的记忆中,永远忘不了每到过年的时候,识字不多的老父亲总要请人写上一副春联,恭恭敬敬地贴在老宅大门两侧,我清晰地记得上联写的是"书是天下英雄业";下联写的是"智是人间富贵根",横批是"诗书继世"。

　　我记得,像这样倡导耕读书香文化内容的春联一直贴到他老人家逝世的那一年春节。中华民族耕读传家,崇文重教,读书为上,只有读书才能更好地掌握自己的命运的书香文化理念已经深深地扎根在浙东的大地上,也深深扎根在我这个浙东农村少年的心灵最深处。

　　为了弥补不能继续上学读书的缺陷,记得我当年身背装满各种草帽的大麻袋从家乡温岭乘火车、转公交,大汗淋淋地到宁波外贸公司送样品时,不管多苦多累,或是刮风下雨,只要一有时间,我就买一本书或者一份杂志或者一份报纸,如饥似渴地阅读起来……

　　记得有一次,我代表协会到北京故宫乾隆的上书房参加一个高端文化活动并受邀上台发言。我在上面十分动情地演讲了十多分钟,下面听讲的人一脸迷糊,原来是因为我的普通话太差了,夹杂了大半的温岭口音,导致大家都没听明白。类似的尴尬时有发生,我为此颇为苦恼,于是专门到新华书店买了一本《怎样说好普通话》认真读了起来,同时利用参加播撒书香公益活动讲话的机会,尽量讲好普通话。为此,每一篇讲话稿我坚持用普通话至少朗读十遍以上,直到比较接近普通话的发音标准为止。现在人们都说我从原来的"温岭版"普通话越讲越接近标准版的普通话了。

笔者和黄正富先生一起播撒书香推广阅读已经八年之久,亲眼看到了他刻苦读书,勤奋练习普通话的点点滴滴。真的是功夫不负有心人,他如今的普通话水平和政治理论水平提升的速度十分惊人。

黄正富先生办公桌后面的大书架上摆满了他平时喜欢读的各种书籍,茶几上摆放着报纸杂志,工作闲暇时最爱来一杯白开水,静静地读书看报。虽然有很多看不懂的地方,甚至会遇到一些不认识的字,但这丝毫不影响他对读书看报的喜爱,他常说:"我真是太羡慕那些读书有文化的人了,就喜欢和读书人交朋友。因为和读书人交朋友可以学本领长学问。"

黄正富先生说:"成家后随着经济条件日渐好转,我第一件事就是开始购买喜欢看的书,从此家里有了一个小书架。当了父亲后,我和爱人达成了一个非常强烈的共识——一定要让我们的儿女刻苦读书,把他们培养成才。"

黄正富先生的家庭和谐美满。他和妻子胡素贞,共同管理着企业。从美国留学归来的女儿黄鑫萍经营一家美食甜品店,儿子黄鑫波和黄正富先生一起经营帽业生意,他还是温岭市政协一位积极参政议政的"90后"委员。

黄正富先生一家,虽然家庭成员的性格、文化、志趣不同,但是家庭中很少出现矛盾,大事小情大家都能够互相体谅,尊老爱幼、宽容谦让,形成了互相理解、互相尊重的良好家风。这种家风的形成应当归功于这个家庭浓郁的书香氛围。

黄鑫波说:

我和姐姐是在一个充满书香的家庭中长大的。我的父亲不仅是一位成功的企业家,更是一位热爱书籍的人。他对书籍和知识的痴迷,深深影响了我们全家,也为我和姐姐的人生方向奠定了基础。

父亲经常参与各种赠书活动,他相信书籍是打开世界大门的钥匙,他认为,播撒书香,阅读推广是功德无量的善举。

无论是捐赠给偏远地区的孩子,还是赠予身边的朋友,父亲总是希望通过播撒书香的行动,让更多的人能够享受到读书的乐趣,感受到书香文化的熏陶。

我家有一间独特的书房,那是父亲精心打造的一个小型图书馆。书房里堆满了各种类型的书籍,从经典文学到现代科技,无所不有。

父亲常常对我们说,书籍是人类最好的朋友,它们帮助人们在事业和生活中找到正确的方向。

每当我们生活中遇到问题时,父亲总会建议我们到书房去寻找答案。他深信,书籍不仅是知识的载体,更是心灵的慰藉和思想的启迪。

每当我和姐姐放学回家,父母第一件事就是鼓励我们去书架上挑选一本书来阅读。

那个书架上有着各种各样的书籍,从古老的神话故事到现代的科学探索,每一本都承载着一个新的世界。

我还记得,父亲经常组织家庭读书会,我们一家人围坐在一起,分享彼此最近读到的有趣书籍。这些时光不仅增进了我们的亲情,更让我们在讨论中开阔了眼界。

那个家庭书架对我们来说,就像是一座无尽的知识宝库。它不仅带给了我无限的知识,还教会了我们如何去学习、如何去探索。每当面对生活的挑战和困惑,我总会想起父母对于读书学习的教导和那个充满智慧的书架,它们像是一盏明灯,照亮我们前行的道路。我们深深感激父母给予的这份书香教育,他们用自己的方式,给了我和姐姐最宝贵的财富。

父亲特别喜欢讲述他年轻时读书的故事，那些在困境中坚持读书、找到人生希望和奋斗目标的经历，成为我们生活中的一种宝贵精神财富。

他常说："书籍是我们一生的导师，它们教会我们如何面对未知的世界。"

随着时间的延伸和两个儿女的长大，黄正富先生家里书架上的书籍越来越多，在家庭浓郁书香的熏陶下，黄鑫波和姐姐黄鑫萍认真刻苦地读书学习，直到从国外留学归来，各自成长为不同领域颇有建树的青年企业家。

黄鑫波说：

我成为温岭市政协委员后，有幸参与了"书香政协"的活动。这项活动旨在推广阅读文化，与父亲播撒书香阅读推广的理念不谋而合。

通过"书香政协"，我们举办了多次读书分享会，邀请专家学者与市民交流读书心得。这些活动不仅提高了公众的文化素养，也加强了社会的文化氛围。

每当看到大家因为一本好书而展开热烈讨论，我都会感到一种由衷的满足。这种满足感不仅来自于我个人的文化提升，更源于我对社会责任的践行。

在书香政协的影响下，我更加深刻地理解了父亲多年坚持和全国知名阅读推广人樊国安伯伯一起播撒书香，推广阅读公益事业的重要社会意义。

我的父亲不只是一个喜欢读书的人，更是一位书香文化的传播者。

　　父亲用他的行动教会我，知识是无尽的财富，而读书是获取这种财富的最佳途径，播撒书香是一个企业家神圣的使命。作为他的儿子我感到无比自豪，决心和父亲一起将书香播撒到更广阔的天地中，将书香文化分享给更多的人。我愿通过书香政协的平台与更多的人分享阅读的喜悦，共同推动社会的文化进步。

　　从小在农村长大的黄正富先生，对党中央提出的乡村振兴伟大战略和播撒书香，推广活动有着极为深刻的理解。

　　2022年4月23日，习近平总书记在写给首届全民阅读大会的贺信说："希望广大党员、干部带头读书学习，修身养志，增长才干；希望孩子们养成阅读习惯，快乐阅读，健康成长；希望全社会都参与到阅读中来，形成爱读书、读好书、善读书的浓厚氛围。"

　　黄正富说："贯彻落实总书记的贺信精神，积极推动全民阅读活动，必须要和乡村振兴结合起来。我一直认为，乡村不振兴，中国没出路；农民不读书，乡村振兴事业就没有智力支撑。乡村要振兴，读书要先行。我认为，在乡村播撒书香是一个农民企业家应尽的责任，也是一种道义担当，要从我自己开始做起。"

　　笔者发现，黄正富先生的企业有200多位员工，大多数来自农村，有的还来自外地农村，有的一干就是十几年。他一直恪守"诚信赢天下"的做人理念，在生意场上讲诚信，对待员工同样讲诚信，这么多年来不管企业遇到多大的经济困难，从来没有拖欠过工人一分钱的工资。

　　黄正富说："农民出来打工谋生存不容易，我也是一个农民的儿子，我的手头经济周转再紧张，也绝不能拖欠他们的一分钱工资。"

　　笔者多年和黄正富先生一起推广阅读播撒书香，从生活的细枝末节中发现他身上具有很多中国农民的优秀品质，在节约粮食方面尤为突出。

　　无论走到哪里，他都坚持做到每餐实现"光盘行动"，每顿饭他都吃得干干净净。在他的积极影响下,我现在也开始养成了一日三餐实现"光盘行动"。

作为曾经担任温岭市两届政协委员的农民企业家,黄正富先生十分关注中国的"三农"问题和乡村振兴事业。

在精心打理好企业生产经营的同时,他还抽空学习习近平总书记关于乡村振兴的有关论述,认真研究、深刻理解党中央关于实施乡村振兴的伟大战略,同时与著名"三农"调查学者童禅福及笔者一起到浙江、天津的农村调查研究,发现推广"坚持集体、发展集体、奉献集体、维护集体,走共同富裕道路,没有贫困户,没有暴发户,家家都是富裕户"先进典型的经验,鼎力支持童禅福先生出版了《走进新时代的乡村振兴道路——中国"三农"调查》和《我为什么要写〈中国"三农"调查〉》两本书。

他认为,《走进新时代的乡村振兴道路——中国"三农"调查》这本书对当前全党全国人民实施乡村振兴的伟大战略一定能够发挥更好的推进作用。

2019年12月间,他和童禅福及笔者一起参加了中国政策研究会等单位联合召开的"乡村振兴与发展农业合作社"研讨会,黄正富先生向出席研讨会的专家学者赠送了100册《走进新时代的乡村振兴道路——中国"三农"调查》。

童禅福先生在《我为什么要写〈中国"三农"调查〉》"后记"中写道:"我在《走进新时代的乡村振兴道路——中国'三农'调查》的后记中曾写下:'这部书的顺利出版得到了黄正富等诸多朋友的鼎力相助。'确实,黄正富这位浙江久旺麻科技股份有限公司董事长一直关注着这部书的出版发行,并给予了极大的支持。"

黄正富先生的老区情怀诚挚浓重。他说,乡村读书活动必须先从革命老区抓起,必须先从孩子抓起。支援老区发展建设最有力的行动就是播撒书香文化的种子。

2019年7月,黄正富先生看到了笔者在《散文海外版》发表的长篇散文《马栏有棵"连心树"》,了解了老一辈革命家习仲勋同志在陕西旬邑马栏镇的工作和生活经历以及习仲勋同志作为"从群众中走出来的群众领袖"与当地人民缔结的深厚情谊,展现了中国共产党人的初心和使命。立即向笔者提出,购买2000本《散文海外版》赠送马栏革命纪念馆。

他说:"我十分崇敬习仲勋等老一辈革命家的革命精神和高风亮节,我将2000册《散文海外版》捐赠给马兰革命纪念馆,就是为了让更多的游客了解习仲勋同志主政关中分区时不忘初心、深入群众的事迹,继承和发扬老一辈革命家和广大人民群众"心连心,根连根"的优良传统。"

2020年新冠疫情暴发,黄正富先生的企业经营受到一定的影响,但是他对革命老区旬邑的发展依然萦绕于怀,时刻牵挂在心,从当年6月开始多次和笔者策划磋商,为革命老区旬邑撰写出版一本书,向全国推介革命老区旬邑风土人情,弘扬马栏革命精神。因此随后就有了《我从"老区"旬邑来》这本书的顺利诞生。

2023年12月26日,在《在希望的田野上——井冈山乡村采风作品选》首发赠书仪式上,黄正富先生表示:"井冈山是毛泽东、朱德等老一辈无产阶级革命家创建的第一个农村革命根据地,井冈山因此成为由牺牲与奉献、意志与信念铸就的一座革命雄峰。我从小就敬仰红军、敬仰井冈山,一直想为井冈山的乡村振兴和文化建设做一点绵薄的贡献,所以决定资助这本书的出版以表达我对井冈山人民的一点心意。"

他说:"积极参与策划,捐资出版乡村振兴和老区建设题材的优秀图书,用文化力量助力乡村振兴和支持革命老区建设发展,就是希望革命老区的孩子们也能从小遨游在书籍的海洋里,通过读书看见更广、更大、更新的世界。"

黄正富先生从事播撒书香、阅读推广公益事业,有人不以为然。身边的亲朋好友也不止一次劝他:"老黄啊,赠书是个好事情,但你也要多考虑考虑自己的企业,别把自己的老底子弄垮了啊。"

但是赠书"成瘾"的黄正富先生,播撒书香阅读推广的初心始终不变。他回答说:"感谢大家的关心,现在我的企业越来越好了,我只想把播撒书香阅读推广这件事情做得更好。"他自己在日常花销上能省则省,但遇到该赠书的时候,该支持朋友出书的时候,还是一如既往,慷慨解囊。

他说:"我以前是没条件也没机会好好读书,后悔了一辈子,现在我有能力帮助想读书、想学习的人实现汲取知识的梦想,我不能再错过这样的机会了。我现在对推动全民阅读、助力乡村振兴的贡献还很小很小,但是我想通过我的一家小企业和一个农民企业家的小小行动来影响和带动大企业、大企业家一起在乡村播撒书香。关心阅读推广事业,让更多的爱书之人有书读,能成才,有能力一起创造更加美好的生活。"

笔者认为,身为一位农民企业家,黄正富先生多年来慷慨出资买书赠书,大力支持红色主题图书出版,倾心倾力在乡村和老区以及家乡播撒书香种子,这种善行义举走在了全国民营企业家的前列,他的引领示范,对带动更多企业家积极参与全民阅读活动,播撒书香文化具有重大的表率感召作用。他的动人事迹值得大力宣传,他的奉献精神值得大力弘扬。

时任温岭市委副书记郦森迪曾经亲切勉励黄正富先生:"推广全民阅读,在乡村播撒书香是利国利民、造福子孙的最大善事,只要长期坚持下去,一定会受到社会各界的认可和欢迎。"

著名出版人李晓晔说:"作家、出版人和企业家携手助力老区的文化发展和建设,这是一种值得积极倡导的文化支援老区快速发展的出版新模式,《我从老区旬邑来》《在希望的田野上——井冈山乡村采风作品选》是一个非常成功的范例。"

笔者认为,黄正富先生作为一个普普通通的农民企业家,能够萌生秉持"三种情怀",努力践行"三种情怀",最根本的原因在于浸润他内心深处的中华民族"耕读传家久,诗书继世长"的优良传统,在于他浓重的书香文化情怀。

笔者认为,黄正富先生的"三种情怀"决定了他宽阔的文化视野,他把这种宽阔的文化视野拓展到了自己企业生产经营范围以外——以一个农民企业家的身份,积极参与播撒书香阅读推广,大力推动乡村振兴,关注支持革命老区发展,为农村广袤大地充盈一片浓郁书香和书声朗朗做出了功德无量的贡献。

笔者认为,黄正富先生倾心在乡村播撒书香阅读推广的行动,不仅是一位农民企业家的高尚追求和宽阔的文化视野,而且是温岭人、台州人、浙江人和中国人的骄傲;黄正富先生对播撒书香,阅读推广公益事业的执着坚持和无私奉献精神,更是我们全社会需要提倡和弘扬的一种伟大卓越的精神……

深入开展全民阅读的地方样本

——读樊国安《书香中国看温岭——浙江省温岭市全民阅读采风录》

张鹏禹

2024年《政府工作报告》提出"深化全民阅读活动",这是"全民阅读"作为国家文化战略连续11年被写入《政府工作报告》。国家为何不遗余力地持续推动书香中国建设,致力于让阅读之风在华夏大地蔚然成风?我想可以从历史与现实两个维度加以解释。

钱穆先生在《国史大纲》开宗明义地讲述了撰写此书的原因:"当信任何一国之国民,尤其是自称知识在水平线以上之国民,对其本国已往历史,应该略有所知。否则最多只算一有知识的人,不能算一有知识的国民。"可见,通过阅读了解本国历史,不仅关乎知识,在钱穆看来更是国民教育的应有之义。

我们今天强调要坚定文化自信,文化自信从根子上说是从中华五千年文明中来,从方式上说则必须依赖阅读。这是历史的维度。就当下数字时代、信息社会瞬息万变的技术革命、知识革命、媒介革命来说,我们深感"一切坚固的东西都烟消云散了",经济社会(包括生活)的瞬息万变,让每一个人的生存充满挑战。在这样一个"加速社会"中,知识范式更新迭代所需的时间大大缩短,我们时常有被时代甩在身后之感,甚至一段时间不阅读、学习,连身边人在说什么都听不太明白了。在人人都惧怕落后的当下,阅读是我们搭上时代列车的保障之一。因此,不论是国家倡导,还是每个人的生存感受,都告诉我们:快拿起书,读起来!

阅读的好处谁都知道,然而它需要条件:我们需要拿出时间,选择合适的环境,同时得有机会接触到好书。在这方面,公共图书馆发挥了重要作用,但仍嫌不足。由于工作原因,我在采访中了解到一些人渴望阅读又缺乏条件的窘境。比如在城市打工的农民工,其中部分人渴望融入城市,也想到图书馆逛逛、随手翻翻书,但是他们碍于面子,觉得自己衣衫不整,心理上怕被别人嘲笑,因此不愿进那些"高大上"的图书馆。还有部分中小学生,因为图书馆离家远,父母不放心孩子的安全、又没法抽出时间陪同,也无法在课后到公共图书馆阅读。针对这些情况,浙江省温岭市图书馆原馆长杨仲芝是个有心人,在2016年便探索性地面向全市推出"家庭图书分馆"计划。这些家庭图书分馆像一个个触手,将公共文化服务延伸至群众家门口,打通了阅读"最后一公里"。

早在2016年5月,我所供职的《人民日报海外版》就以《浙江省温岭市打通阅读"最后一公里"》为题,报道了温岭市家庭图书分馆运行的情况。文中提到:"今年3月30日,温岭图书馆公布了《温岭图书馆'家庭图书分馆'计划》,计划面向全市推出首批30个家庭图书馆分馆,要求家有15平方米以上书房,可容纳图书数量不少于100册,且在图书馆有良好的借阅记录。家庭图书分馆要为邻居及亲戚朋友提供图书阅览服务,每年出借书300本以上。对于申请成功的家庭,温岭市图书馆将提供以下服务:一是每次可借书60本(社科、文学、少儿各20本);二是图书借期从一个月延长为两个月;三是优先参加图书馆各类读者活动。"没想到,家庭图书分馆的征集倡议发布后,大家踊跃报名,一时间,以儿童图书为特色的家庭图书分馆、以景区为特色的家庭图书分馆等,纷纷开办起来,受到读者热烈欢迎。

时隔7年后,我从本书作者樊国安先生那里了解到,温岭的家庭图书分馆这些年越办越好,积累了丰富经验,不仅数量越来越多,还有了企业、民宿等多种分馆形态。机会难得,我决定到温岭实际探访一番,考察这些家庭图书分馆在读者中的口碑如何,起到的作用大不大。2023年2月,我来到温岭。当时,杨仲芝馆长已经退休,但她全程陪同我们到林辉家庭图书分馆、海山生活文旅家庭图书分馆、中国能建葛洲坝生态环保温岭公司家庭图书分馆等地采访,并且详细介绍了"汽车图书馆"志愿者服务队帮助市图书馆义务运送图书的情况。她特别提到,这种相关做法与经验还得到了国家层面的认可,家庭图书分馆的创新举措曾获中国首届公共图书馆创新创意征集推广活动最佳创新奖。我被杨馆长"把读者装在心里"的精神所感动,被这些热心的图书分馆主理人所感动,遂与同事合作撰写了《浙江温岭打造四级阅读服务体系——让好书触手可得》,用四分之三个版的篇幅,配合3幅照片,对温岭深入开展全民阅读的情况进行了报道。令我印象最深的是,很多家庭图书分馆主理人都是搭钱在做公益,不仅要拿出自家的房子,还要承担额外的水电费,有些分馆每天开放时间甚至达到十六七个小时。但这些热心人,为了孩子们放学后有个学习的好去处,为了家在异乡的打工者有个接触文化的机会,毫无怨言。在采访中,我注意到两个细节,很多家庭图书分馆的图书借阅频次很高,一些书都已经旧了。书读旧了是好事,说明有人看、受欢迎。办图书馆最怕的就是架子上的书新得发亮,甚至连个读者的指纹都没有。一些志愿者还会开船到海岛上为居住在上面的渔民们送书,尽最大可能推动了阅读服务均等化。

因此,当我阅读樊国安先生的新书《书香中国看温岭——浙江省温岭市全民阅读采风录》时,感慨万千。里面不仅有我熟悉的杨仲芝、林辉、张德友、刘平等人物,更重点介绍了一位在乡村播撒书香的全民阅读推广人黄正富。他是温岭市帽业商会名誉会长、闻名遐迩的"帽子大王",多年来向革命老区、乡村学校、农家书屋等捐赠图书6万余册。正是这些从官方到民间,从社会到企业,从单位到个人的众多主体持续不断地推动全民阅读,才让广大的普通读者能够有条件、有机会,触手可及地获取新书、好书。《书香中国看温岭——浙江省温岭市全民阅读采风录》对以上提到的方方面面进行了全方位介绍,作者不仅深入挖掘温岭文脉传承,而且采用人物列传方式,对新时代全民阅读推广工作者的事迹进行了群像式呈现,勾连历史与当下,见事又见人。或许有人会质疑,用一本书的篇幅,介绍一座县级市的全民阅读经验,是否有些小题大做? 在我看来,这本书的价值在于提供了一个在基层推广全民阅读的地方性样本。阅读过程中,我感触最深的是温岭浓郁的书香氛围,而这种氛围的形成与公共文化服务的无微不至、学校教育的培育倡导、热心公益的地域文化等有密切联系,其中的经验做法哪些值得借鉴推广,哪些无法移植照搬,正有待相关从业者的辨析。

2021年,文化和旅游部《"十四五"公共文化服务体系建设规划》提出,完善城乡公共文化服务协同发展机制。推进图书馆、文化馆总分馆制建设,提升县级公共图书馆、文化馆统筹协调、组织指导、服务援助能力,依托具备条件的乡镇综合文化站、村级综合性文化服务中心和社会性文化机构等,设立分馆或基层服务点。可以说,温岭市图书馆的家庭图书分馆计划创新性探索走在全国前列,早在2016年就已瞄准阅读服务均等化的难点,进行了有针对性的体制机制创新。写作对象的重要性和价值某种程度上决定了非虚构写作自身的价值,温岭这个全民阅读的地方样本,经由樊国安的《书香中国看温岭——浙江省温岭市全民阅读采风录》为更多人所知,必将让温岭这个新世纪第一缕曙光首照地的阅读之光为更多人所看见。

(作者系《人民日报海外版》编辑、记者)

后记

在温岭市政协、温岭市总工会、温岭团市委、温岭市妇联和温岭市社科联、图书馆、农林局、商务局、温岭市农商行、温岭城发集团、温岭交旅集团、温岭水务集团以及温岭市城东街道、城西街道、太平街道、箬横镇、邬根镇、新河镇等领导机关、有关部门和单位的大力支持和热情帮助下，在入选《书香中国看温岭——浙江省温岭市全民阅读采风录》单位和个人的积极参与下，在温岭市阅读推广界朋友们的密切配合下，笔者经过多年调查研究和深入采访撰写的全国首部全面系统地介绍县级行政区域全民阅读风貌的书籍《书香中国看温岭——浙江省温岭市全民阅读采风录》终于由天津科学技术出版社和天津科技翻译出版有限公司正式出版了。

今年暑期突破历史气象纪录的"烧烤"和"蒸笼"的热度留给大江南北人们的印象极其深刻；《书香中国看温岭——浙江省温岭市全民阅读采风录》这部书稿的采风和撰写正是在这种"烧烤"和"蒸笼"交织的天气中完成的。

作为《书香中国看温岭——浙江省温岭市全民阅读采风录》这本书的作者，笔者在这本书的采风、组稿和写作过程中受到了强烈的心灵震撼和深刻的启迪。此时此刻,感觉有些心里话需要一吐为快。

入选本书的温岭市阅读推广先进单位和个人的读书故事,是一种无比强大的精神动力,激励着笔者组织和撰写这本书。可以说,撰写《书香中国看温岭——浙江省温岭市全民阅读采风录》这本书的过程,也是笔者被书香温岭建设和温岭人的读书故事、读书精神深深感动和不断激励的过程。《书香中国看温岭——浙江省温岭市全民阅读采风录》这本书不仅是笔者对书香温岭建设和温岭读书人的一种伟大礼赞,也是笔者对书香中国和全民阅读工作的一个典型经验探讨,如果这本书能够对推动书香中国建设和全民阅读工作有所借鉴、有所裨益、有所推动,那就是笔者呕心沥血撰写这本书的初衷所在得到的最大意义。

特别感谢全国著名公益阅读推广人、浙江久旺麻世纪科技股份有限公司董事长黄正富先生以及副总经理黄鑫波先生对出版《书香中国看温岭——浙江省温岭市全民阅读采风录》的鼎力支持。

特别感谢著名出版家、诗人、作家樊希安先生在百忙之中拨冗为《书香中国看温岭——浙江省温岭市全民阅读采风录》撰写了一篇热情洋溢、文采斐然的序言。他以一个资深阅读推广人的身份,从开展全民阅读,推进书香中国建设的政治高度,对书香温岭建设创造的典型经验予以了充分的肯定和褒奖,同时对作者多年坚持播撒书香、阅读推广的积极努力予以了充分的认可和鼓励。

特别感谢著名青年批评家张鹏禹先生应作者之邀,以曾经采访温岭的亲身经历,用饱含深情的笔墨为《书香中国看温岭——浙江省温岭市全民阅读采风录》撰写了一篇文字生动,风格独具的"读后感言",从开展全民阅读,推进书香中国建设的理论高度对温岭市图书馆坚持构建"四级阅读服务体系",全民阅读服务"打通最后一公里"的创新之举的价值意义给予了高屋建瓴的深刻肯定。

后记

　　特别感谢天津科学技术出版社和天津科技翻译出版有限公司的孟祥刚社长、方艳社长、张建锋副总编辑等社领导,本书责任编辑杨譞、马悦、宋佳霖、刘颖、王珺楠,美术编辑吕刚为这本书顺利出版付出的辛勤劳动。

　　特别感谢和我相濡以沫40多年的老伴王青芝对我从事阅读推广和文学写作给予的坚定不移的鼎力支持。尤其是在今年春天,我刚刚完成《暗夜星火——穿越悠悠岁月的激昂文字》书稿的写作,她就马上提醒我说:"你这么多年一直在关注温岭的全民阅读,他们做得那么好,你应该为温岭写一本书了!"于是就有了《书香中国看温岭——浙江省温岭市全民阅读采风录》这本书的问世。

　　衷心感谢所有为撰写和出版《书香中国看温岭——浙江省温岭市全民阅读采风录》予以大力支持、做出贡献的朋友们。

　　笔者藏有著名画家丰子恺先生为民国时期上海出版的《东方》杂志所作的一幅彩色漫画插图——画面上,一位农民在田间小路上汗流浃背地担着两个筐子行走着,筐子里放着像是砖块又像是书籍模样的物品……丰子恺先生在画面外写了一行小字:建筑材料——担的是砖也是书。尽管这幅漫画由于岁月的侵蚀几乎变成碎片,但是依然舍不得放弃收藏,仍然视为"宝贝"般地珍藏着,并且不时地取出来,两眼望着这幅漫画凝思着……

　　由丰子恺先生的这幅漫画,笔者想起了古希腊的一句著名谚语:罗马城不是一天砌起来的。进而又想到书香温岭的建设也不是积一日或短时间之功力就能够取得今天这样的丰硕成果的。

　　笔者认为,"书香温岭"的靓丽品牌是若干代温岭读书人薪火相传多年积累而成的。所以,温岭的读书人和阅读推广人非常了不起,是值得人们尊重的,书香温岭是值得礼赞和书写的,是必将名垂青史的。

　　这就是笔者策划和撰写《书香中国看温岭——浙江省温岭市全民阅读采风录》这本书过程中最深刻的心得体会,这就是笔者策划和撰写这本书最强大的精神动力之源,仅为记。

樊国安

2024 年 9 月 1 日于天津